BASTEI
LÜBBE

Walter Henkels

Der Kanzler hat die Stirn gerunzelt

35 Jahre Bonner Szene

BASTEI
LÜBBE

BASTEI-LÜBBE-TASCHENBUCH
Band 10 796

Lizenzausgabe: Gustav Lübbe Verlag GmbH, Bergisch Gladbach
Printed in West Germany 1986
Einbandgestaltung: Manfred Peters
Titelbild: dpa
Die Bilder im Innenteil stellte freundlicherweise
das Bundespresseamt, Bonn, zur Verfügung.
Gesamtherstellung: Ebner Ulm

ISBN 3-404-10796-9

Der Preis dieses Bandes versteht sich einschließlich der gesetzlichen
Mehrwertsteuer

Inhalt

Der »Hofchronist« macht Inventur

Geschichte ist kein Epos, sondern eine Kette von Anekdoten.
Arthur Koestler

Die Arbeit an diesem Buch dauerte dreißig Jahre. Wenn man will, kann man das Buch unbedenklich ein Periodikum nennen. Es sind Geschichten, die miteinander verbunden wurden zu einer neuen Geschichte, nämlich halbwegs der Geschichte der Bundesrepublik, wie sie sich in den fünfziger, sechziger und siebziger Jahren darbot, nach der alten journalistischen Methode: wann, was, wer, wie, wo. Kurz: Die Bundeshauptstadt und die Bundesrepublik sind hier dargestellt, wie sie sich darboten. Es sind Geschichten in der Geschichte und eine ganz subjektive Form von Geschichtsaufarbeitung, ohne bösen Biß, aber hier und da mit Ironie durchwirkt. Die Bundesrepublik setzt mehr und mehr geschichtliche Patina an.

Ich bin kein Politamateur; aber zur Politik habe ich ein ziemlich naives Verhältnis gehabt. Doch hielt mich eine große Zeitung für einen der raren journalistischen Dauerbrenner. Und ich selbst halte mich dafür, einer der letzten journalistischen Platzhirsche der guten, alten Wirtschaftswunderzeit zu sein, als der Kanzler vor dem Bundestag noch erklären konnte, Fachleute hätten ihm gesagt, die Atombombe sei die Fortentwicklung der Artillerie. Ein anderer sprach in seiner Regierungserklärung von der Formierten Gesellschaft und vom Maßhalten, ein Dritter schließlich, man werde mit der Demokratie jetzt erst richtig anfangen, für eine bessere Lebensqualität sorgen, und der blaue Himmel über der Ruhr werde wiederkommen; und schließlich wollte einer für geistig-moralische Erneuerung sorgen i.d.u. Land.

Dies ist eine Art Chronologie. Es sind Geschichten im

Sinne von Storys. In dreißig Jahren habe ich zahllose Aufsätze geschrieben, die fast alle in Zeitungen erschienen sind, die meisten in der Frankfurter Allgemeinen Zeitung, der guten FAZ, auf deren Lektüre keiner verzichten sollte, der schon heute wissen will, was einst in den Geschichtsbüchern stehen wird. Wo sind die Jahre geblieben, wer hat sie gezählet. Nur gelegentlich ist bei diesen Aufsätzen die Feile benutzt.

Feuilletonisten sind verhinderte Kurzwarenhändler, sagte Karl Kraus. Das politische Feuilleton in Bonn war fest in der Hand des »Hofchronisten«, zu dem mich Conrad Ahlers gemacht hatte, eine Qualifizierung, die ich im Laufe vieler Jahre gerne übernommen habe. Ich habe sie als Markenzeichen mit Beschlag belegt. Mein Freund Conny, er ist schon vor Jahren hinaufgefahren in den Journalistenhimmel, wo sie auf einer Herdfeuerplatte gebraten werden, hatte sie auch nicht böse gemeint. Er hatte keinen »Höfling« aus mir gemacht. Am Ende meiner Tage habe ich als einstiger »Hofchronist« eine Position in Bonn, die mich nicht nur bequem ernährt, sondern auch genügend Prestige als »Platzhirsch« impliziert, wie sich »Die Zeit« über mich ausließ. »Nestor« war ich sowieso.

Es herrscht ein ungeheurer Nachholbedarf an Geschichte aus den ersten drei Jahrzehnten unserer Republik. Von Toten, sagt man, solle man nichts reden außer Gutem. Das habe ich auch so halten wollen, aber dann war der Mantel christlicher Barmherzigkeit doch nicht lang genug, und einige Blößen blieben sichtbar.

Adenauer rettete sich viele Male in Sätze wie den: Die Lage war noch nie so ernst. Es war eine ungewöhnliche Prosa, ohne Schnörkel, ohne Feigenblatt. Solche Prosa, solche Floskeln wurden oft in Nebensätzen, Partizipien und Appositionen kunstvoll untergebracht.

Was in Bonn so nebenher lief, basierte – um es etwas geschwollen auszudrücken – auf den realen Tatbeständen des Politischen. Ich habe versucht, aus Politikern Menschen zu machen. Diese Aufsatzsammlung ist das alternative Szenarium zu den Leitartikelweisheiten von mehr als dreißig Jahren. Schon bevor es die Grünen im Bundestag gab, war das Alternative mitten im Plenarsaal des Hohen Hauses. Es grünt so grün.

Nicht alles, was hier gedruckt wird, ist von den Historikern zu verwenden, aber doch werden die Eschenburg, Bracher, Schwarz, Jacobsen, Hillgruber, Bahring, Jaeckel und Morsey sagen: Sieh mal an! Es ist nicht alles heile demokratische Welt gewesen, was sich da in drei Jahrzehnten in Bonn getan hat (Schumachers Zwischenruf zu Adenauer im Bundestag: »Kanzler der Alliierten«; Adenauer: »Die SPD ist der Untergang Deutschlands«; Strauß: »Kohl ist total unfähig«). Dissonante Befindlichkeiten bis in die achtziger Jahre.

Weiß noch einer, daß der Wirtschaftsminister Ludwig Erhard einem Diamantenmacher aufsaß und den USA einen Verteidigungsbeitrag auf goldenem Tablett darbringen wollte? Weiß noch jemand, daß der alte Heuss dem alten Flick das Bundesverdienstkreuz ablehnte, weil er den nicht für einen »schöpferischen Unternehmer«, sondern für einen »Händler mit Aktienpaketen« hielt? Erinnert sich einer an Erica Pappritz, die das Buch über die Etikette schrieb? Und schließlich jenes Mannes Robert Schneider, der 1958 als ein neuer Hauptmann von Köpenick in die Gründerjahre dieser unserer Republik geriet, nach dessen Richtlinien in Blitzkursen 700 Offiziere der Bundeswehr – vom Major an aufwärts – geprüft und 80 000 Soldaten eingestellt wurden?

Kürzlich habe ich, um die eigene Produktion anzuregen, noch mal beim alten Theodor Heuss nachgelesen. Er habe als Journalist fünf Prozesse hinter sich gebracht, las ich da. Nun denn, in welchem Journalistenleben stehen nicht die Fettnäpfchen. Zweimal mußte ich den Unbilden von Strafanträgen wegen verleumderischer Beleidigung trotzen. In zwei weiteren Fällen wurde Berichtigung gefordert. Man glaubt, wenn man eine Bosheit niederschreibt, das Gute zu zwingen. Wie belämmert ist man dann plötzlich, wenn der Brief eines Gerichts oder eines Anwalts mit Postzustellungsurkunde ins Haus steht. Einmal also hatte ich über einen Abgeordneten geschrieben, er würde mit des Teufels Großmutter zum Traualtar gehen, wenn ihm das fünfzig Stimmen einbringe; und dann ging's zum Kadi. Später wurde er zu Zuchthaus verurteilt und emigrierte. Mein Kreislauf wackelt, wenn ich an einen bestimmten Österreicher denke, der in Deutschland lebt, der gleich zweimal gegen mich intervenierte. Von einem meiner Bücher wurden viele Hundert in österreichischen Buchhandlungen beschlagnahmt. In seinem Falle hatte ich wohl etwas schlampig recherchiert und formuliert. Der letzte Fall betraf einen Freiherrn, dessen Schloß vom Auswärtigen Amt für Staatszelebritäten gemietet ist.

Und dann der Bundestag. Wie unser lieber, dicker Bundesadler im Plenarsaal von den Präsidenten Ehlers und Gerstenmaier gestreichelt wurde, bei von Hassel und Annemarie Renger wurde ihm nichts getan, aber wie er dann bei Carstens, Stücklen und Barzel herunterkam – das war kein Stück, wie es die Bundeszentrale für politische Bildung wünscht, obgleich die Präsidenten nicht einmal die Schuld daran trugen, schuld hatte das Hohe Haus selbst. Die Grünen durften ihre Transparente unter dem dicken Bundesadler entfalten und einige spektakuläre Einlagen liefern. Trug nicht jeder der Grünen seine Identifikationsmerkmalc? Kurz, mit dem Bundesadler, mit dem Hohen Haus, ging's bergab. Heute nun ist das Haus tüchtig dabei, die Demokratie zu retten. Der Parlamentarismus ist ein zerstörter, kranker Mann, der dicke Bundesadler schüttelt sein Gefieder und möchte den Kopf hängen lassen. Nur noch an großen Tagen hat das Haus etwas inszenatorische Qualität und demokratische Glaubwürdigkeit.

Bei den Bonner Staatsfeten, meist im Schloß Augustusburg in Brühl, wurde gerne vom Bonner Hof gesprochen. Hier konnte ich während dreier Jahrzehnte in einer Seitenloge Platz nehmen oder in einer Nische, wie man will, und die handelnden Personen ins Auge fassen. Ich entdeckte hier immer Brauchbares. Bei diesen Staatsempfängen, die ich gern etwas mit ironischer Zutat schmückte, erschien ich jahrelang im geliehenen Frack, bis mir die Zeitung, hinter der immer ein kluger Kopf steckt, einen Frack bezahlte.

Gewissermaßen in einem Aufwasch resümiere ich, daß solche Feten für alle Gäste Hauptanziehungskraft besaßen. Für viele waren sie eine dauernde Erinnerung für das Leben. Später, als mein Verhältnis mit dem Bonner Hof zu Ende ging und alles passé war, als in der Hauptstadt dieses unseres Landes im Hofgarten Hunderttausende gegen Raketen demonstrierten, manifestierte sich die Geschichte mit einer gewissen Chuzpe. Tatsächlich, meine Jüngste war mitmarschiert. Am liebsten hätte ich gesagt: Bravo, Mädchen, denn man tau! Der Frack hing im Kleiderschrank; mit Orden versehen.

Ich habe keine Schwierigkeiten, nachdenklich Jawoll zu drei Jahrzehnten Bonn zu sagen. Weggeschaut habe ich nie. Würde ich meine Erlebnisse von drei Jahrzehnten Bonn in einen Zusammenhang zu stellen suchen (schon in meinen Lebenserinnerungen »Die Lage war immer so ernst« [1982] ist mir das nicht gelungen), sie würden sich vertausendfachen durch den Reiz der Beachtung, die das Einzelgeschehnis im nachhinein so eindrucksvoll macht. Ich war eine halb aktive, halb passive Natur. Ich habe viel Schleim von Politikern erlebt; aber das meiste habe ich längst ausgeschwitzt oder besser: vergessen. Der Orkus tat sich auf, als ich da unterm Rhododendronbusch des Schlosses Brühl nach einer Riesenfestivität einen Minister betrunken liegen sah. Und kein Wort war so eindringlich wie das, als die sechs Staatsanwälte in der Bundespressekonferenz vor einem saßen (sie waren buchstäblich von der Bundespressekonferenz hingebeten worden) und den »Fall Flick« oder den »Fall Graf Lambsdorff«, wie man will, zu erläutern suchten, als das, was mein Nebenmann mir zuflüsterte: Der Graf wäre ein Edelmann, wenn er auf der Stelle zurückträte. Der Fall war bühnenreif: Er trat keineswegs auf der Stelle zurück. Und hatten vor dieser Pressekonferenz nicht der Atomphysiker Traube und der erste amerikanische Astronaut Glenn ihre Auftritte gehabt? Drei Jahrzehnte, das ist eine Vorstellung von fließender Zeit, das ist ein »Zeitalter«, das sich in chronologischer Zeit entfaltet. Ich sage es etwas wehmütig: So lief es Jahr um Jahr, so wird es nimmermehr. Dies Buch ist ein Stück anekdotische Geschichte. In den achtziger Jahren überschwemmt uns eine Nostalgiewelle. Die Leute fragen – ich zitiere Wolfgang Neuss, den Mann mit der Pauke –: »Wo iss'n die Adenauer-Zeit?« Ich schrieb 1983 mein viertes Adenauer-Anekdoten-Buch »Adenauers gesammelte Bosheiten«. Binnen vier Monaten waren 50 000 Stück verkauft.

Lange habe ich nach einem Titel für dieses Buch gesucht. Schließlich fiel mir ein Vortrag eines Ministerialrats aus dem Bundeskanzleramt in die Hände, Horst-Jürgen Winkel, der mir erlaubte, ihn zu übernehmen: »Der Kanzler hat die Stirn gerunzelt.« Im besagten Falle nun hatte Herrn Winkel, dem Pressereferenten des Bundeskanzleramtes, ein anderer Beamter des Amtes gesagt: »Herr Winkel, Sie müssen dafür sorgen, daß die Lampen ausgeschaltet werden.« Und dann der Zusatz: »Der Kanzler hat schon die Stirn gerunzelt.« Scheinwerfer waren aufgestellt, da ein gekröntes Haupt erwartet wurde. Die Erwägungen waren unkompliziert. Es lag immerhin eine gewisse feine Ironie in diesem Satz. Da der Kanzler – er hieß Schmidt – meist schlechte Laune hatte und sein Pokergesicht aufsetzte, fiel es aus der Rolle, wenn er mal gutgelaunt war und das Büro mit der Begüßung betrat (zitiert nach Herrn Winkel): »Na, ihr faulen Weiber, seid wohl auch erst gerade gekommen.« Vom Generalisten Helmut Kohl stammt ein Wort, und dafür bekam er den Karl-Valentin-Preis: »Männer sind wie Kohl. Am besten sind sie abgebrüht zu genießen.«

Dieses Buch über drei Jahrzehnte Bundesrepublik liest sich wie ein Krimi, und die Zeiten waren auch zuweilen wie ein politischer Krimi. Beim Schmökern in meinen alten Zeitungsberichten stieß ich auf diese Fundgrube. Ich glaube, den richtigen Riecher gehabt zu haben, als ich mich entschloß: da mache ich ein Buch draus. Ich bin achtzig. Nur zu, singt Walther von der Vogelweide, verspottet nur die Alten!

Der Sekt war kaltgestellt und der Rotwein genügend temperiert, als wir, der Verleger und der Autor, schon vorab auf den Erfolg tranken. Dank zu sagen habe ich dem Archiv des Bundestages. Acht pralle Ordner mit meinen Aufsätzen sind dort zu finden.

Bonn, im Sommer 1984 W.H.

Wie es anfing

Es war Montag, der 23. Mai 1949. Die Pädagogische Akademie in der Bonner Görresstraße, der Kern des heutigen Bundeshauses, quoll über von Menschen. Um 16 Uhr sollte in der zwölften und letzten Plenarsitzung des Parlamentarischen Rats die Feststellung, Ausfertigung und Verkündung des Grundgesetzes erfolgen. Es war fast internationales Publikum, was anmarschierte oder vorfuhr. Beim Anblick der schwarzgekleideten Herren (und einiger Damen) setzten die Zaungäste automatisch ein würdevolles Gesicht auf. Es regnete ein wenig. Auf dem einige Meter entfernten Rhein fuhren Schlepper vorbei, schweizerische, belgische, niederländische, französische; mit den deutschen war es noch nicht soweit. Etwas rheinaufwärts, bei Bad Godesberg, lag immer noch das Wrack eines von britischen Jagdbombern Anfang 1945 versenkten Schleppers, auf dessen Bug der beziehungsvolle symbolträchtige, hämische Name »Weltfriede« stand.

Die Schwarzgekleideten waren die Deutschen, denen die Mächtigen der westlichen Welt die Gelegenheit gegeben hatten, wieder in eine Lücke der Weltgeschichte zu schlüpfen. Exakt 16 Uhr und 7 Minuten eröffnete nach dem stenographischen Protokoll Konrad Adenauer die letzte Sitzung des Parlamentarischen Rates. Sein Cutaway, den er als Bundeskanzler ein halbes Jahr später trug – er reichte fast bis zum Boden –, war noch nicht in Auftrag gegeben, sonst hätte man schon auf damals den Beginn der bürgerlichen Restauration datieren müssen. 17 Uhr und 3 Minuten, also nach 56 Minuten, war das Schauspiel beendet und die Bundesrepublik aus der Taufe gehoben. Die Rolle der Empörer hatten noch einmal die beiden Kommunisten Reimann und Renner zu spielen versucht. In der Sitzung vorher hatte einer von ihnen – Renner – von der »ausgestreckten Friedenshand unserer deutschen Brüder jenseits der Elbe« gesprochen. Als Renner zur Unterschrift aufgerufen wurde, rief er aus: »Ich unterschreibe nicht die Spaltung Deutschlands.« Reimann beließ es bei einem: »Ich unterschreibe nicht!« Im übrigen: Hobelspäne flogen nicht, kein Krawall wurde bemerkt.

Für manche Journalisten – es waren zu Beginn im September 1948 etwa zwanzig, am Schluß im Mai 1949 rund fünfzig – hatte es eine tiefere Bedeutung gehabt, daß der Parlamentarische Rat in dem nüchternen zoologischen Alexander-König-Museum und im Turnsaal einer Pädagogischen Akademie zusammenkam. Es war ein Behelf in des Wortes dürftigstem Sinn. Am 1. September 1948 waren 65 Abgeordnete in Bonn zusammengekommen, je 27 gehörten zur CDU/CSU und zur SPD, fünf zur FDP, je zwei zum Zentrum, zur Deutschen Partei und zur KPD. Zwei Drittel der Mitglieder waren Juristen. Das vaterländische Pathos war noch nicht ganz abgestorben, wie die Eröffnungsreden bewiesen. Nachdem Beethovens Leonoren-Ouvertüre erklungen war, schlug das Pathos hohe Wellen. Nordrhein-Westfalens Ministerpräsident Karl Arnold wußte »die Güte des Himmels« bei der Versammlung. Der hessische Ministerpräsident Christian Stock wollte »in Einheit« nach »Freiheit, Recht und Frieden« streben. Aus einer Ecke des zoologischen Museums hatten ein mächtiger russischer Bär und drei sibirische Wölfe zugehört.

Adenauer, vorn in der ersten Reihe, schmückte sich mit Bescheidenheit. Carlo Schmid (SPD) trug eine rote Nelke im Knopfloch. Der französische General Widmer, Stellvertreter des Generals König, drehte etwas nervös sein schwarzblaues Käppi in beiden Händen, als Arnold sich mit der Bevölkerung des Saarlandes, von Weimar und Breslau verbunden fühlte; Königsberg war in seinem Manuskript gestrichen. Der Ministerpräsident von Rheinland-Pfalz, Altmaier (CDU), fehlte, weil er am Katholikentag in Mainz, der Kieler

Oberbürgermeister Gayk (SPD), weil er an der ersten Kieler Woche teilnehmen mußte. Höpker-Aschoff (FDP), in der Weimarer Republik preußischer Finanzminister, hatte persönliche Gründe fürs Fernbleiben. Wie ein Hutzelmännchen sah man Wilhelm Heile, Landrat in Syke (Deutsche Partei), mit seinem großartigen eckigen Schädel, er hatte schon 1919 der Nationalversammlung von Weimar angehört.

Am Nachmittag, 15.24 Uhr, begann, der Hamburger Alterspräsident Schönfelder präsidierte in der Pädagogischen Akademie, die erste Sitzung. Sie dauerte eine Dreiviertelstunde. Die Szene beherrschte nicht Präsident Adenauer oder Carlo Schmid, der absprachegemäß zum Vorsitzenden des Hauptausschusses bestimmt wurde, vielmehr bekam ein Mann eine Chance kundzutun, wie er sich den neuen Parlamentarismus vorzustellen gedachte: Max Reimann. Er war, wie man damals vermutete, magenkrank. Zwei Minuten schrie er mit kochender Seele: »Zur Geschäftsordnung! Zur Geschäftsordnung!« Schönfelder ersuchte ihn vergeblich um Mäßigung. Viele Mitglieder riefen: »Raus!« Dann stellte Reimann den Antrag: »Der Parlamentarische Rat stellt seine Beratungen über eine separate westdeutsche Verfassung ein.« »Heiterkeit« steht im Protokoll. Er, Reimann, sei »für die Errichtung eines einheitlichen demokratischen Deutschlands«. Man vernahm es verwirrt. Noch massiver, auch mit donnernder Stimme, ging der zweite kommunistische Vertreter, Hugo Paul (der bald von Renner abgelöst wurde), mit dem Plenum um: »Sie wollen«, rief er der Versammlung zu, »unsere deutsche Heimat zerreißen.« Wir werden »in diesem Gremium in Verbindung mit der gesamten deutschen werktätigen Bevölkerung für die Einheit unseres Vaterlandes und für eine einheitliche demokratische deutsche Republik weiterkämpfen«. Wir, die Kommunisten, »werden uns gegen die Spalter Deutschlands zusammenschließen«.

Am Abend des ersten Tages saß man in der Godesberger »Redoute«. Düsseldorfs Ministerpräsident Karl Arnold hatte zum ersten Bonner Empfang eingeladen. Das Foto des Tages schoß ein Amateur: Neben dem Befehlshaber der belgischen

Rheinarmee, der in der Villa Hammerschmidt sein Quartier hatte, neben Karl Arnold, Jakob Kaiser und dem Kölner Weihbischof hockte Max Reimann, der sich von Adenauer aus diversen Anlässen anpflaumen ließ, aber seinerseits nichts schuldig blieb. Und am Piano, genau da, wo der sechzehnjährige Beethoven musiziert hatte, saß der Journalist Curt Bley und entzückte alle mit dem Glanz seines Liederrepertoires. Sogar der Weihbischof sang mit: »O du schöner Westerwald«.

Die Mitglieder des Parlamentarischen Rates hatten allc die niederen, einige sogar die höheren Weihen der Weimarer Republik mitbekommen. Adenauer wurde sogleich »der Alte« genannt. Zwei Jahre danach sagte Kurt Schumacher vor der Bundespressekonferenz auf die Frage des Reuter-Korrespondenten Richard Löwenthal, was er nach einem Jahr Kanzlerschaft von Adenauer halte, der sei ein »hypertrophierter Oberbürgermeister« und habe einen Wortschatz von 500 Wörtern, während Goethe über einen von 29 000 verfügte.

Im Parlamentarischen Rat also hatte Adenauer schon wegen seines Alters Autorität, aber das Labsal großer Worte bot er keineswegs. Der eben gewählte Präsident Adenauer hatte seine Rede angebracht, die bei derlei Anlässen üblich ist: Dank für das Vertrauen, Dank für den Alterspräsidenten Schönfelder, »der in jugendlicher Frische und Stärke soeben hier seines Amtes gewaltet hat«, Dank dem Ministerpräsidenten von Nordrhein-Westfalen für die technischen Vorbereitungen. Dann: »Ein besonders herzliches Willkommen an die Herren aus Berlin! Ich nehme an, daß die Herren jetzt schon hier Platz genommen haben. – Noch nicht? Dann bitte ich, rücken Sie in die Reihen herein. Es sind noch einige Sessel frei.« Das Protokoll vermerkt: »Die Vertreter Berlins nehmen unter lebhaften Beifallsbekundungen ihre Sitze ein.« Sie hießen: Jakob Kaiser, Paul Löbe, Ernst Reuter, Hans Reif, Otto Suhr.

Die Bonner Demokraten, buchstäblich täglich in der Obhut der drei westlichen Militärgouverneure, ackerten nun in 12 Sitzungen des Plenums – nur in acht von ihnen präsidierte Adenauer – und in 59 Sitzungen des Hauptausschusses, dessen Vorsitzender Carlo Schmid war, die Artikel des Verfassungswerks durch. An Hand des Sachregisters ist festzuhalten, daß Hans-Christoph Seebohm, obwohl Diplomingenieur und kein Jurist, später viele Jahre Bundesminister für Verkehr, alle Abgeordneten in der Zahl seiner Anträge und Diskussionsbeiträge schlug. 139mal hat er in den Sitzungen des Plenums und des Hauptausschusses geredet. Ein Mann mit einer Wehrmachtsmeldetasche, die ihm an der Seite baumelte, angetan mit Breeches, Langschäften und versehen mit einem grünen Lodenmantel, war ständig im Schatten Seebohms. Dieser Mann war nicht Mitglied des Parlamentarischen Rates, aber er hat für die Beratungen mehr Änderungs- und Zusatzanträge formuliert als je ein Mitglied. Er war Jurist, Ordonnanz Seebohms und hieß Hans Joachim von Merkatz. Auch er war später viele Jahre Bundesminister. Carlo Schmid sprach 134mal als Abgeordneter, 20mal als Berichterstatter des Hauptausschusses und zwölfmal als Vorsitzender des Hauptausschusses. In der Liste der Redefreudigkeit rangierten hinter Seebohm und Schmid der Kommunist Renner mit 124 Diskussionsbeiträgen, Laforét (CSU) mit 92, Menzel (SPD) und Süsterhenn (CDU) mit je 91, der spätere Grundgesetz-Kommentator von Mangoldt (CDU) mit 84 Wortmeldungen. Theodor Heuss folgte mit 71, Adenauer mit nur 16 Beiträgen. Darunter war seine Begrüßung des Vertreters des englischen Außenministers, die Anerkennung der Leistungen des Sekretariats des Parlamentarischen Rates bei der Herstellung von Drucksachen und die Zurückweisung des von Reimann gegen ihn erhobenen Vorwurfs separatistischer Bestrebungen. Elf von den 65 Abgeordneten außer den fünf Berlinern haben nie ein Wort gesagt.

Bei Rudolf Morsey (»Die Rolle Konrad Adenauers im Parlamentarischen Rat«, Politik und Zeitgeschichte vom 21.2.1970) ist angegeben, weshalb Adenauer während der Tagungen des Rates wegen »seiner häufigen Abwesenheit von Bonn« kritisiert wurde. Theodor Heuss spricht zwar einmal von Adenauers »Hintergrundfunktion« und seiner »höchst aktiven und elastischen Gegenwärtigkeit« (zitiert nach Morsey), in einem Brief an seine Frau aber vom 9. Januar 1949 heißt es: »Adenauer wieder einmal verreist.« Sodann: »In verschiedenen Berichten der Außenstelle des Büros der Ministerpräsidenten in Bad Godesberg (so vom 24. und 27. November 1948) kamen Klagen aus amerikanischen und britischen Kreisen über Adenauers Abwesenheit zur Sprache. In einem Bericht vom 8. März 1949 hieß es, daß außer Ministerpräsident Ehard und Botschafter François-Poncet auch Mitglieder des Interfraktionellen Ausschusses über die Abwesenheit Adenauers überrascht seien: dem Präsidenten werde vorgeworfen, daß er immer dann seinen Posten verlasse, »wenn es in Bonn kritisch werde« (Morsey).

Es war ein Glücksumstand, daß Adenauer damals die Hilfe von zwei tüchtigen Leuten hatte, nämlich von Herbert Blankenhorn und – was die Hauptstadtfrage anging – von »Bonnifatius« Hermann Wandersleb, die mit Fleiß und Scharfsinn alles zusammentrugen, was ins Konzept des »Alten« paßte. Selbst die gemäßigten rheinischen Schälke sagten in jenen Jahren 1948 bis 1950, als Adenauer mehr Ansehen und Popularität zuwuchs als den ursprünglich populären Kurt Schumacher und Ludwig Erhard, daß er öfters unterwegs war, als es der Bonner Grundgesetzarbeit zuträglich war, und unterdrückten nicht einmal die Meinung, daß ein bißchen Klüngel immer in die rheinischen Gefilde gehört habe. Es gab schon 1950 einen Parlamentarischen Untersuchungsausschuß. In seinem Abschlußbericht wurde den Abgeordneten Hermann Aumer, Anton Freiherr von Aretin und Ludwig Volkholz (alle Bayernpartei) und Wilhelm Schmidt (Wirtschaftliche Aufbau-Vereinigung) empfohlen, ihre Mandate niederzulegen. Sie waren verdächtig, in der Hauptstadtfrage Geld angenommen zu haben. Geld anzunehmen war schon damals verpönt. Niemand legte sein Mandat nieder.

Am 6. und 8. Mai 1949 wurde das Grundgesetz im Plenum des Parlamentarischen Rats auf der Grundlage der Beschlüsse des Hauptausschusses in 2. und 3. Lesung verabschiedet. In der Schlußabstimmung am 8. Mai sprachen sich 53 Abgeordnete für das Grundgesetz, zwölf dagegen aus. Zu der ablehnenden Minderheit gehörten sechs von acht bayerischen CSU-Abgeordneten und je zwei Vertreter des Zentrums, der Deutschen Partei und der Kommunisten. In der Zeit vom 18. bis 21. Mai sagten zehn von elf Landtagen ja zum Grundgesetz; in Bayern wurde es abgelehnt. In der Schlußabstimmung am 23. Mai 1949 stellte der Parlamentarische Rat förmlich die Annahme des Grundgesetzes fest, in der gleichen Sitzung wurde es ausgefertigt und verkündet.

Aus der Geschichte jenes letzten Tages ist dem Teilnehmer noch ein buntes, wenn auch leicht verblaßtes Bild in Erinnerung. Der Turnsaal der Pädagogischen Akademie, wo die Abschlußzeremonie stattfand, lieferte den gültigen und bündigen Beweis, daß alles ein Provisorium sein sollte. Stehend und etwas verlegen sang man am Schluß: »Ich hab' mich ergeben, mit Herz und mit Hand, dir Land voll Lieb' und Leben, mein deutsches Vaterland.« Die schwarzrotgoldene und die Länderfahnen deuteten einen Hauch von nationalem Pathos an. Die Kompetenz der Länder saß zu Tisch im »Schaumburger Hof« in Bad Godesberg, wo die Ministerpräsidenten mit ihren Damen wohnten. Konrad Adenauer und Carlo Schmid hatten zum Kummer der Länderchefs erklärt, der Parlamentarische Rat sei keineswegs auf die Verabschiedung des Grundgesetzes beschränkt. »Vorbereitung einer Regierung für Westdeutschland« gehöre zu seinen Aufgaben, außerdem die »Liquidation des Bizonalismus«. Länder und Frankfurter Wirtschaftsrat hätten die von ihnen usurpierte Zentralgewalt an den Bund abzugeben. Ein Präsident vom Kaliber Konrad Adenauers mochte so schnell keine Fäden aus der Hand geben.

Das Bonn aus der Zeit der Gründung der Republik ist Geschichte. Auch nach einem Vierteljahrhundert macht Bonn noch einen ungefügten und unfertigen Eindruck, und das wird es wohl auch weiter tun. Aber registrieren wir aus dem stenographischen Bericht der ersten Sitzung des Rates aus Adenauers Eröffnungsansprache: »Ich glaube, wir sollten es bei unserer ersten Sitzung, damit das Schiff in Fahrt kommt, mit den Formalitäten nicht so genau nehmen.« Zuruf des Abgeordneten Reimann (KPD): »Es hat aber einen verflucht schlechten Steuermann.« Adenauer: »Warten Sie mal ab, Herr Reimann!« Der Stenograph notierte »Heiterkeit«.

Im und um den Bundestag

Eine neue Generation

September 1949. Wer den Eindruck auf den Tribünen beschreiben will, den die in die deutsche Parlamentsgeschichte eingehende Nachtsitzung des Bonner Bundestages hinterließ, in der es zum Ausschluß des Oppositionsführers auf die Dauer von 20 Sitzungstagen kam[1], wer nach Bildern sucht, um das Geschehen deutlich zu machen, dem drängt sich das alte englische Wort vom »Frost im Juni« auf. Nach dem inkriminierten Zwischenruf des Oppositionsführers erfaßte das Haus sekundenlang ein lähmender Schock, ehe der Tumult losbrach.

Dem Betrachter und Zeugen jener Nacht drängte sich von selbst die Frage nach dem Stil des deutschen Nachkriegs-Parlamentarismus schlechthin auf. Es ist nicht gut, jedes Wort, das im Parlament fällt, auf die Goldwaage zu legen. Es ist nicht gut, übertriebene Empfindlichkeit mitzubringen und zu zeigen, nicht jedermanns Rede nämlich ist taktvoll und geistreich. In der Geschichte der parlamentarischen Rede haben Pathos, Spott, Ketzerei und Unduldsamkeit zu allen Zeiten und in allen Parlamenten der Welt eine Rolle gespielt. Es gibt dazu, das hat man im Bonner Bundestag bereits feststellen können, nicht allzu viele überragende Redner.

Die Sache des Stils und der Würde des Parlaments gewinnt auch in Bonn nicht nur theoretisches Interesse, denn eine Bemäntelung der offenbar gewordenen Schwächen hieße jenen in die Hände zu spielen, die vom Parlament überhaupt nichts halten. Überdies: Von amtierenden Ministern müßte man ein besonderes Maß von Beherrschung erwarten. Sie dürfen auch auf ihrem Abgeordnetensitz nicht anhaltend mit ihrem Pultdeckel randalieren, auch wenn der Oppositionsführer sich unqualifizierbar benimmt.

Wir haben außer dem Alterspräsidenten Paul Löbe, der in allen Fraktionen des Bundestages wegen seiner ausgleichenden und toleranten Art und seiner großen parlamentarischen Erfahrung die größte Achtung genießt, vier junge, der sogenannten Kriegsgeneration angehörende Bundestagsabgeordnete befragt. Unsere Frage lautete: »Was halten Sie vom Stil des Bonner Parlaments?« Es war erstaunlich, daß sie alle nicht nur die gleichen Bedenken äußerten, sondern auch versicherten, wie leicht es ihnen falle, mit jedem anderen jüngeren Abgeordneten, auch dem der gegnerischen Partei, sofort Kontakt zu haben und »sich zu verstehen«. Mit dem Abgeordneten Bazille (SPD) und v. Thadden (Nationale Rechte) fand das Gespräch an einem Tische statt. Sie waren, wie sollte es anders sein, nicht einer politischen Meinung, aber es war ihnen ein Anliegen, zu betonen, daß es selbstverständliche Pflicht sei, den politischen Gegner zu achten.

Paul Löbe, zwölf Jahre Präsident des alten Deutschen Reichstages, am Tage vor jener Nachtsitzung befragt, sagte dies: »Wir haben noch keinen Stil gefunden. Einige Unarten des Reichstages aus seiner schlimmsten Zeit scheinen zu drohen. Bei der Eröffnung des Bundestages habe ich gesagt, man möge den Ton der Wahlversammlungen hier nicht wiederholen. Man scheint es nicht überall gehört zu haben. Das Parlament darf sich nicht über seinen Präsidenten beschweren, wenn es selber keine Disziplin übt. Würde und Niveau müssen besser werden, als sie es heute sind.«

Abg. Paul Lücke (CDU), 35 Jahre alt, neun Jahre Soldat, schwerverwundet (Beinamputierter): »Meine alte Mutter, die am Rundfunk eine Übertragung vom Bonner Bundestag hörte, schämte sich, daß ich da mitmache. Ich habe vor 1933 den Deutschen Reichstag am Rundfunk erlebt. Mir scheint, es wiederholt sich, was ich damals erlebte. In Bonn vermisse ich die Toleranz und die Anerkennung der Meinung des anderen. Der Bundestag ist das Spiegelbild des ganzen Volkes, nämlich des Volkes in seiner ganzen Zerrissenheit. Nur wir Jüngeren, wahrscheinlich durch die gemeinsamen Kriegserlebnisse viel nüchterner und leidenschaftsloser, verstehen uns viel schneller. Aber wir Jüngeren beherrschen den parlamentarischen Betrieb noch nicht. Einen großen Teil der Abgeordneten halte ich für Idealisten, viele aber auch für ausgesprochene Ehrgeizlinge. Leider kann man keine Tradition züchten, auch keine Parlamentstradition. Sie mangelt uns sehr. Zur letzten Nachtsitzung kann ich nur sagen: Ich bin entsetzt!«

Abg. Erich Mende (FDP), 33 Jahre alt, Vertriebener aus Oberschlesien, in der ehemaligen Wehrmacht zuletzt Major und Bataillonskommandeur, Ritterkreuzträger, Nahkampfspange, juristischer Referendar: »Es wird zu viel und zu oft geredet, das Reden ist bei manchen zum Selbstzweck geworden, sie degradieren das Parlament zur Wahlversammlung. Eine Kinderkrankheit, bedingt durch die mangelnde parlamentarische Erfahrung vieler junger Abgeordneter? Auffallend ist, daß gerade ältere Abgeordnete älterer Parteien mit hinreichend Erfahrung aus der Weimarer Republik die Schwächen des alten Reichstages in das junge Parlament der Bundesrepublik hineintragen. Wie dem abzuhelfen ist? Man möge sich peinlich an die Geschäftsordnung halten, in der es in § 86 heißt: ›Die Redner sprechen in freiem Vortrag.‹ Das Ergebnis wäre der Wegfall der ›Vorlesungen‹, die manchmal sehr am Diskussionsgegenstand vorbeigehen. In den Ausschüssen klappt es besser. Dort ist eine erfreulich sachliche, nüchterne, objektive Debatte. Alle Fraktionen arbeiten dort eng zusammen.«

Abg. Helmut Bazille (SPD), 29 Jahre alt, ehemals Panzeroffizier, zwei Jahre Afrika, später im Osten, schwerkriegsbeschädigt (beim Abschuß seines Panzers schwere Verbrennungen erlitten), Sohn des einstigen württembergischen Staatspräsidenten Dr. h. c. Wilhelm Bazille: »Mich bedrückt, ich will es Ihnen sagen, das so oft zu beobachtende Abgleiten vom Sachlichen ins Persönliche. Wir Jüngeren der verschiedensten Parteirichtungen verstehen uns viel eher untereinander, wahrscheinlich weil wir gemeinsam viel Schweres erlebt haben. Wir jüngeren Abgeordneten bringen eine gesündere Skepsis mit, die uns zur Urteilsbildung meist besser befähigt als die alten Abgeordneten. Es geht nicht, daß man dem Gegner politische Gesinnungslosigkeit vorwirft. Man muß Kompromisse schließen können, das ist ein Merkmal der Demokratie. Selbst dem politischen Gegner sollte man Beifall zollen, wenn er etwas Gutes in der Diskussion äußert. Der Mangel an Toleranz scheint bei uns permanent zu sein. Uns fehlt eben die echte parlamentarische Tradition. Unter einem würdevollen parlamentarischen Stil stelle ich mir was anderes vor.« *(Dezember 1949)*

Die Bayern in Bonn

Die Wittelsbacher haben vor Jahrhunderten lange Zeit über die Stadt Bonn regiert; nicht zum unguten, wie man es 1949 um den Hauptstadtstreit Bonn-Frankfurt den Bayern schmackhaft zu machen versuchte. Die Bayern, so ließen die Bonner Archivare die Bayern wissen, waren uns vorzügliche Herrscher. Diese etwas sentimentalen Töne aber verfingen nicht, nachdem man einem der prominentesten Bayernpartei-Abgeordneten, dem jetzt tödlich verunglückten Dr. Falkner, ein Privatzimmer als Wohnung zugewiesen hatte, in dem dummerweise die »preußischen« Bildnisse Wilhelms II. und Bismarcks hingen. Die Bayernpartei beschloß, für Frankfurt zu stimmen. Aber siehe, die jetzt in Bonn über die Bühne gehende Bestechungsaffäre hat ergeben, daß doch nahezu die Hälfte der Bayernpartei-Abgeordneten für Bonn war und trotz Fraktionsbeschluß etliche Abgeordnete für Bonn gestimmt haben. Es war nicht zu leugnen: die Bayern hatten Krach miteinander.[2]

Unter Bayern wird solcher Krach – die Hauptstadtfrage war freilich nicht der einzige Anlaß – spezifisch bayerisch ausgetragen. Vom Spaß zum blutigen Ernst ist bei ihnen nur ein kurzer Schritt. Und es fehlte nur noch, daß sie ihn mittels Raufhändeln austrugen.

Niemand wird sagen wollen, daß die Bayern im Bundestag nicht das erfrischendste Element seien. Sie stellen nicht nur fünf Bundesminister (Schäffer, Erhard, Dehler, Niklas, Kaiser), auch von 402 Abgeordneten sind 76 Bayern (CSU 25, SPD und Bayernpartei je 17, WAV 10 und die FDP 7). Nun sind nicht alle krachlederne Ober- und Niederbayern, auch die Franken und Schwaben sind unter ihnen stark vertreten, aber die entzündbarsten, begeisterungsfähigsten, unternehmungslustigsten und zugreifend aktivsten sind doch die echten Bajuwaren, jene, die südlich der Donau zu Hause sind und von denen einst Heine überspitzt sagte, es seien »Kleingeister von der großartigsten Art«.

Sie träumen von spezifisch bayerischer Freiheit, was sie, je nachdem, Föderalismus, Partikularismus oder gar Separatismus nennen. Nicht selten können sich die Nichtbayern eins hinter den Spiegel stecken, wenn die Bayernpartei im Bundestag losdonnert. Es gibt auch (beim Bier) herzige rührende Szenen von Nibelungentreue gegenüber dem alten Landesvater König Ruprecht. Mit besonderer Vorliebe nehmen sich die Bayern im Bundestag des Biers an. Es ist bei ihnen – übrigens bei allen bayerischen Abgeordneten – eine Weltanschauungssache. Je heftiger hier die Rede ist, je größer ist der Publikumserfolg.

Die Bayernabgeordneten sind alle etwas trutzig, vierkantig, sie haben alle ein lautes Organ, und Gelärm ist ihnen gewissermaßen die Sauce zum Braten. Sie haben nachweislich den meisten Humor, auch wenn sie die essigsauersten Gesichter machen. Sie sind die menschlichsten und sympathischsten von allen Abgeordneten, und wenn sie das Hohelied vom bayerischen Bier und von urbayerischen Belangen singen, sind sie unwiderstehlich.

Aber die bayerischen Belange unterscheiden sich für den außenstehenden Betrachter wie die Idee von der fixen Idee. Der überspitzte Föderalismus, wie ihn namentlich die Bayernpartei immer wieder hinausposaunt, hat sich in den letzten zwei Jahren doch praktisch ad absurdum geführt. Selbst so kluge Leute wie der Bundesratspräsident Ehard, der Bundesfinanzminister Schäffer oder der junge CSU-Abgeordnete Strauß, denen Bayern ihr Heimatland, Deutschland aber ihr Vaterland ist, wie sie sagen, haben längst den überspitzten, etwas naiven Föderalismus begraben. Die hartnäkkigsten Bayernpartei-Vertreter möchten wahrscheinlich an den weißblauen Grenzpfählen noch Schlagbäume mit eigenem Zollgrenzschutz und womöglich in den Landeshauptstädten Stuttgart, Tübingen, Freiburg und Mainz, Wiesbaden, Düsseldorf, Hannover, Bremen, Hamburg und Kiel noch eigene Gesandte als diplomatische Vertreter. Mit Berlin würden sie schon gar keine diplomatischen Beziehungen aufnehmen.

Auch das jetzige Getöse im sogenannten Bestechungsausschuß erweist sich mehr als eine ausgesprochen ureigene Angelegenheit der Bayernpartei, auch wenn Chef Baumgartner das nicht wahrhaben möchte. Erwachsene außerhalb Bayerns verhehlen nicht, daß sie an Räuberszenen aus einem Theaterstück erinnert werden. Hie Welf, hie Waiblingen! Hie Baumgartner-Etzel-Besold, hie Donhauser-Aumer! Nur geht es bei ihnen etwas weniger klassisch zu.

Niemand möchte in Bonn die Bayern missen. Sie sind – wenn man es so formulieren darf – das Salz des Bundestages. Sie haben in Bayern nicht nur die schönsten Berge, die schönsten Sommerfrischen, das beste Bier und die süßesten Madeln, sie sind auch die originellsten, spaßigsten und humorvollsten Vertreter aller deutschen Gebiete. Und das wiegt vieles, wiegt alles auf. Wie arm wäre der Bonner Parlamentarismus, hätte er nicht die, die am Weißwurscht-Äquator unterm weißblauen Himmel zu Hause sind. Um manche Skandale wären wir ärmer. *(Oktober 1950)*

In einer Illustrierten war unlängst das drollige Bildnis eines Kindes zu sehen, fotografiert im ersten Jahrzehnt dieses Jahrhunderts. Neben dem Kind, einem Jungen, das kurzes Jäckchen und Tellermütze trug, stand ein ebenso drolliger Mann mit finsterem, anscheinend sogar etwas despotischem Gesicht und Kaiser-Wilhelm-Schnurrbart, auf dem Bauch eine dicke Uhrkette. Es war das, was man ein pädagogisches Gesicht nennt. Wir kennen diese Fotografien von unseren Eltern und Großeltern, die sich allesamt, wenn sie sich den Fotografen stellten, so sonderbar trugen. Der Junge mit Jäckchen und Tellermütze ist heute Bundesminister in Bonn. Der etwas finstere, wohl auch strenge und barsche Mann daneben war der Vater. »Mein Vater«, sagte der Bundesminister, »war gar nicht so, wie er auf dem Bilde aussieht, er war mehr nachsichtig als streng und lachte mehr, als er zürnte.« Es sei ihm, dem Minister, nicht an der Wiege gesungen worden, daß er einmal Minister werden würde. Seine Eltern, sagte er, und man hatte nicht das Gefühl, daß er damit kokettieren wollte, seien arme Leute gewesen.

Es lockt zu einer soziologischen Betrachtung, woher sie kommen, die uns heute regieren. Es ist eine erstaunliche Feststellung, daß niemand von ihnen von »reichen« Eltern abstammt, daß die meisten aus kinderreichen Familien kommen, aus der Welt, wie es die konkrete Soziologie ausdrückt, der Liebe, des Gefühls (Familie), im Gegensatz zur Welt des berechnenden Verstandes. Bei einigen, die aus kinderreichen Familien kommen, war oft genug Schmalhans Küchenmeister. Wenn man die Großväter der Minister noch hinzunimmt, der Aufstieg von ländlich-bäuerlichen zu städtisch-bürgerlichen Menschen, dann hat man in allen Fällen, wie es in der Soziologie ausgedrückt wird, die »Lebensläufe in aufsteigender Linie«.

Beim Bundespräsidenten Heinrich Lübke, auch bei Bundeskanzler Adenauer und bei Bundestagspräsident Gerstenmaier sind diese Lebensläufe in aufsteigender Linie besonders deutlich. Lübkes Vater – in seiner Ehe wurden acht Kinder geboren – war Kleinbauer und Dorfschuhmacher; sie hatten fünfzehn Morgen eigenes und zwölf Morgen Pachtland, zwei Kühe, ein Rind und ein paar Schweine. Nur mit Hilfe des Pfarrers konnte Heinrich Lübke die höhere Schule besuchen und später studieren.

Der Großvater Adenauers war ein kleiner Bonner Bäcker, dessen Sohn, also des Bundeskanzlers Vater, ist in jungen Jahren offenbar ohne geordnete Ausbildung geblieben. Die Kenntnis hat sich erhalten, daß er gelegentlich als landwirtschaftlicher Arbeiter auf einem Gut, eine Zeitlang als Ziegeleiarbeiter bei Verwandten gearbeitet hat, dann aber Anfang der sechziger Jahre des vergangenen Jahrhunderts als Berufssoldat zur preußischen Armee ging, um später, wie man das damals nannte, zu »kapitulieren«. Er kam danach in die mittlere Justizlaufbahn, wurde Gerichtssekretär und starb als Kanzleirat. Ein arbeitsames Leben haben die Eltern geführt. Das karge Gehalt des Vaters zwang die Mutter zeitweise zur Heimarbeit, sie nähte Wachstuchschürzen. Doch haben alle drei Söhne (zwei Töchter waren noch da) ein akademisches Studium abschließen können.

Auch Eugen Gerstenmaier, der fünf Geschwister hat, ein typischer Selfmademan, kommt aus der Welt der kleinen Leute. Sein Vater war Klavierbauer, der zeitweise bis zu sechs Gehilfen auf seinem schwäbischen Gütle beschäftigte. Sieben Jahre war Eugen Textilkaufmann, dann entschloß er sich zum Studium der evangelischen Theologie. In der bürgerlichen Gesellschaft zieht die Höhe des Einkommens die soziale Stellung und soziales Ansehen nach sich. Ludwig Erhards Vater war als mittelloser Bauernjunge aus der Rhön nach Fürth gekommen, wo er ein kleines Textilwaren-Einzelhandelsgeschäft gründete. Ludwig Erhards Eltern, die fünf Kinder hatten, waren schließlich gutsituierte Leute. Ludwig hat aber erst später studieren können, nachdem er schon eine kaufmännische Lehre und den Ersten Weltkrieg hinter sich hatte.

Aus der Arbeiterwelt kommen die Minister Krone, Blank

und Lücke. Krones Vater war Arbeiter; als Kinder, sie waren drei Jungen, verloren sie den Vater durch einen tödlichen Unfall. Welch eine Huldigung für die Mutter: »Diese stille, fleißige Frau«, sagt Dr. Heinrich Krone, »hat uns großgebracht mit ihrer Hände Arbeit.« Heinrich Krone konnte das Gymnasium besuchen und das Universitätsstudium abschließen.

Theodor Blank, Sohn eines Arbeiters aus einem Dörfchen an der Lahn, absolvierte erst eine Tischlerlehre, ging ins Ruhrgebiet, wurde schon in jungen Jahren Sekretär bei den christlichen Gewerkschaften, flog 1933 auf die Straße und machte erst 1935, mit dreißig Jahren, sein Abitur, um danach Mathematik und Physik, später Ingenieurwissenschaften zu studieren.

Der Vater Paul Lückes war zunächst Steinbrucharbeiter, später Steinbruchmeister; er war der Pater familias im schönen und weiten Sinne. Nicht mehr und nicht weniger als vierzehn Kinder wurden in der Ehe geboren.

Aus dem Mittelstand, jener sozialen Schicht zwischen Unternehmertum und Arbeiterschaft, kommt fast die Hälfte der heutigen Minister. Verteidigungsminister Strauß' Vater war Metzgermeister, Atomminister Balkes Vater Schneidermeister, Walter Scheels Vater Stallmachermeister, Richard Stücklens Vater Schlossermeister, Ernst Lemmers Vater Architekt, Wolfgang Mischnicks Vater Verwaltungsangestellter des Heeres, Hans Lenz' Vater ein kleiner Fabrikant der Zulieferindustrie, und Heinz Starkes Vater hatte im schlesischen Schweidnitz einen mittleren Betrieb für Tuchversand. Des Justizministers Stammberger Vater war, wie der Sohn, Rechtsanwalt, doch war des Ministers Großvater väterlicherseits noch Maurermeister, mütterlicherseits Metzgermeister. Des Außenministers Gerhard Schröder Vater hatte die untere Sprosse des »gehobenen Bürgertums« erreicht, in der sozialen Differenzierung der »bürgerlichen« Anschauung bemerkenswert. Vater Schröder, Volksschüler, hatte es vom Reichsbahninspektor, also aus der mittleren Laufbahn, bis zum Reichsbahnoberrat geschafft. Des Landwirtschaftsministers Schwarz Vater, gebürtiger Schwabe, war ein kleiner Hamburger Kaffee-Importeur. Frau Dr. Elisabeth Schwarzhaupts Vater kam aus dem Lehrerstande, auch Großvater und Urgroßvater waren schon Lehrer; der Vater brachte es in Frankfurt bis zum städtischen Oberschulrat. Aus dem bayerischen Kleinbauerntum kommt der Innenminister Höcherl; fünfzig Tagwerk und zehn Stück Rindvieh hatten sie zu Hause.

Den höchsten sozialen Status hatte der Vater des Familienministers Wuermeling erreicht, der, viele Jahre Ministerialdirektor, nach dem Ersten Weltkrieg Oberpräsident der Provinz Westfalen war. Er und der Verkehrsminister Seebohm, der aus einer alten Sudetenländer Familie des Bergbaus kommt, stehen ihrerseits etwas abseits in diesem Kabinett der mittelständischen Schichten. Da Heinrich von Brentano ausgeschieden ist, vertritt den »geschlossenen« Stand des Adels nur noch der Bundesratsminister Dr. Hans-Joachim von Merkatz; seine Ahnengalerie – der Vater fiel als Hauptmann im Ersten Weltkrieg – weist fast nur Soldaten auf.

Diese kleine Soziologie der Bonner Herrschaften macht deutlich, daß sie als sozialer Typus fast alle aus den mittelständischen Schichten kommen, aus dem Bürgertum, aus dem Kleinbürgertum und der Arbeiterschaft. Adenauer sagt man nach, daß er die Herkunft seiner Minister »aus kleinen Verhältnissen«, wo der Aufstieg oft durch besondere Tüchtigkeit glückte, nicht ungern sehe. Keines Ministers Wiege stand in einem Palast. *(November 1961)*

Eine x-beliebige Stunde

17 Uhr: Der Abgeordnete Clemens Riedel, Bäckermeister aus Frankfurt (CDU), steht am Rednerpult des Bundestages und hält eine Rede. Wie? Hält eine Rede? Er verliest ein Manuskript und hebt nicht den Blick vom Manuskript. Hier ist an der Quelle zu studieren, was Parlamentarismus nicht ist. Vizepräsident Thomas Dehler präsidiert, zu beiden Seiten

ein Schriftführer; rechts der Abgeordnete Christian Giencke aus dem Kreis Husum, links der Abgeordnete August Berlin aus Lemgo (SPD). Auf der Regierungsbank lenkt der Bundesfinanzminister Dahlgrün die Betrachtung auf sich; er ist nämlich der einzige Minister, der anwesend ist. Einsam ist er, jedoch nicht allein; hinter ihm zwölf »Büchsenspanner«, höhere Beamte. Die Bundesratsbank ist völlig leer. Wann ist sie nicht leer?

Im Plenarsaal sind 89 Abgeordnete; meist sind es weniger. Auf der Pressetribüne sitzen acht Journalisten; selten sind es mehr. Auf der Diplomatentribüne und auf der Publikumstribüne sitzen 120 junge Menschen, die in den nächsten Tagen eine Klassenarbeit schreiben müssen: Was mir in einer Bundestagssitzung auffiel. Für sie ist die Sitzung Staatsbürgerkunde und Sehenswürdigkeit, die besichtigt werden kann, in einem. Publikums- und Diplomatentribüne sind der Aufputz einer Plenarsitzung. Müh' und Plag' haben zwei uniformierte Amtsgehilfen, die Drucksachen an die Abgeordneten verteilen. Den jungen Leuten, denen die Klassenarbeit bevorsteht, wird an der gegenüberliegenden Stirnwand etwas Poesie geliefert: die Fahne und der Bundesadler, aufgeplustert mit dem Komfort der modernen Heraldik.

17.04 Uhr: Der Abgeordnete Riedel verläßt das Rednerpodium; geläufige Terminologie: er nimmt wieder auf den hinteren Bänken Platz. Der Abgeordnete Dr. Albrecht Aschoff (FDP), Rechtsanwalt aus Essen, der Oberst a.D. ist ihm anzusehen, betritt das Podium. Er spricht frei.

17.07 Uhr: Der Abgeordnete Dr. Otto Schmidt (CDU), Rechtsanwalt aus Wuppertal, der Protestant, der nicht lachen kann, ist ihm anzusehen, betritt das Podium. Er spricht frei.

17.10 Uhr: Der Abgeordnete Dr. Heinz Starke (FDP), Syndikus aus Bayreuth, der ehemalige Bundesfinanzminister ist ihm nicht anzusehen, betritt das Podium; er spricht frei. Auf dem letzten Stuhl des Bundesrats sitzt Fräulein Dr. Erna Wetzel, Assistentin des Bundestagsfinanzausschusses; über Finanzen wird diskutiert. Assistenten sind die produktiven Geister der Ausschüsse.

17.13 Uhr: Bundesinnenminister Hermann Höcherl kommt mit wehenden Rockschößen auf die Regierungsbank; die Phantasie stößt sich daran, daß er das Grundgesetz nicht unterm Arm trägt. Man sieht ihm an, daß er gerade vom Regieren kommt und es eilig hat. Seinem Kollegen Dahlgrün wird das Wort erteilt: Schlußwort in der ersten Lesung über die Mehrwertsteuer. Er ergreift das Wort, wie man einen Knüppel ergreift, der beim Hunde liegt. Das Schlußwort in der ersten Lesung ist die Prämisse der Beratung. Der Minister versucht, den Qualm der Argumente zusammenzufassen. Von dem Zettel, den ihm morgens ein Saaldiener zur Regierungsbank hinaufgereicht hatte, sagt er nichts: »Herr Minister haben eine gute Rede gehalten – obwohl ich sie mißbillige. N. N., Freiberufler.« Dahlgrün spricht frei.

In der ersten Bankreihe der Fraktionen sitzen und hören nur mit halbem Ohr zu: bei der FDP die Abgeordneten Aschoff und Busse, bei der CSU Besold und Strauß, bei der CDU wie ein einsamer Wachposten nur Arndgen, bei der SPD Seuffert, Wilke, Jacobi, Schoettle. Der Tonfall des Finanzministers: Ich nehme an, meine Damen und Herren, wir werden schon zusammenfinden. Die Abgeordneten Serres (CDU) und Behrens (SPD) lesen Zeitung; sie meinen, es sei gut, sich während der Sitzung zu informieren, was in der Welt geschieht. Mindestens ein Dutzend Abgeordnete von jetzt noch 76 Anwesenden lesen oder schreiben Briefe.

17.22 Uhr: Der Bundesjustizminister Ewald Bucher nimmt neben dem Innenminister Platz. Man hat noch nie einen so ernsten Mann wie Bucher auf der Regierungsbank gesehen. Bucher versenkt sich sofort in tiefes Aktenstudium, obwohl der Abgeordnete Hermann Busse (FDP), Rechtsanwalt und Notar aus Herford, einen Gesetzentwurf seiner Fraktion über die allgemeinen Rechtsverhältnisse der Presse begründet, der in Buchers und Höcherls Ressort gehört. Bucher bemerkt nicht, daß er unhöflich ist, weil er nicht zuhört. Intensiv hören Höcherl und der guterzogene Staatssekretär von Hase, der Bundespressechef, zu, der inzwischen auch auf der Regierungsbank Platz genommen hat.

Der Bundesfinanzminister verschwindet, sein persönlicher Referent, der »nachtragende« Rat Dr. Eick-Kerssenbrock, mit drei Aktentaschen hinterher. Mitten im Plenarsaal stehen, die Debatte geht sie anscheinend nichts an, die Abgeordneten Gradl, Blumenfeld und Bausch im Gespräch; der FDP-Abgeordnete Starke schlendert zur SPD hinüber. Müller-Hermann und Burgbacher haben das Verdienst, nur zu zweit zu stehen und sich zu unterhalten. Nur neun Abgeordnete von Busses 67köpfiger FDP-Fraktion sind anwesend, und nur drei von ihnen, nämlich Frau Diemer-Nicolaus, Burckardt und Hoven, hören Busse zu. Zwei SPD-Abgeordnete lesen ein Groschenblatt.

17.35 Uhr: Ein alter Berliner Journalist schaut sich auf der Pressetribüne um, zählt inzwischen 15 von 430 Bonner Journalisten und spricht zu seinem Nachbarn: »Was sagen Sie dazu?« Die Abgeordneten Brese (CDU) und Frau Korspeter (SPD) haben ein Gespräch begonnen. Auf den Tribünen sitzen nur noch 32 junge Männer und 28 Mädchen, die in den nächsten Tagen den Aufsatz schreiben müssen: Was mir in einer Bundestagssitzung auffiel.

17.42 Uhr: Präsident Dr. Gerstenmaier löst Dr. Dehler in der Leitung der Sitzung ab. Bucher liest immer noch Akten; der Ministerialdirigent Dallinger, einer seiner »Büchsenspanner«, nimmt für zwei Minuten Platz neben ihm. Niemand gelingt es, im Zuschauer Vorstellungen zu erzeugen, hier sei parlamentarisches Leben. Von jetzt 83 Abgeordneten hören etwa 15 dem Redner zu. Nichts stellt den Parlamentarismus empfindlicher bloß als eine solche Debatte. In den ersten Reihen sitzen inzwischen: bei der SPD Schoettle und Blachstein, bei der CDU Kanka, Martin und Neumann, bei der CSU Dittrich und Frau Geisendörfer, bei der FDP Frau Diemer-Nicolaus.

17.48 Uhr: Der Abgeordnete Fritz Sänger (SPD) auf dem Rednerpodium. Inzwischen haben Wehner und Schmitt-Vockenhausen in der ersten Reihe der SPD-Fraktion Platz genommen. Höcherl und von Hase, endlich auch Minister Bucher hören zu. Inzwischen ist auch der Staatssekretär

Schäfer aus dem Bundesinnenministerium erschienen, wenn man den Auftritt eines Ministerstellvertreters mit dem Wort »Erscheinen« umschreiben darf. Ob die jungen Leute auf der Tribüne, die den Aufsatz zu schreiben haben und von der Bundeszentrale für staatsbürgerliche Bildung hierhergeschickt wurden, nicht bald Verzweiflung packt? Die Zuckerbäcker von der Bundeszentrale müßten von Depressionen befallen werden.

Die für die Rotationsmaschinen, Mikrophone und Fernsehscheiben zuständigen Leute, die Journalisten, die Tag für Tag zu den Millionen sprechen, haben sich inzwischen wieder auf die Zahl von elf herunterbewegt. Elf Journalisten auf der Pressetribüne! Die bange Frage taucht auf: Ob das die Abgeordneten bemerken? In dieser x-beliebigen Stunde, als nur jeder zehnte Abgeordnete und jeder vierzigste Journalist im Plenarsaal anwesend ist, glauben welche zu sehen, daß sich der dicke Bundesadler über dem Präsidententhron zu schütteln beginnt, wenn auch nur metaphorisch.

18 Uhr: Noch immer spricht der Abgeordnete Sänger. Im Plenarsaal sind 52 Abgeordnete. Der Bundestag hat 519 Mitglieder; 64 sind beurlaubt, davon 14 zur Teilnahme an Ausschußsitzungen des Europäischen Parlaments; 22 sind jetzt im Bundestagsrestaurant zu entdecken. Da im Augenblick kein einziger Bundestagsausschuß tagt: Wo sind die übrigen 381 Abgeordneten? Es ist Mittwoch, der 5. Februar 1964.

... und die Leserbriefe

Der Abgeordnete kann nicht alles wissen

Walter Henkels hat in der FAZ vom 11. Februar einen hübschen Bericht von einem gewöhnlichen Plenum im Bundestag geliefert; ob die Darstellung in allen Einzelheiten zutreffend ist, ist nicht wichtig. Wann haben Sie aber soviel Raum einmal auf einen sachlichen Bericht über eine Bundestagsspezialdebatte verwendet?

Im Ausland findet man in den Zeitungen kaum mehr als

eine Bemerkung, ob das Haus stark oder schwach besetzt war; dafür aber sehr eingehende Wiedergaben der Debatten, auch der unbedeutenden und uninteressanten Ausführungen. Natürlich sind die meisten Reden langweilig – das ist überall und zu allen Zeiten so gewesen –, und Reden zu einem Fachthema erst recht; aber das ist kein Grund, nichts zu berichten. Aus der Mehrwertsteuerdebatte, deren Ende Walter Henkels beschreibt, haben Sie seinerzeit die Ausführungen des Ministers einigermaßen gebracht (wahrscheinlich hat man Ihnen ein Manuskript gegeben, sonst wäre Ihnen auch das zuviel gewesen). Von den übrigen Sprechern haben Sie fast nichts berichtet. Wieso erwarten Sie, daß die vielen Abgeordneten etwas anhören, worüber nicht einmal die Zeitung schreibt? Die, die es angeht, hören es und werden sich dann im Ausschuß äußern können, ohne das Plenum damit aufzuhalten; und außerdem gibt es das Protokoll.

Der Abgeordnete kann nicht alles wissen und sich nicht über alles informieren. Bei der Zeitung wird der außenpolitische Korrespondent auch nicht gerügt, weil er eine spezielle Wirtschaftsdebatte nicht verfolgt hat. Der Chefredakteur kann nicht alles wissen, aber er muß wissen, wer das weiß, was er nicht weiß. So ist es bei der Fraktion: sie muß wissen, wer es wissen muß, wer sich zu informieren hat und wer sie zu informieren hat.

Hoffentlich machen die Lehrer, die Aufsätze schreiben lassen: »Was habe ich im Bundestag gesehen?« ihren Schülern klar, daß sie nur einen äußerlichen Eindruck gehabt haben, und daß das, was sie nicht gesehen haben und was nicht in der Zeitung steht, zum Teil das Wichtigere ist. Ein Parlament kann es sich nicht leisten, auf Kosten seiner wirklichen Arbeit sich um äußerlichen Eindruck zu bemühen. Daß man die jungen Leute anhält, eine sachliche Meinung zum Inhalt dessen sich zu bilden, was sie gehört haben, wäre freilich in der Tat zuviel verlangt.

Sagen Sie nicht, man wolle wieder den Journalisten die Schuld geben. Immerhin hat doch das Publikum und erst recht die Kritik etwas damit zu tun, ob das Theater gut oder schlecht ist. Viele Parlamentsberichte – wenn es überhaupt welche gibt – lesen sich wie eine Theaterkritik, in der nur stände, wieviel Schauspieler aufgetreten sind und wie lange das Stück dauerte. Damit könnte man kein gutes Theater entwickeln. Wollen Sie es nicht einmal mit richtigen Parlamentsberichten versuchen, wie sie im Ausland für eine Zeitung von Rang selbstverständlich sind? Dann könnten Sie auch ruhig einmal schreiben, daß Sie eine Rede für verfehlt oder für unbedeutend halten, und warum – die Reden würden dann möglicherweise besser und die Debatten interessanter und besser besucht. Walter Seuffert, MdB, Bonn

Brief an den Abgeordneten

Ich möchte Ihnen und vor allem auch Walter Henkels meinen Dank für das Protokoll einer »x-beliebigen Stunde« (FAZ vom 11. Februar) ausdrücken. Ich habe dies zum Anlaß genommen, meinem Abgeordneten Dr. Gerhard Stoltenberg (CDU) einen Brief zu schreiben. Ich bin nicht des Glaubens, etwas an den Tatsachen zu ändern, aber sie zu kennen und nicht einfach hinzunehmen, ist mir Bedürfnis.

Johannes Fox, Kiel

Zivilcourage

Wenn mich mein Enkel einmal fragen sollte, was »Zivilcourage« sei, so werde ich ihm Walter Henkels, den Verfasser des Artikels »Eine x-beliebige Stunde«, als Beispiel nennen und ihm den Ausschnitt aus der FAZ Nr. 35 vorweisen.

Carl Krause, Mühlacker

Reform dringend notwendig

Zu der Betrachtung von Walter Henkels' »Eine x-beliebige Stunde« (FAZ vom 11. Februar) sei erwähnt, daß es unverständlich ist, daß 361 Abgeordnete nicht an der Sitzung teilnehmen und daß selbst der Präsident des Bundestages nicht weiß, wo die Herren sind. Jeder Abgeordnete hat doch um Urlaub auch beim Bundestagspräsidenten zu bitten. Eine Reform des Bundestages scheint dringend notwendig. 250

wirklich interessierte Politiker, die Klugheit und Pflichtbewußtsein haben, werden sicherlich mehr leisten, als unsere heutige Volksvertretung zuwege bringt.

Karl Betge, Bispingen

Diese Szene hat etwas Gespenstisches

Er betritt den Plenarsaal des Bundestages nicht durch den Mittelgang, wie sein Vorgänger, sondern er kommt durch die nördliche Glastür. Er scheint sich dem unwiderstehlichen Zwang hingeben zu wollen, an der ganzen Regierungsbank entlangzuschreiten, an deren Kopfende er mehr als drei Jahre saß. Altbundeskanzler Ludwig Erhard nimmt in der ersten Reihe der Abgeordneten Platz, neben dem Abgeordneten Rasner, den er mit Handschlag, aber ohne ein Wort, begrüßt.

Es erscheint etwas abenteuerlich, daß er zu Barzel, den er nicht wahrnehmen will, nur durch Rasner getrennt ist. Erhard verfällt in tiefes Brüten, den Kopf in den Brustkasten förmlich eingezogen. Erweist er dem Redner Aufmerksamkeit, den Stenografen vor ihm? Schielt er zu seinem Nachfolger Kiesinger auf der Regierungsbank? Nichts davon. Ratlosigkeit und Zerfallensein mit der Welt sitzen da in der ersten Bank. Erbittet der alte Mann Schonung? Fern sei es vom Beobachter, den Altbundeskanzler bloßstellen zu wollen. Aber die Szene hat etwas Gespenstisches. Erhard sitzt wie ein Gespenst vorne in der ersten Reihe, wie ein Gespenst von vorgestern.

Nichts drastischer als dieser alte Mann kann offenbaren, wie sich die Bonner Szene in den letzten Jahren geändert hat. Nicht erst seit dem Bestehen der Großen Koalition, die erst ein Dreivierteljahr alt ist, hat sich das Bild radikal verändert. Nicht nur, daß eine Anzahl Minister und Staatssekretäre Ende 1966 ausgewechselt wurden und die SPD sichtbar zum erstenmal bei der Macht Posten gefaßt hat, auch jene Figuren, die hinter den Ministern auf der Regierungsbank sitzen, die sogenannten »Büchsenspanner« oder »Ohrenbläser« der hohen Beamtenschaft, die zu allen Zeiten ihre zuweilen krummen Rücken der Macht zur Stütze dargeboten haben, sind zum Teil ausgewechselt. Die meisten sind neue Gesichter.

Der Plenarsaal des Hohen Hauses soll der politische Kampfplatz sein, und er ist es nach außen hin auch. Nun, da er Ludwig Erhard sehr einsam und fast als Überbleibsel dort sitzen sieht, hat es der Beobachter nahezu schwarz auf weiß, wie radikal sich eine Szenerie ändern kann. Noch zu Beginn des Jahres 1967 saß dort Konrad Adenauer, noch amtierten die Vizepräsidenten Frau Maria Probst und Thomas Dehler, noch lebte Fritz Erler. Sie alle deckt bereits der grüne Rasen. Weitgehend gaben sie diesem Hause das Gepräge mit, auch wenn Adenauer als Bundeskanzler längst abgetreten war.

Es eilt die Zeit und alles fließt. Seit 1960 sind so viele namhafte Politiker gestorben, daß man erschrickt, wenn man sie aufzählt. Ein Generationswechsel hat sich sichtbar vollzogen. 1961 kamen 89 Neulinge in den Bundestag, 1965 waren es 138. Die Flakhelfergeneration hat längst im Bundestag ihren Einzug gehalten. Etwas Kontinuität zur Weimarer Zeit ist noch da, aber die früheren Reichstagsabgeordneten Lemmer, Krone, Gibbert (alle CDU) und Felder (SPD) sind alte Herren im Bundestag geworden. Gestorben sind von der CDU/ CSU außer Adenauer und Frau Probst der Bundesminister Lindrath (1960), dessen Name viele junge Abgeordnete schon nicht mehr kennen. Wieviel Würde strahlten in ihren weißen Haaren der Oberkirchenrat Cillien aus Hannover, der Vertriebenen-Baron von Manteuffel-Szoege, der Alterspräsident Pferdmenges, der Freiburger Caritasdirektor Höfler und der Vorsitzende der Katholischen Arbeiterbewegung, Johannes Even, aus. Wie ehrwürdig zogen Helene Weber und Marie-Elisabeth Lüders durch die Korridore. Eindrucksvoll war die hohe schlanke Gestalt Heinrich Gerns aus Schleswig-Holstein. 1964 starben auch Heinrich von Brentano, der einstige Bundesaußenminister, und Frau Rehling.

Auch die SPD verlor in den wenigen Jahren nicht nur ihre Fraktionsführer Ollenhauer und Erler, auch Menzel, Deist und Jaksch starben überraschend. Lange Jahre war Vorsitzender des Innenausschusses ein sehr tüchtiger und fleißiger SPD-Abgeordneter, der weitgehend unbekannt war; Maier hieß er, ganz schlicht Fritz Maier und war Lehrer in Freiburg im Breisgau. Auch der liebenswerte Professor Gülich aus Kiel, der es mit der Branntweinmonopolabgabe hatte, der ruhige Abgeordnete Pohle, ebenfalls aus Schleswig-Holstein, der sich beredt der Kriegsbeschädigten angenommen hatte, starben schnell dahin. Die SPD-Fraktion verlor auch den Bundesvorsitzenden der Eisenbahnergewerkschaft Jahn und den Vertriebenenpolitiker Reizner. Ein Abgeordneter ist schon nicht mehr, der von seinem Fraktionskollegen angefahren wurde: »Schwätz deutsch, wenn de schwätze willscht, du blamierscht uns vor die Leut.« Der Gute hatte nämlich »Veni, vidi, vici« auf Lateinisch gesagt; ich kam, ich sah, ich siegte.

Die FDP wird jetzt Erich Mende verlieren, da er einen richtigen Job gefunden hat, und sie verlor durch Tod in den letzten Jahren nicht nur Dehler, sondern auch den wackeren Vizepräsidenten Becker (Hersfeld), der zum Cutaway als Präsident statt des vorgeschriebenen langen Schlipses unentwegt eine »Fliege« trug, und den talentierten und vielversprechenden Wolfgang Döring.

Man wird nicht sagen wollen, daß alle diese Politiker berühmt waren, aber sie waren doch weitgehend bekannt, und sie waren, der eine mehr, der andere weniger, Beweger der Bonner Politik. Die Geschichte des noch jungen Bonner Parlaments wird alle ihre Namen registrieren müssen. Manche haben sich nicht nur in den stenographischen Protokollen verewigt. Ganz offenkundig ist, daß sich die Bonner Szene von Jahr zu Jahr verändert. Wer Erhard sieht, alt und grau und kaum noch mit jemand sprechend, erschrickt.

(September 1967)

Er hatte sich als Rechtsradikaler entpuppt, war Angestellter eines kirchlichen Hilfswerks in Rendsburg und hieß Wolfgang Hedler. 1949 kam er für die DP in den Bundestag, war bald aber ein »Wilder«, ein Fraktionsloser. Mit Adolf von Thadden, dem heutigen NPD-Vorsitzenden, der von dem Kommunisten Renner »Bubi« gerufen wurde, war er der Rechtsaußen im ersten Bundestag.

Hedler bezog eines Tages, als die Linke sich provoziert fühlte, im Bundeshaus von Rudolf Heiland, einem SPD-Abgeordneten, Prügel und floh. Ein anderer Rechtsaußen-Abgeordneter, der sich Dr. Franz Richter nannte, aber Fritz Rößler hieß und ein kleines schwarzes Schnurrbärtchen trug, floh durch ein Fenster und kam ins Gefängnis; ein weiteres MdB schließlich, Dr. Fritz Dorls, ein Mann mit einem stechenden Dr.-Mabuse-Blick, gründete die Sozialistische Reichspartei, die als Nachfolgeorganisation der NSDAP 1952 vom Bundesverfassungsgericht verboten wurde.

Der heutige Bundestag scheint gegenüber den 50er Jahren, da ihm die Rechts- und Linksaußen fehlen, eine richtige Klosterschule. Auch Studentenrevoluzzer bedrängen ihn ganz selten. Nebst des Tigers Zahn und der APO in ihrem Wahn, die heute bekanntlich das Schrecklichste sind, ist der Bundestag ein Unternehmen der »spätkapitalistischen« Zeit. Ist er wirklich eine ruhige Klosterschule?

Erlebt das Hohe Haus nicht von außen zahlreiche Störungen? Hatte Beate Klarsfeld, die kürzlich in Berlin Kiesinger eine Ohrfeige versetzte, nicht von der Tribüne des Bundestages schon einmal laut »Nazi-Kiesinger« gerufen? Hat nicht die Bonner Hausfrau Gerda Ewert-Basten während der Notstandsdebatte des Hohen Hauses von der Tribüne eine Trillerpfeife in Tätigkeit gesetzt und ein halbes Jahr danach Trauerflor von der Tribüne wehen lassen?

Drangen SPD-Abgeordnete unter Führung von Franz Neumann und dem Professor Baade im ersten Bundestag nicht gegen den DP-Abgeordneten Hans Ewers, Rechtsanwalt und

Notar aus Lübeck, vor, als er vom Podium des Bundestages vom »Schwarzrotgelb« der Bundesflagge gesprochen hatte? Zog nicht der Bundeskanzler Adenauer triumphierend eine Postkarte aus der Tasche – sie kam aus Hamburg und war anonym –, auf der stand: »Du alter Gauner.« Als dann der damalige Bundespostminister Stücklen rief: »Darauf sind Sie wohl noch stolz?«, die Antwort bekam: »Dat bin ich auch.«

Als 1965 der Bundeskanzler Erhard in seiner Regierungserklärung von der »formierten Gesellschaft« sprach, rief ein Ruhrkumpel aus Bochum von der Tribüne: »Du bist ja bescheuert!« Der gutmütige Landwirt Haldewang aus Rot am See kam einige Jahre regelmäßig, mogelte sich ins Bundeshaus, verteilte Flugblätter mit Wiedervereinigungsplänen und landete schließlich bei einem Süppchen in der Bundeshausküche. Zwei Aachener, Bragard und Reinhard mit Namen, wurden mehrere Monate ins Gefängnis gesteckt, weil sie Flugblätter, in Belgien hektographiert, an dreißig Bonner MdBs und Journalisten verschickt hatten: »Sie sind rechtmäßig zum Tode verurteilt, wenn Sie für die Verlängerung der Verjährungsfrist der NS-Verbrechen stimmen.« Bei Gericht kam es zutage: Bragard war NPD-Mitglied.

Ein Beinamputierter, der an verschiedene Gebäude Hakenkreuze geschmiert hatte, fuhr am Bundeshaus vor, dort, wo der Vogel Phoenix aus der Asche steigt, warf sich in ein altes Braunhemd und stürmte, angetan mit Deutschem Kreuz, EK I und Nahkampfspange, ins Foyer – er hatte die Orden für 37 DM gekauft und trug sie alle unberechtigt – und ließ die Beamten wissen, er sei der Reichskanzler für den Tag X, um die Macht im 6. Reich zu übernehmen.

Ein Altkommunist warf während einer Plenarsitzung Flugblätter von der Tribüne, ein Exilkroate Feldsteine in die Glastüren. Franz Josef Strauß habe seine Frau verführt, erklärte einer, der vor dem Eingang III ein Sit-in machte und mit Gewalt weggebracht werden mußte.

Maria Scholz aus Kaltenkirchen, die behauptete, die Großfürstin Anastasia zu sein, wollte der SPD helfen, »Politik zu machen«. Der Bauer Monnet aus Asbach im Westerwald erschien in der letzten Woche mit einem Dreschflegel vor Bundeskanzleramt und Bundeshaus.

In Rhöndorf erschienen zu Adenauers Lebzeiten öfter Frauen, die ihn heiraten wollten; eine aus Bayern kam während der letzten Lebenstage mit einem Geigenkasten; sie wollte ihn »gesundlesen«. Vier von fünf Personen sind Frauen, meist Psychopathen und Irre und meist auch harmlos. Bei Mondwechsel, bei Vollmond und jungem Licht, stellen sich besonders bei Frauen gerne Gemütsbewegungen ein, sagt der Kriminalhauptkommissar Müller vom Hausordnungsdienst des Bundestages, dann können sie im Bundeshaus mit unerbetenem Besuch rechnen.

Die Würde des Parlaments ist ein schönes Wort. Das Ereignis, das am Rande des Parlaments, teils kriminell, teils psychopathisch, auftritt, kann die Würde nur selten ausstehen. Mit Recht kann sich die Würde beleidigt fühlen, wenn im Bundestag ein Abgeordneter durchs Fenster flieht, oder ein Mensch auf den Treppenstufen Sitzstreik macht mit der Bemerkung, Strauß habe seine Frau verführt.

(November 1968)

Nixon im Plenarsaal

Selbst wer haarscharf die Gemütswerte von den Geschäftswerten trennt, wird zugeben, daß Richard Nixon, der Präsident der Vereinigten Staaten von Amerika, den Bonner Politikern etwas Selbstbewußtsein zurückgegeben hat. Namentlich durch das ungewöhnliche Ereignis des Besuchs einer Plenarsitzung im etwas ramponierten Bundestag am Mittwochabend hat er mit seinem unkomplizierten und fast burschikosen Auftreten begreiflich zu machen versucht, daß das alte Fundament des gegenseitigen Verhältnisses noch beträchtliche Tragfähigkeit hat. Zieht man das Lächeln einmal ab, das amerikanischen Präsidenten eigen ist, unterliegen auch die Großen der Weltgeschichte, wozu Staatsmänner solchen Kalibers zählen, einer gewissen Relativität. Ihr Wirken fällt zusammen mit einer Konstellation, die ihrem Genius nicht immer günstig ist.

Als Richard Nixon den Plenarsaal betrat – alle Abgeordneten waren mehrmals über Lautsprecher herbeizitiert worden –, vorauf wie ein Leithund der Protokollchef Hans Schwarzmann, dahinter Bundeskanzler Kiesinger und Nixon, dahinter Bundestagsvizepräsident Schoettle, der den Gast für den die Sitzung leitenden Kai-Uwe von Hassel am Eingang 7 an der Rheinseite begrüßt hatte, dann die beiden Außenminister und ein farbiger Ordonnanzoffizier Nixons, war es leicht, sich über die »Bullen«, die Sicherheitsbeamten, lustig zu machen. Indem Nixon selbst den ganzen Tag über das Programm verzögerte, weil er Hände schütteln wollte, standen die Sicherheitsbeamten immer kurz vor einem Nervenzusammenbruch.

Die eingefleischten Kriminalbeamten, die amerikanischen mehr noch als die deutschen, dieser hellsichtige und hellhörige Kordon aus Mißtrauen, haben einen Ton in der Stimme und eine Schärfe im Blick, die Attentate nahezu unmöglich macht. Das Auge des Chefs der Bonner Sicherungsgruppe, des leitenden Regierungs-Kriminaldirektors Fritsch, beherrschte den Plenarsaal bis in den letzten Winkel. Selbst auf Abgeordnetensitzen hatten Sicherheitsbeamte Platz genommen; die schwache FDP-Fraktion, die Opposition, war erkennbar mit ihnen ausgefüllt. Der Regierungssprecher Ahlers, der Mühe hatte, durchzukommen – denn er sieht nicht unbedingt wie ein Regierungssprecher aus – hatte sich eine der Nadeln mit den bunten Knöpfen, wie sie die Kriminalbeamten tragen, ans Revers gesteckt; erst dann blieb er unbehelligt.

Der Plenarsaal, die Tribünen voll besetzt, war in einem merkwürdigen Zustand von Aufregung. Präsident von Hassel, der bisher die Agrardebatte geleitet und schwer und verschlossen auf seinem Thron unter dem aufgeplusterten Bundesadler gesessen hatte, merkte man die ernste und selbstlose Sorge um den Bestand seines Parlaments an.

Auf der Pressetribüne hatte sich im Nu das Milieu des

laissez aller, laissez passer der Globetrotter der Weltgeschichte, nämlich der Journalisten aller Sparten, vornehmlich der Funk-, Fernseh-, Film- und Bildmänner, entwickelt. Einige in Kostümierungen, die an Vietnam erinnerten; in Regenhüten und mit Zipfelmützen machten sie auf der Pressetribüne mit ihrem zum Teil schweren Gerät den Eindruck unbedingter Ehrlichkeit. Sie reisen mit Nixon, und sie leben weitgehend von ihren Ellbogen. Der Bundestag, mit Blick zu dieser Pressetribüne, staunte. Der Saal stand nun im Kreuzfeuer der Objektive.

Auf der Regierungsbank saßen, jeder dienendes Glied am Ganzen, die Mitglieder des Bundeskabinetts in dieser Reihenfolge: Benda, Heinemann, Schiller, Höcherl, Stoltenberg, Katzer, Lauritzen, Eppler, Frau Strobel, Dollinger, Leber, Wehner und Windelen. Es fehlten Schröder und Strauß, Carlo Schmid, Frau Brauksiepe und Schmücker. Das Kabinett lächelte wie Nixon, sauertöpfisch nur Dollinger und Eppler. Zahllose Staatssekretäre und hohe Beamte hatten hinter den Ministern Posten gefaßt.

Und dann die Bundesratsbank. Dort saßen plötzlich, düsteren Ernstes und methodische Denkarbeit über Föderalismus, Finanzausgleich und Bildungspolitik verbreitend, offenbar immer noch mit der Einfädelung von Kabalen gegen den Bund und untereinander befaßt, die Herren Landesfürsten. Den Verkehr mit diesem Bundestag dosiert der Bundesrat nach Belieben. Monatelang ist die Bundesratsbank leer, selbst bei wichtigen Debatten sucht man Ländervertreter dort vergebens. Herbeigereist waren Bundesratspräsident Weichmann (Hamburg), die Ministerpräsidenten Filbinger, Goppel und Altmeier, Bürgermeister Koschnick (Bremen), der Senator Spangenberg (Berlin), Ministerpräsident Zinn, Minister Posser (Nordrhein-Westfalen), Ministerpräsident Lemke und der Wehrbeauftragte Hoogen; in dieser Reihenfolge saßen sie an der Balustrade.

Der Beifall für Nixon erreichte die Grenze einer Ovation. Er weiß, wie man solche Versammlungen für sich gewinnt; in dieser Hinsicht haben amerikanische Staatsmänner eine ausgezeichnete Schule durchgemacht. Mit großer Gelassenheit präsidierte von Hassel. Es war klar, daß er etwas getragenes Staatspathos an den Mann bringen würde. Verantwortung für Frieden, Freiheit und das Recht in der ganzen Welt, Garantien für Freiheit und Sicherheit Berlins und der Bundesrepublik Deutschland. Der Bundestag und das deutsche Volk danken für die Ehre des Besuchs. Nixon betrat das Rednerpodium.

Er hat nicht gerade ein apartes Profil, aber auch er verbreitet Freundlichkeit, er ist gönnerhaft kordial, und seine Rede, ohne Manuskript vorgetragen, sprudelt fast. Er spricht mit natürlichem Ausdruck. Es ist nichts Distanziertes an ihm, etwa wie bei Kennedy. Er traf natürlich das deutsche Gemüt kräftig, als er im Bundestag schon zum zweiten Male an diesem Tage die Mutter seiner Frau und die Großmutter seiner beiden Töchter erwähnte, die eine Deutsche war. Ohne zu erröten – dafür sorgte schon die Florida-Sonnenbräune in seinem Gesicht – sagte er: »Wir in den Vereinigten Staaten verdanken dem deutschen Volke ja so viel.«

Man kann unbedenklich sagen, daß dieser Nixon-Auftritt dem etwas lahmen, spannungs- und temperamentlosen Bundestag, der in fast gemächlicher Routine und Selbstzufriedenheit seit langem dahindebattiert, Auftrieb gegeben hat. Vor allem in seinem Selbstbewußtsein, das stark lädiert ist.

(Februar 1969)

Der Machtwechsel[3]

Als gegen 16 Uhr am gestrigen Montag die Klingelzeichen durch die Korridore des Bundeshauses energisch und langanhaltend zur ersten Sitzung riefen, trat der neue Bundestag, gewählt am 28. September, in seine eigenen Fußstapfen. Er konstituierte sich zum sechsten Male. Und es war wie jedesmal ein Geschiebe und Gewabere in den Gängen, dazu der summende Ton von gewiß mehr als tausend Stimmen. Aber der sachverständigen Ansicht eines Beobachters seit den

Tagen von 1949 konnte nicht widersprochen werden: Es hat sich nichts geändert. Hat sich wirklich nichts geändert?

Das Hohe Haus, soviel war erkennbar, zeigte besondere Erregung. Nicht die Laufkundschaft der Journalisten und Lobbyisten, nicht die vielen Diplomaten und die Tribünenkartenbesitzer waren etwas munterer als sonst; auf den Abgeordneten selber ruhte die Wahrnehmung, daß doch etwas anders war als in früheren Jahren. Nicht mehr ein designierter Bundeskanzler Konrad Adenauer wie 1949, 1953, 1957 und 1961, wie Ludwig Erhard 1965 schob sich durch das Gedränge, diesmal stand ein »Machtwechsel« ins Hohe Haus. Einige hätten gern den neuen Bundeskanzler mit der Ballonmütze gesehen, den ersten Sozialdemokraten, der vermutlich an diesem Dienstag als Regierungschef gewählt wird. Aber keine Ballonmütze war wahrzunehmen, vielmehr quetschte sich Willy Brandt im wohlgeschneiderten Anzug durch die Menge, schon jetzt von etlichen Kriminalbeamten der Sicherungsgruppe umschwärmt und nicht aus den Augen gelassen.

Der Bundesadler über dem Präsidentenstuhl, dem diesmal etwas sozialdemokratischer Odem eingehaucht schien, nickte den 155 Neulingen unter den Abgeordneten gelassen zu. Die Regierungsbank, während der Sommerferien um einen Meter in der Höhe gekürzt, war leergefegt. Auf der Bundesratsbank saßen unerschüttert, die in der Luft liegende Veränderung ignorierend, der Bundesratsdirektor Pfitzer und die Bevollmächtigten Hellmann (Niedersachsen), Posser (Nordrhein-Westfalen), Hermans (Rheinland-Pfalz) und Dornburg (Schleswig-Holstein).

Der Alterspräsident, der Berliner FDP-Abgeordnete William Borm, hatte sich im Cutaway des Präsidentenstuhls bemächtigt. Er ist mit vierundsiebzig Jahren der älteste Abgeordnete und trotz neunjähriger Haft in den Gefängnissen Mitteldeutschlands noch von bester Konstitution. Vor vier Jahren war es noch der neunundachtzigjährige Abgeordnete Adenauer gewesen, der hier als Alterspräsident fungierte. Die guten Geister der toten Alterspräsidenten Adenauer, Pferdmenges, Marie-Elisabeth Lüders, Paul Löbe assistierten William Borm mit zuversichtlichen Mienen. Der unwahrscheinliche Fall, daß ein gewisser Linus Kather hier präsidierte, war nicht eingetreten. Ausländische Zeitungskorrespondenten und sonstige Beobachter sind etwas um ihren Effekt gebracht.

In den ersten Reihen des Plenums saßen die Matadore, auch die noch geschäftsführenden Minister auf ihren Abgeordnetensitzen. Man sah förmlich, wie es ihnen schmeckte, dort auf der Oppositionsbank sitzen zu müssen. Die Hoffnung lebte auf, daß manche eine ebenso gute Opposition machen werden, wie sie bisher regiert haben. Alle guten Geister der vermutlich nächsten Opposition saßen da: Kiesinger, der vier Minuten zu spät kam, Strauß, der seinen Nebenmann Scheel mit Handschlag begrüßte, Schröder, der diesmal sogar dem Amtsgehilfen Meller die Hand gab, Benda, Stoltenberg, Katzer, Schmücker, die »Bundes-Änne« Brauksiepe, Dollinger, Windelen. Kurt Georg Kiesinger hat die Naturgabe, böse dreinzuschauen, wenn es ihm danach ist. Es wäre ihm ohnehin wie Spießrutenlaufen vorgekommen, durch die Menge schreiten zu müssen. Er kam durch den Eingang am Rhein. Nur Hermann Höcherl bekundete mit schelmischem Gesicht, daß er zu Recht den Orden wider den tierischen Ernst bekommen hat.

Die Tücke brachte es fertig, Willy Brandt und seine Mannschaft links, Walter Scheel und das Fähnlein seiner neunundzwanzig Aufrechten ganz rechts sitzen zu lassen, das Weltkind in der Mitten. Sie wollen auch so sitzen bleiben. Es verstand sich von selbst, daß Brandt und Scheel staatsmännisch dreinblickten, Helmut Schmidt martialisch, Möller fiskalisch und Genscher, Mischnick und Wehner made in Saxony. Da saßen die Scheinsieger von der CDU/CSU und die wirklichen Sieger von der SPD mit dem letzten mobilisierten FDP-Häufchen.

Ein Hauch von Neubeginn lag über dem Plenarsaal, aber auch ein Hauch von Wehmut. Man sah den ehemaligen Bundesanwalt Güde nicht mehr, den seine Partei auf der Landesliste abzusichern sträflich vergaß. Kleinlaut saßen die CSU-Abgeordneten Jaeger, Zimmermann und Dittrich auf ihren Plätzen, und sie werden wohl wissen, weshalb sie Tausende von Erststimmen weniger hatten als ihre Partei. Der Vertriebenenfunktionär Reinhold Rehs war unentrinnbar seiner Niederlage entgegengeeilt; die niedersächsischen Bauern wollten ihn nicht. Der Professor Dahrendorf strahlte, obgleich er weinen müßte; er hat in seinem Wahlkreis – es ist der Rekord – fast zehntausend Stimmen mehr als seine FDP. Drei junge Männer bei der SPD, alle drei Juristen, haben ihre Väter als Abgeordnete abgelöst: Corterier (Karlsruhe), Metzger (Darmstadt) und Claus Arndt (Hamburg). Jüngster Volksvertreter ist der 28jährige CDU-Abgeordnete Dieter Schulte, Nachfolger Gerstenmaiers im Wahlkreis Schwäbisch Gmünd-Backnang. Das letzte Relikt des Reichstages der Weimarer Zeit, Ernst Lemmer, kam am Stock.

Persönliche Triumphe las man auf den Gesichtern jener, die fünftausend und mehr Erststimmen als ihre Partei Zweitstimmen bekommen hatten: Eppler, Ehmke, Leber, Schiller, Apel, Helmut Schmidt, Carlo Schmid, Schmidt (Offenbach), Wörner, Kiep, Stoltenberg, Dollinger, Berkhan, Dröscher, Frau Elsner und Ravens. Eine erkennbare Verjüngung gibt es diesmal auch bei der SPD. Die CDU/CSU war damit schon 1965 vorangegangen. Bei der FDP sieht man, außer Dahrendorf, nur Gesichter aus dem alten Bundestag.

Der Namensaufruf der Abgeordneten von Abelein, Achenbach und Adams bis Zimmermann, Zink und Zoglmann war die Konsequenz des unzulänglichen Alphabets, das nicht nach Parteien scheidet. Die Präsidentenwahl, auch die Amtsübernahme Kai-Uwe von Hassels erfolgte unter der Assistenz des Bundestagsdirektors Trossmann, den man längst im wohlverdienten Ruhestand wähnte. *(Oktober 1969)*

In diesen Fußballtagen[4] muß eine Metapher erlaubt sein: Der Beobachter der letzten Parlamentswoche vor den Sommerferien, die am gestrigen Freitag zu Ende ging, kann sich Peter Handkes Buch »Die Angst des Tormanns beim Elfmeter« nicht entziehen, wenigstens dem Titel der Erzählung nicht. Das Publikum schaut gebannt zu, wann die Opposition der sozialliberalen Bundesregierung Brandt/Scheel einen Elfmeter in den Kasten plaziert und sie stürzt. Diese letzte Woche hatte es in sich.

Sturmspitze Barzel mit Außenläufer Kiesinger und Libero Strauß lehrten Tormann Brandt und seinen Verteidiger Scheel das Fürchten. Wörner im Mittelfeld donnerte den Ball kräftig nach vorn, aber ihm fehlte noch das Beckenbauersche Augenmaß für die langen Pässe. Auch Barzel und Kiesinger sind keine rechten Vollstrecker wie Müller und Seeler, und kein Mensch wird sagen, der Professor Hallstein hätte das Format Schnellingers. Es wurde viel Klein-Klein gespielt, um die Sprache der Reporter zu benutzen. Seitens der Regierungsmannschaft gab es kein Foul und also auch keinen Elfmeter. Der Elfmeter muß noch kommen. Vielleicht nach den Sommerferien, im Herbst, wenn die Blätter fallen.

Der Bundestagsabgeordnete Kliesing (CDU) sagte es so, wie es hier niedergeschrieben ist. Seit 1949 fänden in der Bundesrepublik Regierungswechsel nur statt, wenn im Herbst die Blätter fielen. Die CDU/CSU werde abwarten. Den Sommer wird die Regierung gewiß überstehen.

Zunächst einmal legte der Bundestag in der letzten Woche vor den Sommerferien ein rechtschaffenes Bekenntnis zum Parlamentarismus ab. Unter dem Aar, dem König der Lüfte und der Bundesrepublik, unserem Bundesadler, wurde vom Dienstag, dem 16., bis Freitag, dem 19. Juni, die 58., 59., 60. und 61. Sitzung des Deutschen Bundestags absolviert. Nach den Überweisungsvorschlägen des Ältestenrates gingen die meisten Vorlagen in die Ausschüsse, von dem Entwurf eines Gesetzes zur Errichtung einer nationalen Stiftung »Hilfswerk für das behinderte Kind« bis zum zehnten Gesetz zur Änderung des Soldatengesetzes. Aber dann kam die dritte Beratung des Haushaltsgesetzes 1970. Eine breite Debatte rechtfertigte sich von selbst. Da seit dem Jahre 1969 der Niedersachsenbauer Wilhelm Brese (CDU) nicht mehr dem Bundestag angehört – er hat sich auf 1800 preußischen Morgen Landbesitz auf sein Altenteil zurückgezogen –, ging mit dem neuen Haushalt eine diskrete und unauffällige Erhöhung der Bürokostenpauschale von 600 auf 1200 Mark vonstatten. Nur den Feinschmeckern unter den Beobachtern fallen diese Tricks, wie sich die Abgeordneten ihre Bezüge erhöhen, auf. Früher war hier Bauer Brese der Wachsame.

Schon um die Erfahrung zu verdichten, daß Regierung und Opposition sich selten mit vorzüglicher Hochachtung behandeln: es wurde scharf geschossen. Wieder hatten Opposition und gezwungenermaßen auch die beiden Regierungsfraktionen Präsenzpflicht angeordnet. Bisher ist es der CDU/CSU noch keinmal gelungen, die Regierung bei Abstimmungen zu schlagen. Die Opposition möchte zu gerne der Regierung Ungelegenheiten machen. Doch beim Etat gab es acht Stimmen Mehrheit für die Regierungskoalition, wobei sich noch Kühlmann-Stumm und Zoglmann (beide FDP) der Stimme enthielten.

Die »nationalliberale« Phantasie Erich Mendes, der in den Wandelgängen des Hohen Hauses offensichtlich die Nähe der Journalisten sucht, hat sich vergaloppiert. Sein Ruf als Politiker ist dahin; in Sichtweite liegt ein Haufen zerstörter Investment-Hoffnungen.[23] Es bedarf keiner Niedertracht, sie in Beziehung zu seinem politischen Ruf zu setzen. Auch sie haben die FDP bei den Wahlen des letzten Sonntags Stimmen gekostet, nicht nur das sogenannte »Progressive«. Erich Mende und Siegfried Zoglmann haben nicht Autorität genug, um in ihrem »Hohensyburger Kreis« der »Nationalliberalen Aktion« etwas mehr zu sehen als ein Komitee zur Rettung Schiffbrüchiger. Mende, der alte Soldat, trat die Flucht nach vorne an. Aber man kann ihm nicht die Lektüre der politischen Klassik ersparen: Wenn die Katze Unglück haben soll, bleibt ihr die Maus im Halse stecken.

Das mag wahr sein, daß die Bemühungen der CDU/CSU-Opposition bisher kein Schlachtfest waren, wie es Bundeskanzler Brandt ausdrückte, und daß man diese Regierung – so Brandt zum wiederholten Male – nicht auseinanderdividieren werde, aber diese Regierung ist doch sichtlich verunsichert, wenn man das schöne Wort der Apo gebrauchen will. Wer die Gesichter auf der Regierungsbank beobachtet, Brandt zuerst, dann Scheel, der ständig unter Preis verkauft werde, wie Gerhard Schröder anmerkt, dann Genscher und Schiller und sogar Ehmke, der heute in Bonn etwas die Machiavelli-Tradition verkörpert – kein Zweifel, sie müssen sich Mühe geben, die FDP-Leute bei der Stange zu halten. Keiner fühlt sich kannibalisch wohl.

Aber man braucht keinen Eingriff in das Innenleben der Opposition zu begehen, um zu wissen, daß die Rivalitäten dort zu groß sind, um die Kreise der Regierung entscheidend zu stören. Ernst Benda, der frühere Innenminister, sagt: »Unser Marschziel sind etwa sechs Monate, dann haben wir's geschafft.« Heinrich Köppler, der unterlegene Sieger von Nordrhein-Westfalen, ruft lautstark aus dem Plenarsaal zur Pressetribüne hinauf: »Die nächsten Wahlen kommen bestimmt.« Barzel zieht, zu Brandt gewandt, vom Leder: »Sie sind der Kanzler der Unterstellungen.« Hermann Höcherl (»Ich, der aus dem Paradies Vertriebene«): »Brandt wird von Ehmke zu Tode programmiert.«

Der junge Abgeordnete Metzger aus Darmstadt (SPD) hat sich der Jacke entledigt; zum ersten Male sitzt ein Volksvertreter mit aufgerollten Hemdsärmeln im Plenarsaal, und man nimmt instinktiv an, gleich gehe es rund. Durch den Trubel um den Plenarsaal ziehen die ewigen Wanderer unter den Abgeordneten, die kein Sitzfleisch haben und ständig unterwegs sein müssen: der Professor Kotokowski aus Berlin (CDU), der parlamentarische Staatssekretär von Dohnanyi (SPD), dem so schön das modisch lange Haar über den Rockkragen wallt, der Porzellanfabrikant Rosenthal (SPD), der schon die Ohren spitzt, wenn einer sagt, man möge nicht wie ein Elefant im Porzellanladen auftreten. Vielleicht hat es einen guten Grund, daß sie nicht sitzen können. Der Freitagmorgen brachte, als über das Steueränderungsgesetz debattiert werden sollte, ein Selbsttor der Regierung.

Der Abgeordnete Wilhelm Dröscher (SPD), »der gute Mensch aus Kirn« (Dröscher über Dröscher), läuft seit Jahren mit einer überdimensionierten Aktentasche durchs Hohe Haus, immer unterwegs, immer dabei, selbst zu den intimsten Orten nimmt er sie mit; für die Annalen des Bonner Parlamentarismus sei es festgehalten. Vielleicht schleppt er in seiner Aktentasche die Toga des Landesvaters von Rheinland-Pfalz mit sich herum, wer will es wissen.

Unverhofft fällt einem das Stichwort ein. Helmut Kohl, jetziger Landesvater von Rheinland-Pfalz, Rauhgraf bei Mosel, Nahe und Rhein, ließ sich zwar in dieser Woche im Bundeshaus nicht sehen, aber er ist immer gegenwärtig, wenn das Wort konstruktives Mißtrauensvotum in Bonn umgeht und Barzel und Kiesinger mal wieder in die Ecke gestellt sind. Kohls Gesumme geht durchs Hohe Haus: Es wird ein Wein sein, und wir werden nimmer sein.

Im Bundestag hat es in dieser Woche »viel künstliche Aufregung gegeben«, sagt der Abgeordnete Botho Prinz Sayn-Wittgenstein-Hohenstein (CDU). Aus den hinteren CDU-Reihen, diesmal nicht von Rasner, kommt bei Herbert Wehners Rede der Ruf »lauter«. Der Abgeordnete Raffert (SPD) sagt, das Parlament sei keine Gouvernantenschule. Und plötzlich wird's einem weh ums Herz: Der letzte Hammelsprung ging vonstatten, bei der Abstimmung über das Gesetz zur Änderung des Grundgesetzes, Punkt 17 der Tagesordnung. Es gibt ihn nicht mehr, den Hammelsprung, künftig geht alles mit Knopfdruck vor sich. Carlo Schmid, soviel man gehört hat, hat eine Träne vergossen. Zweitausend Menschen waren beim Empfang des Bundestagspräsidenten von Hassel, um das erste Jahr der sechsten Legislaturperiode in die Sommerferien zu entlassen. Die Angst des Tormanns beim Elfmeter liegt über den Regierenden in Bonn. Mal abwarten, wenn im Herbst die Blätter fallen. *(Juni 1970)*

Der Bundestagspräsident von Hassel nennt sie eine »Gewerkschaft«, der frühere SPD-Fraktionsführer Helmut Schmidt nannte sie die »Mafia« des Bundestages, der CSU-Landesgruppenvorsitzende Stücklen begrüßt sie: »Guten Morgen, meine Arbeitgeber!« Für den Bundestagspräsidenten sind sie oft, wie er sich ausdrückt, ein Alptraum. Wenn sie nämlich übereinstimmend erklären, ihre Fraktionen wünschten dies und jenes, dann ist der Präsident machtlos. Gerstenmaier riß das oft zu ärgerlichen, von Hassel meist zu humorvollen Reaktionen hin.

Die parlamentarischen Geschäftsführer sind gemeint. Verwandt sind sie den »Whips« im englischen Parlament, also den »Einpeitschern«. Sie sind Abgeordnete, und ihre Posten sind einerseits begehrt, weil es von Einflußmöglichkeiten wimmelt, andererseits macht man sich selten Freunde in der Fraktion. Die CDU/CSU- und die SPD-Fraktionen haben je vier parlamentarische Geschäftsführer (CDU/CSU: Rasner, Rösing, von Wrangel, Leo Wagner; SPD: Frehsee, Annemarie Renger, Schulte, Wienand; die FDP zwei: Mertes, Ollesch). Die CDU/CSU-Geschäftsführer wissen, wo Barzel den Most holt, die SPD-Geschäftsführer wissen, wie Wehner sich räuspert und wie er spuckt, und die beiden FDP-Männer wissen, was Fraktionschef Mischnick gern sagt: Nichts mit Hast, außer Flöhe fangen.

Die Fraktionsvorsitzenden führen ein strammes Regiment, vor allem Barzel und Wehner, aber sie sind nicht nur auf die Loyalität ihrer Gehilfen angewiesen. Zu den unangenehmsten Aufgaben gehört das Abwürgen von Reden. Wenn nämlich die Zeit eilt und der Tagesplan in Bedrängnis gerät, wird interfraktionell von den Geschäftsführern abgesprochen, daß man die entsprechenden Kollegen bitte, von ihrer Rede abzusehen; sie werden praktisch, zum Verdruß des Abgeordneten, der oft mit viel Mühe umfangreiche Vorarbeiten machen mußte, abgewürgt. Den Abgeordneten bleibt nur ein Trost: Die besten Bundestagsreden sind jene, die nicht gehalten wurden. In der letzten Woche gelang es, bei einem einzigen Tagesordnungspunkt sieben Abgeordnete zu veranlassen, auf ihre Wortmeldung zu verzichten.

Der parlamentarische Geschäftsführer Rasner macht von den »Einpeitschern« die meisten Zwischenrufe. Dem Abgeordneten Rösing starb in der vorletzten Legislaturperiode der Fraktionskollege Willeke, um den er sich kümmerte, nach einem Herzanfall in den Armen. Manfred Schulte: »Das Amt ist die beste Gelegenheit, die besten Freunde zu verärgern.«

Die Sitzordnung wird von den Geschäftsführern ausgeklügelt, oft nach landsmannschaftlichen Gesichtspunkten. Die FDP hat die Plätze ausgelost. Das abwertende, sehr ungerechte Wort »Hinterbänkler« möchte niemand als Odium tragen. In diesen Tagen geriet durch das Überwechseln der drei Abgeordneten Mende, Starke und Zoglmann große Unruhe in die Fraktionen schon wegen der notwendig gewordenen Umbesetzung der Ausschüsse. Die Geschäftsführer mußten es ausbügeln.

Bei den Plenarsitzungen sieht man sie, die alle vorn auf den ersten Abgeordnetenbänken sitzen, unruhig auf ihren Plätzen hocken. Sitzfleisch scheint keiner zu haben. Jede Fraktion hat vorn im Plenarsaal am Sitz eines Geschäftsführers ein Telefon; selbst bei heftigsten Debatten wird es benutzt.

Sie sind eine Art korrespondierende Figuren im Saal, laufen durch die Sitzreihen, sagen hier ein Wort und da ein Wort, sie klettern zum Präsidenten hinauf, und sie laufen auch zu Männern der gegnerischen Fraktion, um irgend etwas zu tuscheln. Lebhafter ist es noch, wenn sie durch die Korridore eilen oder im Restaurant auftauchen und die Abgeordneten ihrer Fraktion hinausscheuchen mit dem Ruf: »Los, los, Abstimmung!« Die MdB trinken dann schleunigst ihr Bier aus oder lassen ihre Magenschonkost stehen, um zum Kellner zu sagen: »Bin gleich wieder da.«

Gelegentlich benutzen sie auch die Fuchtel. Es gibt immer

welche, die zu Bequemlichkeit neigen. Sie auf Trab zu bringen, ist eine der unangenehmsten Aufgaben der Fraktionsgeschäftsführer. Ein großes Orchester kann nicht ohne Pauken, eine Fraktion nicht ohne »Einpeitscher« auskommen.

(Oktober 1970)

Die Opposition auf Moll gestimmt

Dies also war ein großer Tag im Parlament. Es war Plenarsitzung Nummer 171 dieser Legislaturperiode. In allen Gängen des Bundeshauses staute es sich. Schien ein Hauch von Geschichte zu wehen? Drei, vier Minister schritten zu ihrer Regierungsbank, der Bundeskanzler Brandt mit einem sehr alten Gesicht, das nur noch von einem Rest Florida-Bräune besetzt ist. Sage niemand, die Stimmung sei beschwingt oder bedrückt. Zwei Altkanzler, Erhard und Kiesinger, haben ihre Bewegungen rationiert: langsam suchen sie auf ihren Sitzen in der ersten Reihe Platz. Auf der Bundesratsbank sind zwei Länderchefs ansässig: Kohl und Schütz. Die Sitze der Bundesregierung sind alle besetzt, nur Lauritzen und Frau Strobel fehlen. Und vorne, in der ersten Reihe der Abgeordnetenbänke, sitzen auch jene, die schon in der ersten Legislaturperiode dort saßen: außer Erhard und Kiesinger auch Wehner, Carlo Schmid, Schoettle, Strauß und Stücklen. Die Substanz von zwei Jahrzehnten hängt da etwas windschief im Raum. Denn genau vor zwanzig Jahren ging es in diesem Plenarsaal um andere schicksalhafte Verträge, den Deutschland- und EVG-Vertrag.

Die erste Lesung war am 9. Juli 1952, bei erstmaliger Direktübertragung über den Rundfunk. Es sprachen nur Bundeskanzler Adenauer und die Fraktionssprecher Gerstenmaier (CDU), Carlo Schmid (SPD), Hermann Schäfer (FDP), von Merkatz (DP), nach dem Finanzminister Schäffer auch noch Schoettle (SPD). Nach dem stenographischen Protokoll gab es ein Spektakulum ersten Ranges durch die Kommunisten, die damals noch im Bundestag saßen und »ein einiges

Deutschland aufbauen« wollten (Abgeordnete Frau Strohbach), vier Ordnungsrufe durch Präsident Ehlers an die kommunistischen Abgeordneten Reimann (2), Fisch und Frau Thiele und die Zurechtweisung an den Abgeordneten Harig, der Adenauer zurief: »Da kennst du nichts von.« – »Das allgemeine Du ist noch nicht eingeführt«, rief Ehlers.

In der von 9.03 bis 19.06 Uhr dauernden Plenarsitzung machte die SPD bei Adenauers zweistündiger Rede keinen einzigen Zwischenruf. In der Fraktion war Ruhe befohlen. (Bei der zweiten und dritten Lesung der Vertragswerke im Dezember 1952 stimmten bei den namentlichen Abstimmungen laut Protokoll die Abgeordneten Mende und Pfleiderer bei allen 23 Abstimmungen gegen die Verträge, also gegen ihre eigene Regierung.)

Die Jahre kamen, die Jahre gingen. Aus einem Mosaik von Argumenten blieben diese Sätze zurück: »Dem Volke muß durch diese Bundestagsverhandlungen Klarheit gegeben werden über die Grundprobleme der Verträge. Sein Urteil, meine Damen und Herren, wird es zum Ausdruck bringen bei den Bundestagswahlen des kommenden Jahres. Ich sehe diesem Urteil nicht nur mit Ruhe, sondern mit Zuversicht entgegen, weil ich weiß, daß das deutsche Volk in seiner großen Mehrheit den Weg bejaht, den wir gehen.« Das sagte der Bundeskanzler, aber er hieß nicht Brandt, sondern Adenauer, und es war in der Debatte 1952. Und dies sagte nicht etwa Wehner 1972, sondern Gerstenmaier 1952: »Mit dieser Vorlage des Vertragswerkes an die oberste frei gewählte gesetzgebende Körperschaft ist die politische Auseinandersetzung zu ihrem Kern vorgestoßen. Die Pflicht der Entscheidung kann diesem Bundestag nicht abgenommen werden, weder durch die Exekutive noch ein oberstes Gericht oder den Bundesrat.« Und dies wiederum sagte damals Professor Carlo Schmid und nicht Stücklen oder Kiesinger: »Man hat uns gesagt, die Haltung der Opposition sei Obstruktion, und es sei Obstruktion, wenn wir verlangen, daß erst das Bundesverfassungsgericht sein Urteil zu fällen habe, ehe wir uns über den politischen Wert dieser Verträge unterhalten.

Meine Damen und Herren, wenn jemand nach sorgfältiger Prüfung zu sehen meint, daß die Weichen falsch gestellt sind, und der Zug dem Unheil zutreibt, wenn der dann die Notleine zieht, dann treibt er keine Opposition, sondern dann tut er seine Pflicht.«

Jetzt, am 23. Februar 1972, heißt die Tagesordnung: Lage der Nation – erste Beratung des von der Bundesregierung eingebrachten Entwurfs eines Gesetzes zu dem Vertrag vom 12. August 1970 zwischen der Bundesrepublik Deutschland und der Union der Sozialistischen Sowjetrepubliken; erste Beratung des von der Bundesregierung eingebrachten Entwurfs eines Gesetzes zu dem Vertrag zwischen der Bundesrepublik Deutschland und der Volksrepublik Polen über die Grundlagen der Normalisierung ihrer gegenseitigen Beziehungen vom 7. Dezember 1970; Große Anfrage der Fraktion der CDU/CSU betr. Deutschland- und Außenpolitik; Beratung des Antrags der Fraktion der CDU/CSU betr. Beziehungen der Bundesrepublik Deutschland und der Volksrepublik Polen.

Es geschieht nur selten, daß eine parlamentarische Opposition sich durch ein größeres Wohlwollen auszeichnet. Doch es bleibt dabei: Die Debatte war ungeschminkt, aber deutlich auf Moll, das heißt auf weicher Tonart. Da eine Debatte nicht vom knappen Brot der Sprache allein lebt, sondern auch vom Drum und Dran der äußeren Szene, bleibt festzuhalten, daß Koalition und Opposition zwar durch Welten geschieden waren, und eine Schlucht von stattlicher Tiefe tat sich auf.

Bei der Elite der Redner mußte man auf den Freiherrn Karl-Theodor zu Guttenberg verzichten, der wegen seines Gesundheitszustandes nicht teilnehmen konnte. Dutzende von Diplomaten saßen auf der Diplomatentribüne, darunter der Sowjetbotschafter Falin mit zwei Botschaftsräten, der amerikanische Botschaftsrat Jonathan Dean mit dem Ersten Sekretär Charles Kiselyak, der französische Botschafter Sauvagnargues, Englands Botschafter Jackling, der Rumäne Oancea, auch die jugoslawischen, holländischen, luxemburgischen, finnischen Vertreter waren zu sehen, aber kein Schwarzafrikaner.

Der Umgang mit der Macht, man sah es ihm deutlich an, brachte Regierungssprecher Ahlers stets neue Anregungen; er gibt manchen Ton an. Er bewachte wie ein Fallschirmjäger die schwarzrotgoldene Fahne hinter Präsident von Hassel. Mit irgendeinem Gewissen saß der Kanzleramtsminister Ehmke da, unverbindlich der Staatssekretär Bahr. Hinter der Pseudostrenge des Präsidenten von Hassel bemerkte man die Absicht, alles in einem ruhigen Fahrwasser zu halten, was auch gelang. Der Abgeordnete Hupka, der weder bei Brandt noch bei Scheel die Hand rührte, kam mit zwei prallen Aktentaschen in den Plenarsaal. Sie enthielten aber nicht jene Flugblätter, die ein paar Männer von der »Aktion Oder-Neiße« vor dem Bundestag zu verteilen suchten und die mit dem Satz endeten: »Deutsche, wehrt euch, leistet Widerstand.« Im Sportkeller des Bundestages, von niemand zu sehen, waren 50 Polizisten untergebracht, ohne Waffen, wie es hieß. Ins Parlament darf kein Waffenträger. Die Polizisten spielten Skat. Bei der christlichen Morgenandacht las der SPD-Abgeordnete Scheu aus Wuppertal die Schrift, ein Lukas-Kapitel, und gemeinsam wurde das Lied gesungen: »Wir sind im Kampfe Tag und Nacht, o Herr, nimm gnädig uns in acht und steh uns an der Seiten.« Sieben Abgeordnete waren bei der Andacht. *(Februar 1972)*

Des Barons letzte Rede

Etwas Einmaliges hat sich im Bundestag zugetragen. Betroffen und zögernd hält der Zeuge inne, ob er es zu Papier bringen und festhalten kann. Der bleiche Schreck überfiel am Mittwoch gegen Mittag den Plenarsaal des Bundestages. Der Vorgang hätte den Zuschauern auf der Tribüne unter anderen Umständen nicht solchen Eindruck gemacht, wenn nicht die Merkwürdigkeit einer Parlamentsdebatte hinzugekommen wäre. Zu Beginn wußte man noch nicht, welche Wendung die Sache nehmen, wie die knappe Stunde des Geschehens am Ende ausgehen würde. In allen Einzelheiten wird die Szene in der Erinnerung bleiben. Man verletzt das Schickliche nicht, wenn man es festhält.

Der Bundestagspräsident von Hassel sagt nach der Rede des Außenministers Scheel tonlos, wenngleich man bei ihm schon eine gedämpfte Tonlage zu erkennen meint: »Das Wort hat der Abgeordnete Freiherr von und zu Guttenberg.« Die Feststellung gehört hierher, daß die Mehrzahl der Abgeordneten, nicht nur die der eigenen Partei selbst, lange weiß, daß der CSU-Baron Guttenberg an einer heimtückischen Krankheit leidet. Der Baron hatte tags zuvor in der CDU/CSU-Fraktion den Wunsch geäußert, er möchte ein letztes Mal im Parlament das Wort nehmen.

So kommt er also aus der zweiten Bankreihe hervor, sichtlich mit großer Beschwernis die Füße setzend zum Rednerpult, legt das Manuskript hin und faßt mit beiden Händen, um Halt zu haben, den rechten und linken Pultrand. Er sieht wohl die vielen hundert Köpfe im Saal und auf der Tribüne; um sich die Freunde, die Gegner, Herbert Wehner zum Beispiel, direkt vor ihm. Aber der Baron bemerkt wohl auch die Einsamkeit, in der er sich plötzlich befindet, obwohl er mitten drin im parlamentarischen Gewühl steckt. Die Stimme ist zugreifend wie je: »Herr Präsident, meine Damen und Herren!« Wort entzündet sich an Wort, plötzlich blitzen Funken auf, und die Glut springt von einem zum anderen Satz über. Er fängt selbst Feuer an seinen Worten.

Mag sein, daß intellektuelles Funkeln dabei ist; aber die hohe Sprache mit ihrem Pathos trägt dazu bei, daß die Zuhörer ziemlich schnell im Bann des Redenden sind. Die Rede – zwar weitgehend in einem Manuskript festgehalten – trägt er mit vielen extemporierten Einschüben versehen vor. In gewissem Sinn ist sie ein Wegzeichen in der Deutschland-, Ost- und Europa-Debatte, obwohl sie doch wohl ein unvollständiges und ungenügendes Bild von der Welt und der Politik zeichnet: »Sie, Herr Bundeskanzler, gehen einen gefährlichen Weg«, das ist das Motto. Nicht einer im Plenarsaal, den es nicht anrührt. Fünfmal muß der Redner zum Wasserglas greifen, er ringt oft nach Luft, Schweiß tritt auf seine Stirn. Sein Abgang schließlich vom Podium zu seinem Platz, von den peinlichen Fernsehkamera-Glotzaugen unseres optischen Zeitalters verfolgt, hat etwas von einer Tragödie. Sein Parteifreund Leo Wagner, der flinke Fraktionsführer Barzel und ein Saaldiener müssen den fast Stürzenden greifen und zum Platz geleiten. Er hat seinen Kräften durch das lange Stehen am Rednerpodium zuviel zugemutet. Die Rede des fränkischen Standesherrn wird zur Geschichte und zum unverlierbaren Besitz dieses Parlaments gehören, das nur ganz selten, und wenn man in die fünfziger Jahre zurückgeht, eine ähnlich große Stunde erlebte. Stehend bereitet die Fraktion dem Baron eine Ovation.[5] *(Mai 1970)*

Der einzige mit weißer Weste

Seine Tage sind gezählt. Er geht in Pension. Man lasse sich nicht davon täuschen, daß er fast ein Vierteljahrhundert seinen Dienst im Frack versah. Er verkörperte nicht eigentlich die Würde, sondern die Vorstellung, die sich das Publikum von der Würde macht. Der Bundestags-Amtsinspektor Toni Meller ist, wenn er an den Sitzungstagen des Bundestages in der Lobby des Plenarsaales erscheint, eine Figur einerseits aus dem Modejournal, andererseits aus der Bonner Parlamentsgeschichte. Denn Toni Meller, kein zugezogener Bonner, sondern ein gebürtiger »Bönnsche« aus der Altstadt, dessen Vorfahr mit Gewißheit ein römischer Obergefreiter Mellerius war, der im Kastell Bonnensia unter Julius Cäsar Dienst tat – Toni Meller also hat, obwohl er auf einer der untersten Stufen der Besoldungsordnung steht (A9, so drückt man das in einer Hieroglyphe aus), mehr für das Gemeinwesen getan als viele Abgeordnete, deren Vater er dem Lebensalter nach sein könnte.

Er hat am 1. September 1949 als Hilfsamtsgehilfe an der Wiege der Republik gestanden. 1955 wurde er unter dem

Präsidenten Gerstenmaier Beamter auf Lebenszeit; erst Regierungsassistent, dann kletterte er die Stufen empor: Regierungssekretär, Regierungsobersekretär, Regierungshauptsekretär und nach einer Prüfung an der Verwaltungsschule Regierungsamtsinspektor. Er ist seit einem Vierteljahrhundert der Chef des uniformierten Saaldienstes im Bundestag, einer Truppe von vierzig Männern, die er jeweils mit milden oder gröberen Sprüchen mit dem Duzkomment auf Trab bringt. Ganz selten sagt er »Beeilung, meine Herren!«, meistens die rheinische Komponente »Los jonn!« (laß gehen) oder »Loss d'r Zick!« (laß dir Zeit). Denn die Gesetzemacher, die Abgeordneten, lassen sich ja auch Zeit.

Toni Meller, einst Marinesoldat, dann Oberfeuerwerker der Luftwaffe, das Kreuz heute noch durchgedrückt, ist ein Outsider unter den einigen tausend Personen im Bundestag: Er ist der einzige Mann im Hohen Haus mit weißer Weste. Er schenkt so der Figur des Vorgesetzten einen neueren, allgemeineren Sinn: ein Vorgesetzter hat untadelig zu sein.

Im Jahre 1955 führte der Bundestagspräsident Gerstenmaier die Uniformierung des Saaldienstes ein: dunkelblauen Frack, rote Weste, weiße Fliege, goldene Knöpfe mit Bundesadler. Adenauer wollte wissen, ob das ein Mißverständnis sei. Ganz fern erinnerte er an preußische Tradition. Es war kein Mißverständnis. Fortan lief Toni Meller wie ein Feldherr als einziger mit weißer Weste durchs Hohe Haus. Wie ein heimlicher Prinz stakste er durch das Grau eines Parlamentsbetriebes, durch Flure, Lobby und Plenarsaal. Aber Meller tat noch mehr, Präsident Gerstenmaier hatte es eingeführt. Beim Beginn einer Plenarsitzung, wenn der Präsident im Cutaway den Saal betrat, hinter sich den Bundestagsdirektor, ebenfalls im Cutaway und buchstäblich mit dem Grundgesetz unterm Arm, hatte Toni Meller nach einem Gongschlag in die Mikrophone zu rufen: »Der Präsident!« Es hallte durch viele Verstärker in den Saal; die Abgeordneten, die Mitglieder der Regierung, die Diplomaten, die Zuhörer und die Hallodris auf der Pressetribüne standen auf. Adenauer mußte sich vor Gerstenmaier erheben, was ihm gar nicht schmeckte.

Viele Jahre später, 1969, zog sich Bundestagspräsident von Hassel unter dem Stichwort »Reformen« aus der Klemme, als er den Präsidentenruf aufhob (Meller hätte es gern noch weiter gemacht) und den Saaldienern die roten Westen und die goldenen Knöpfe nahm. Seitdem tragen die Amtsgehilfen und Amtssekretäre eine mausgraue Weste. Fortan litt das Selbstbewußtsein der Leute. Weil inzwischen aber eine neue Generation von Abgeordneten da war, gelang es den Uniformierten, sich von ihrer bunten Vergangenheit zu lösen. Herrn von Hassel trifft die Schuld daran, daß der Bundestag trist geworden ist.

Aber auf beeindruckende Weise war Toni Meller noch da. Zwar erschallt sein Präsidentenruf nicht mehr, doch an Sitzungstagen setzt er morgens um 8.32 Uhr drei Minuten lang mehr als 1000 (tausend!) Lautsprecher im Bundeshaus in Tätigkeit: das tiefe Geläut des Kölner Domes oder der Danziger Marienkirche ertönt. Das Hohe Haus bekommt einen Hang zum Melodramatischen. Nach drei Minuten, um 8.35 Uhr, greift in einem Sitzungsraum im »Langen Eugen« Kantor Gustav Brandt von der Bonner (evangelischen) Friedenskirche in die Tasten seines Harmoniums, Meller steht dabei, und mit dem Choralvorspiel beginnt die christliche Morgenfeier; 5 bis maximal 8 Abgeordnete sind gekommen, und wenn die Abgeordneten Scheu, Fiebig oder Krockert von der SPD, Dollinger, Frau Dr. Riede, Höpfinger, Sauter (Epfendorf) von der CDU/CSU oder Frau Funcke von der FDP nicht da sind, verliest der Amtsinspektor Toni Meller die Schrift und spricht das Gebet, dessen Texte abwechselnd vom katholischen Büro und vom Bevollmächtigten der Evangelischen Kirche Deutschlands kommen. Meller drückt die Gestik auf das geringste Maß hinunter, aber der Tonfall ist ganz theologisch.

Vom Standpunkt Toni Mellers lernt man die Welt anders sehen. Bei Gerstenmaier war Meller stets geneigt, »Apropos!« zu sagen. Carlo Schmid grüßte nickend mit der Wucht seines Cäsarenhauptes, Karl Carstens nickt korrekt mit dem Gegengruß »Morjen«, Helmut Kohl freundlich mit dem Gruß der Mainzelmännchen »Taaach!«. Stücklen freundlich, als ob die Kugel gerade auf Zero gefallen sei. Meller dosiert seinen Gruß mit Nuancen. Bundeskanzler Schmidt, der ihn übersieht, bekommt einen Mainzelmännchengruß. Indifferenz erfahren die Karrieren, die keine mehr sind: Mende, Barzel, Frau Focke, Strauß und Wehner sind für Meller Nichtpersonen; sie können, wenn sie zum Plenarsaal streben, ihre Maske nicht abnehmen. Angedeutete Verbeugung ist gleichwohl geraten.

Seit dem Jahre 1955 ist Toni Meller Vorsitzender des Männerchores des Bundestages, der vom Singen reichlich Gebrauch macht. 43 Sänger. Vierzehnmal hat Meller den Verein schon nach Frankreich gebracht, wo man an Soldatengräbern sang; zwei Bundeswehrmaschinen flogen den Verein nach Korsika.

Vom alten Bankier Pferdmenges, dem reichsten aller Abgeordneten, der Zigarillos rauchte und die kleinen Stummel vor dem Plenarsaal ablegte, um sie nachher weiterzurauchen, bekam Meller den Auftrag, seine Mannen aufpassen zu lassen, damit der Stummel nicht gestohlen werde. Meller hatte längst den Schluß gezogen: Herr Pferdmenges ist ein sparsamer oder geiziger Mann; jedenfalls weiß Meller, weshalb der Bankier es zu etwas gebracht hat. Vor jedem Weihnachtsfest verschickte Dr. Helene Weber (CDU), die den Bundeskanzler Adenauer auf der Regierungsbank mit Schokolade versorgte, vier Bücher an verschiedene Adressen. Inspektor Meller mußte ihr vier Weihnachtskärtchen besorgen: »Aber sehen Se zu, Herr Meller, daß das Jesulein wat an hat.«

Toni Meller, das kann man nicht anders sagen, ist von unvergleichlicher Geschichtsträchtigkeit. Buchstäblich unter seiner Mitwirkung ging die Geschichte dieser Republik vor sich. Schemenhafter sind schon die fünfziger und sechziger Jahre, im Nebeneinander erst recht die großen und kleinen Typen der siebziger Jahre. Zeitungsleute grüßt er, wenn sie ihn vorher gegrüßt haben; allein die Helden des Fernsehens, wer weiß, wofür es gut sein kann, sollte man vorher grüßen. Wenn dann der Bundestagsdirektor Schellknecht kommt, plötzlich, rafft sich Meller zusammen: »Guten Morgen, Herr Direktor!« Seine achtundzwanzig Dienstjahre gehen dem Ende zu. 28 Jahre deutscher Geschichte hat Meller aus erster Hand erlebt. Er weiß es, Frau Renger hat ihm 1974 das Bundesverdienstkreuz überreicht; um Volk und Staat, um diese Republik hat er sich verdient gemacht. Er sagt: »Ich tat es mit Lust und Liebe.« *(Dezember 1977)*

Die Große Koalition[6]

Vorgeplänkel

In der Negativ-Wertung der Öffentlichkeit kann es der Bundesaußenminister Gerhard Schröder mit einigen Leuten aus der Bonner CDU-Prominenz nicht aufnehmen. Diese Wertung kennt keinen Tarif, aber obenan dürfte zur Zeit Rainer Barzel stehen; er hat wohl momentan den schlechtesten Ruf. Gerhard Schröder ist noch Außenminister. Noch scheint kein Sand im Getriebe des Auswärtigen Amtes zu knirschen, ganz im Gegenteil, aus sich heraus entwickelt ein solcher Behördenapparat Antriebskräfte; aber es ist doch wahr, daß auch im Auswärtigen Amt etwas Abschiedsstimmung aufgekommen ist.

Schröder gibt sich zwar gelassen, aber wird der Stuhl, auf dem er sitzt, nicht bald von einem anderen eingenommen werden? Die Öde und Ausweglosigkeit, die man zur Zeit in den Fluren des Palais Schaumburg zu erleben vermeint, ist weitaus weniger im Auswärtigen Amt zu bemerken. Die Akten kommen und gehen, werden herumgetragen, und wenn man richtig zu hören weiß, summen die Amtsboten unverbindlich: Auf Wiedersehen ... Schröders bisheriger persönlicher Referent, der Ministerialdirigent Dr. Simon, macht sich in diesen Tagen auf, seinen Botschafterposten in Kopenhagen anzutreten; Schröders neuer persönlicher Referent, Dr. Wilhelm Wieck aus dem Wiedervereinigungsreferat, hat seinen Posten angetreten und wird sich vermutlich schon vorkommen wie im Grabe. Schröder selbst hält sich in diesen Tagen mehr im Bundeshaus als im AA auf. Seinem möglichen Nachfolger, egal von welcher Partei, würde er gerne als Testament den Satz hinterlassen: Eine gestreifte Hose macht noch keinen Stresemann. Frau Brigitte Schröder ist rege wie immer: Am 21. und 25. November tafelte sie in ihrer Ministerresidenz auf dem Venusberg mit Diplomatenfrauen, sie setzte eine Kleidersammlung für die Hochwasserkatastrophe in Italien in Gang, kümmerte sich in diesen Tagen um einen Kochkursus für junge Diplomatenfrauen und tut so, als ob sie das Geheimnis wüßte, aus einer verfahrenen Situation herauszukommen. Ihre rege Tätigkeit straft jedenfalls die Bemerkung Lügen, auch im Auswärtigen Amt säße man auf gepackten Koffern.

Sonst zogen sie Schulter an Schulter miteinander, die CDU/CSU- und FDP-Minister. Die lapidare Wucht von Haushaltszahlen, von Milliardenfehlbeträgen, hat sie – grob ausgedrückt – auseinandergebracht; die einen wollen die Fehlbeträge mit Steuererhöhungen, die anderen mit Etatkürzungen beseitigen. In Geldsachen höre die Gemütlichkeit auf, sagte der alte David Hansemann. Nun stellt sich heraus, daß das wörtlich auch der bisherige Bundesfinanzminister Rolf Dahlgrün im Juni 1965 in einer Kabinettssitzung, dazu dem Bundeskanzler in einem »streng vertraulichen« Brief gesagt hat, nämlich, welche Milliardenbeträge 1967 und in den folgenden Jahren in der Bundeskasse fehlen. Dahlgrün dabei wörtlich: »Diese Gesamtentwicklung trägt den Keim einer schweren Finanzkrise in sich, wenn nicht mit aller Entschiedenheit wirksame Gegenmaßnahmen ergriffen werden.« Daß sie alle den Überraschten spielen und anscheinend schwerhörig sind, wundert den ehemaligen Bundesfinanzminister mit Recht. Und ihm nachträglich den Mund verbieten wollen, wenn er frank und frei sage und belege, wann und wo er gewarnt habe – das sei ein starkes Stück. Nein, er ging noch weiter: Er könne doch wohl nicht annehmen, daß er unterschiedslos mit lauter Trotteln im Kabinett zusammengesessen habe. Darin dürften wohl alle mit ihm einer Meinung sein. In Geldsachen sollte die Gemütlichkeit dann aufhören, wenn die Finanz- und Haushaltspolitik einer Katastrophe entgegenzugehen drohe.

Im SPD-Hauptquartier an der Bonner Friedrich-Ebert-Allee hat man, wie bei allen Parteiführungen, schon manches

Malheur erlebt. Der SPD-Parteivorstand und die SPD-Bundestagsfraktion ersticken in diesen Tagen nicht gerade in Briefen aus dem Lande, aber der Posteingang ist vor und nach der Bayernwahl[7] so erheblich, daß man sich Sorgen zu machen genötigt ist. Ein Krieg mit vielen kleinen Parteimitgliedern scheint unvermeidlich zu sein, wenn man in eine Regierungskoalition mit der CDU/CSU eintreten sollte. Eine solche Koalition wird am meisten abgelehnt. Manche Briefe, allerdings die wenigsten, raten, weiterhin in der Opposition zu bleiben. Der Dunst, den man im Fernsehen und im Hörfunk den Leuten vormache, sei eines Herbert Wehner unwürdig, schreibt einer. Ein hoher Funktionär aus der SPD-Baracke sagte bei der 60-Jahr-Geburtstagsfeier für den Schatzmeister Alfred Nau in der Godesberger Redoute: »Wenn es zur Großen Koalition kommt (also zwischen SPD und CDU/CSU), können wir nicht genug Formulare für Austrittserklärungen drucken.« *(November 1966)*

Zu unsicher

Gegen zehn Uhr an jedem Werktag fahren am Bundeshaus zwei schwarze Limousinen vor, die eine am Eingang zur Görresstraße, die andere am Eingang zum Rheinufer. Beiden Limousinen entsteigt, konventionell dunkel gekleidet, je ein alter Herr, gefolgt von je einem Herrn in grauem Berufsstil. Der eine ist der Bundeskanzler a.D. Dr. Konrad Adenauer mit dem Kriminalkommissar Hans Zander, der andere der Bundeskanzler a.D. Professor Ludwig Erhard mit dem Kriminaloberkommissar Klaus Marx. Die beiden ehemaligen Bundeskanzler werden dafür sorgen, daß sie sich nicht begegnen. Der eine ist auch heute noch für den anderen eine Provokation. Der eine hatte vom anderen vor Jahren gesagt: »Den bringe ich noch auf Null«, der andere vom einen: »Mit dem bin ich fertig.« Wer etwas von Zufällen hält, die plötzliche Bedeutung bekommen: Adenauer, der im Zimmer 119 im Nordflügel des Bundeshauses residiert, ist dabei, den dritten

Band seiner »Erinnerungen« zu Papier zu bringen, Ludwig Erhard, Zimmer 206 im Präsidentenbau, denkt auch an die Konzipierung von »Erinnerungen«, sobald er die Berge von Post beantwortet hat, die ihm in den letzten Wochen zugingen. Erhard als Verfasser von »Erinnerungen« – vielleicht hat er lange genug hinter sich gestanden und sich selbst über die Schulter geblickt, darauf bedacht, nicht all den Täuschungen zu erliegen, die unser aller Erbteil sind. Fünf Jahre nach dem Ausscheiden des einen aus dem Amt des Bundeskanzlers stehen ihnen – sie sind Geheimnisträger höchster Stufe – noch je ein persönlicher Referent, zwei Sekretärinnen, ein Kriminalbeamter und ein Fahrer zu.

Die Schwaben – der Satz steht nicht im Büchmann – sind tüchtige Leute. Der Schwabe Kiesinger brachte vor einigen Wochen, als er sich in Bonn als Kanzlerkandidat etablierte, drei seiner jungen Leute aus dem Stuttgarter Staatsministerium mit nach Bonn, die nicht den Landstrich verleugnen, aus dem sie kamen. In Bonn ist noch nicht so viel geschwäbelt worden wie seitdem. Die drei jungen Leute aus der Stuttgarter Staatskanzlei hatten den Auftrag, ihren Chef in Bonn gut zu »verkaufen«, wie man so sagt. Es waren die Regierungsdirektoren Ulrich Weber und Dr. Manfred Rommel (der Sohn des einstigen Feldmarschalls) und der Regierungsrat Ansgar Schwarzwälder, des Ministerpräsidenten Kiesingers persönlicher Referent. Die Schwaben werden, wie ein altes Sprichwort sagt, erst mit vierzig Jahren klug. Diese drei Herren, alle noch unter den vierzig, scheinen es früher geworden zu sein. Man kann sie mit dem bündigen und für manche Lebenslagen gültigen Satz apostrophieren: Sie waren überklug. Befragt nämlich, ob sie mit dem Ministerpräsidenten nach Bonn übersiedeln würden, sobald er als Bundeskanzler ins Palais Schaumburg eingezogen sei, lehnten sie dankend ab. Ihre Karriere nämlich, und zwar die bewährte Ochsentour, schien ihnen in Stuttgart gesicherter. Alle drei brachten es trotz Uhlands Spruch »Ein wackrer Schwabe forcht sich nit« auf die Formel: »Das ist uns in Bonn zu unsicher.«

(Dezember 1966)

Regierungserklärung und Debatte

Als am Freitagnachmittag der Redefluß der Bundestagsdebatte über die Regierungserklärung abzuebben schien, aber noch kein Ende der Debatte abzusehen war, bedurfte es nicht der Erinnerung an frühere ähnliche Debatten im Bundestag. Parlament und Regierung hatten ihre Marschroute dargelegt, der neue Bundeskanzler sein Entree in Bonn deutlich gemacht. Die Regierungsbank war gut, aber nicht immer voll besetzt. Auf Bundeskanzler Kiesingers Gesicht lag am letzten Tag der Debatte volles Verständnis für das wichtigste Argument des Hohen Hauses, die Dinge hart anzusprechen und auszudiskutieren. Er unterhielt sich mit Heck und Stoltenberg und schließlich lange mit Willy Brandt. Er brauchte seine Regierungserklärung vom Dienstag auch gegen die FDP, das Häuflein der Opposition, nicht zu entschuldigen.

Die Mitglieder der Regierung, wenn sie auf der Regierungsbank sitzen, Herr Strauß neben Herrn Heinemann, Herr von Hassel neben Herrn Wehner, sehen aus, als ob sie dort zur Strafverbüßung sitzen müßten. Erst langsam gewöhnt sich der Blick an das Bild. Aber von den Tränen der FDP-Opposition soll man sich nicht rühren lassen, auch wenn der leidenschaftliche Thomas Dehler, wie am Donnerstag und Freitag, seine eigenen trocknet. Der liebenswerte große Liberale setzte eine Flut von zustimmenden Anrufen und Briefen nach Bonn in Bewegung: Auch ein Dutzend Beitrittserklärungen liefen bei der FDP ein.

Die Diskussion war fair. Es war gut, daß der Präsident entschieden hatte, dem Redner der FDP gebühre als erstem das Wort. Der Abgeordnete Mischnick simulierte etwas den starken Ton, so, als ob es jetzt zum frischfröhlichen Jagen gegen das »Regierungskartell« gehe. Der starke Ton, auch am gestrigen Freitag bei Karl Moersch, wirkt allerdings manchmal wie gekränkte Leberwurst. Der Abgeordnete Heinz Starke, der immer wieder seine Reden aus 1962 zitierte, um darzutun, wie recht er behalten habe, machte es vollends deutlich. Er tat so, als ob man jetzt die Versicherungssumme ausgezahlt bekommen müsse, die man in langen Jahren als Prämie eingezahlt habe.

Von einem CDU-Minister stammt das Wort vom Pseudointellektuellen im Fraktionsvorsitzenden Barzel. Rainer Barzel war jedenfalls kein besonders überzeugender Redner. Über die Art des Mitleids waren die Leute, die auf den Tribünen, aber auch in der eigenen Fraktion im Plenum saßen, verschiedener Meinung. Sein schlechtes Abschneiden bei dieser Parlamentsdebatte, obwohl er sonst forsch ist, erweckte Anteilnahme.

Der diensttuende SPD-Fraktionsvorsitzende Helmut Schmidt hatte in seiner Rede das Attribut, das ihm früher gelegentlich sein Mundwerk eintrug, verloren. Er hat viel Phantasie und wirkt so überzeugend wie sein Rednerpendant von der Regierungsbank, Franz Josef Strauß, mag man auch zu dem stehen, wie man will. Dessen letztes Raffinement sind seine volkswirtschaftlichen und finanz- und steuerpolitischen Kenntnisse. Der Wirtschaftsminister Schiller hat in dem 39 Jahre alten Klaus-Dieter Arndt, der demnächst als Staatsminister ins Wirtschaftsministerium geht, einen Mann von großer geistiger Differenziertheit und rednerischer Begabung. Stein, Pohle, Dichgans, Luda, Schober und Even von der CDU, Möller und Schmitt-Vokkenhausen von der SPD und Menne, Frau Diemer-Nikolaus, Mühlhan und Kubitza von der FDP hätten eine Aktivitätszulage verdient. Geißler (CDU) ging wie ein pathetischer Eiferer auf die Barrikaden, Moersch (FDP) zahlte ihm mit gleicher Münze heim. Lohmar (SPD) suchte eine Synthese zwischen Barzels »sowjetisch besetzter Zone« und Wehners »DDR«; er fand sie in »sowjetisch besetzter DDR«. Mühlhan (FDP) ließ das Volk der Dichter und Denker aufmarschieren, Orgaß (CDU) benutzte zu gleicher Zeit zwei Zeigefinger, um seine Argumente zu unterstreichen. Zahlreiche Minister antworteten unmittelbar, wenn ihr Ressort durchdiskutiert war.

Ein Bild ließ einen während zweier Tage nicht los. Zwei

Männer hatten es aufgegeben, ihr Verhältnis zueinander zu kaschieren. Sie nahmen sich gegenseitig nicht wahr, obwohl sie Dienstag und Donnerstag in der ersten Abgeordnetenreihe nebeneinander saßen – am Freitag fehlten sie –, nur durch einen 80 cm breiten Gang getrennt. Nach dem bekannten Muster, sie konnten beisammen nit kommen, das Wasser war viel zu tief, saßen die beiden Altbundeskanzler nebeneinander. Zu Füßen des neuen Kanzlers. Kiesinger, als er am Dienstag seine Regierungserklärung verlas, ließ bei manchen Passagen den Blick über den oberen Rand seiner Brille zu seinen beiden Vorgängern gehen; kein Gesichtsmuskel verzog sich bei ihnen. Der eine signierte seine »Erinnerungen«, die ihm ein livrierter Amtsgehilfe packenweise zutrug, der andere, nämlich Ludwig Erhard, ignorierte betont seinen Fraktionsvorsitzenden Barzel, indem er Zeitung las. Erhard und Adenauer rächen einander durch Nichtbeachtung. Und Rache muß man kalt genießen, wie ein alter Adenauer-Spruch lautet.

Man hätte dem Hohen Hause nicht zugetraut, daß es am Freitagnachmittag noch beschlußfähig hätte sein können. Obwohl am Freitag viele Abgeordnete schon zu den Mittagszügen drängten, blieb das Haus beieinander. Auf der Regierungsbank saßen nun auch die Minister Brandt und Schröder, von der Nato-Konferenz aus Paris zurückgekehrt. Kiesinger konferierte auf der Regierungsbank mit Altbundespressechef von Hase. Noch vermißte man Conrad Ahlers dort, der sich unmittelbar hinter Strauß ganz gut machen müßte. Das Aufgebot an Unbehagen auf der Regierungsbank ist imposant. *(Dezember 1966)*

Das erste und das zweite Glied

Man kriegt Heimweh nach der ersten Hälfte der fünfziger Jahre, wenn man das ordentliche und gesittete Bonner Parlament heute erlebt. Oft geht es bei den Fragestunden lebhafter zu als bei Debatten, etwa wie kürzlich um Fragen über den

Tarifkonflikt der Metallindustrie oder das Verhalten des hessischen Generalstaatsanwaltes im Falle der Ausstellung des »Braunbuches« auf der Buchmesse[8].

Niemand wird sagen wollen, daß in dem ersten Falle der Parlamentarische Staatssekretär, Dr. Klaus Dieter Arndt, im zweiten Falle der Bundesjustizminister Dr. Dr. Heinemann nicht sehr gute Figur gemacht hätten. Bei Arndt versuchte die FDP, bei Heinemann die CDU/CSU sich regelrecht auf Staatssekretär und Minister »einzuschießen«: Es mißlang in beiden Fällen. Niemand hat sonst das Empfinden, in einer Epoche des glänzenden Parlamentarismus zu leben. Im Bundestag geht alles geruhsam zu; nie ein Ordnungsruf, nur schwaches Brummeln der beiden Riesenfraktionen CDU/CSU und SPD. Und die FDP-Opposition läßt an Schlagkraft viel zu wünschen übrig. Auch die optimistischen Erwartungen an die Jungen und Neuen sind dahingegangen; es wäre wohl ihr gutes Recht, ihr Augenmerk etwas mehr der Regierungsbank zuzuwenden.

Die Regierung sitzt einen Meter höher als die Abgeordneten, worüber vor Jahren schon mehrmals Erörterungen gepflogen worden sind, wieso der Souverän tiefer sitzen müsse als die von ihm bestellte Regierung; das widerspreche doch allen staatsrechtlichen Lehrbüchern. Das Podest, auf dem sich die Regierung befindet, ist von einer schwarzen Holzbalustrade verkleidet und wird Regierungsbank genannt. Es ist indessen keine Bank, sondern es sind rund ein halbes Hundert Stühle, schwarzes Holz mit grünem Lederbezug. Die Regierungsbank wirkt wie die Proszeniumsloge im Theater. Die Wendung »wie im Theater« ist nicht schön, aber dem Parlamentsgetriebe, wie es gelegentlich zutage tritt, angepaßt. Die Feinschmecker unter den Beobachtern sehen oft Abgeordnete an die Regierungsbank treten, sich auf Zehenspitzen stellen und einen oben thronenden Minister die Hand drücken. Die Abgeordneten haben es sich selbst zuzuschreiben, wenn ihr Ruf lädiert wird.

In der ersten Reihe der Regierungsbank sitzen der Bundeskanzler und seine Minister, vertretungsweise oft ein Staatssekretär. Bei Fernsehübertragungen muß man zusehen, »ins Bild« zu kommen. Vierzehn Jahre hat Adenauer, drei Jahre Erhard auf dem ersten Platz gesessen, seit bald einem Jahr hat Kiesinger den Stuhl inne. Allen, oder fast allen Ministern sitzt die Zeit, die das Tempo, die Unrast und den Herzinfarkt produziert, im Nacken.

Das Wort, Kiesinger säße dort wie ein alternder Burgschauspieler, scheuen wir, da Kiesinger leicht verletzlich ist. Aber gewiß wird er das Wort durchgehen lassen, daß er das Bild eines verwöhnten Schöngeistes ist, der leider täglich die groben, verletzenden Wirklichkeiten besserwissender Leitartikler ertragen muß. Hinter ihm, als »Büchsenspanner«, der Bundespressechef und Kiesingers persönlicher Referent, der Ministerialrat Dr. Neusel, der mehr Einfluß hat als der nun scheidende Chef des Bundeskanzleramtes, Staatssekretär Knieper. Neben Kiesinger postiert ist Außenminister Brandt, der anscheinend das Lachen verlernt hat, denn er sieht mit seiner Hornbrille, die er ständig in Bewegung hält, nach rastloser Gehirnarbeit aus. Wenn Brandt mit seiner unterkühlten Reibeisenstimme loslegt, klingt das wie: Außenminister sein ist eine schwere Sache! Paul Lücke, der Innenminister, hat einen gewissen Höhengrad überschritten; niemand wird ihn, wie einst, noch als möglichen Bundeskanzler nennen. Heinemann, der nächste, lebt in makelloser Ehe mit der Dame Justitia. Strauß, Ressort Finanzen, behält noch Maß für historische Situationen, genauer gesagt: er übernimmt sich noch nicht. Schiller, mit dem innigen Bedürfnis, sich an Strauß anzulehnen – und umgekehrt – lächelt sein Konfirmandengesicht von der Regierungsbank. Der Verteidigungsminister Schröder, oft verwundet, wird bald wieder dort sitzen, hinter ihm meist zwei bis drei Büro-Generale oder Büro-Obristen, was wir nicht abwertend meinen.

Und auch Wehner sitzt dort, der so viele Parteigänger und Bewunderer, aber keinen Freund hat; weiter Katzer mit dem Sozialgewissen, ferner Leber und Stoltenberg, Ressorts Verkehr und Wissenschaft, von denen alle Welt nur Gutes spricht. Höcherls Gedankenblitze kommen oft von der Regierungsbank. Geregeltes Ebenmaß in ihren Ressorts sind Heck und Frau Strobel, das sind auch Lauritzen und Dollinger, Schmücker und von Hassel, Çarlo Schmid und Wischnewski. Hinter den Ministern die Staatssekretäre; hierzulande als Korps »das zweite Glied« genannt, interessante Profile darunter, von Hase, Carstens und Ehmke zum Beispiel. Sie alle mischen ganz hübsch mit. Es sind lauter staatswichtige Leute, die auf der Regierungsbank sitzen. Sie alle haben zur Verschönerung des Bildes der Großen Koalition beizutragen. Wenn nur das Parlament, so sagen die Beobachter, sich gegenüber dieser viel zu hohen Regierungsbank etwas mehr in die Brust werfen würde. *(November 1967)*

Das Echo

Im Tone des ersten großen Erfolges wird es in Regierungskreisen erklärt: Täglich gehen Hunderte und aber Hunderte, meist über tausend Briefe beim Bundeskanzler, bei Bundeswirtschaftsminister Schiller und bei Bundesfinanzminister Strauß aus der Bevölkerung ein. Diese Berge von Zustimmung setzen die Herren zwar nicht in gerührte Stimmung, aber sie sind ganz offenbar ein Indiz dafür, daß die Regierungspolitik auf dem rechten Weg zu sein scheint. Als ob Kiesinger der Dirigent der »konzertierten Aktion«, Schiller der Schreiber des Librettos und Strauß der Mann sei, der es in Noten setzte, so glaubt man es weitgehend. Das Wort Krise wird zwar in Bonn nicht in den Mund genommen, aber es überkam die Bundesrepublik doch wie ein Elementarereignis. Mit einiger Sicherheit und um der Gerechtigkeit willen muß man wohl sagen, daß man kaum die Mannschaft Erhard-Schmücker-Dahlgrün für dieses Elementarereignis verantwortlich machen kann. Daß das Dreiergestirn Kiesinger-Schiller-Strauß stimmkräftiger ist und größere Resonanz hat, scheinen die Berge von Zuschriften anzudeuten.

Nur ein einziger Brief eines Bauern ist darunter. Dem Bauernpräsidenten Rehwinkel muß es in den Ohren klingen. Eine Bäuerin aus dem Münsterland an Kiesinger: »Herr Rehwinkel soll weiterhin schlechte Gedichte machen, nicht aber uns Bauern verdächtigen, wir seien Radikalinskis, nur weil auch wir uns nach der Decke strecken müssen.« Ein Handwerkskammerpräsident an Strauß: »Man kann das Geschrei von Herrn Rehwinkel nicht mehr hören.« Aus der Abschrift eines Briefes an Rehwinkel: »Sie winken mit der NPD? Es ist unglaublich, daß Sie mit derartigen Drohungen kommen.« Ein Mann aus Wiesbaden hat eine dringliche Bitte an Strauß: »Zu Ihrem vorzüglichen Sparprogramm: Stoppen Sie sofort den provozierenden Bundeshaus-Hochbau in der Bonner Gronau. Wo bleibt bei Gesamtkosten von 100 Millionen der gesunde Menschenverstand?« Und eine Frau aus Darmstadt: »Ist es eigentlich bei der finanziellen Durststrecke nötig, daß gerade jetzt in Frankfurt ein Neubau der Bundesbank für 100 Millionen gebaut wird?« Ein Siebzigjähriger aus Nürnberg: »Machen Sie wieder gut, was Sie mal versaubeutelt haben. Bleiben Sie hart!« An Steuern werden vorgeschlagen: »5-Pfennig-Opfer für alle Lotto- und Totoscheine« ähnlich wie einst Notopfer Berlin. Eine Tombola wie Aktion Sorgenkind. Ein Mann aus St. Wendel, der aus Protest 1965 nicht zur Wahl ging: »Das Gespann Schiller-Strauß arbeitet hervorragend. Ich grüße die Herren: toi, toi, toi.« Eine Schülerin aus Korbach/Hessen: »Ich selbst bekomme das Pennälergehalt und finde es sehr angenehm; aber ich freue mich, daß Sie es gestrichen haben. Ich bin sehr an Politik interessiert.« Ein Arbeiter aus Recklinghausen: »Wenn Sie, Herr Bundeskanzler, es fertigbringen, daß die Schornsteine wieder qualmen, verzichten wir gerne auf den blauen Himmel. Unser Arbeitsplatz ist mehr wert als schöne Sprüche.«

Wie eine Rätselecke lesen sich meist Zeitungsausschnitte, deren unzählige geschickt werden. Viele anonym, oft mit unflätigen Rotstiftkommentaren versehen und meist Ausschnitte aus des deutschen Volkes Boulevardblatt Nr. 1. Anonyme entlarven sich selbst; verzückt schreibt einer an den Rand einer Schiller-Rede: »doof« und »Quatsch«. Solche Mißtöne sind allerdings selten. Beschleunigte Herztöne muß einer Dame aus Bonn wohl der gut aussehende Professor Schiller abnötigen: »Man müßte noch mal zwanzig sein.« Mehrere Einsender mit Namen Schiller sagen Hochachtung zu des Ministers Maßnahmen, fragen aber gleichzeitig, ob man nicht gemeinsame Schiller-Vorfahren habe, man stamme auch aus Breslau oder Schleswig-Holstein. Neben Herrn Rehwinkel ist in den Briefen meist der Vorsitzende des Deutschen Beamtenbundes, Krause, Zielscheibe des Unmuts. Die Auftritte dieser beiden Männer scheinen den Berufsständen, die sie vertreten, einen schlechten Dienst zu erweisen.

Die neue Bundesregierung, kaum sechzig Tage im Amt, hat eine auffallende Publizität. Sie erfährt trotz mancher Skepsis erstaunliche Anerkennung aus dem Volke. Seit den Tagen der Wiederbewaffnung in den fünfziger Jahren hat noch keine Regierung so viel Eingaben herausgefordert; nur haben sie diesmal überwiegend positiven Charakter. Freilich kann eine solche Flut von Eingaben eine Behörde fast lahmlegen. Nicht jeder Briefschreiber kann mit einer Antwort vom »sehr geehrten Herrn Kiesinger/Schiller/Strauß« rechnen.

(Januar 1967)

Resigniert Strauß?

Sie marschieren ins zweite Jahr der Ära Kiesinger. Die Neigung, miteinander auszukommen und nicht ständig gleichen Schritt und Tritt zu verlieren, ist geblieben, auch wenn es immer wieder orakelt, diese Große Koalition sei »im Eimer«, um die saloppe Tonart eines der ersten FDP-Männer zu bemühen. Es hat noch gute Weile, die Große Koalition als gescheitert zu betrachten. Es ist eine reizvolle Aufgabe zu zeigen, wie sich die Regierenden in Bonn gehalten haben. Partiell hat die Große Koalition gewiß gelitten, aber handgreiflich ist doch eines erreicht worden: Die Konsolidierung der Wirtschaft, der »Aufschwung nach Maß«, wie es der Wirtschaftsminister Schiller nannte, ist weitgehend geglückt, die berühmte Schillersche »Talsohle« bereits durchschritten.

Es ist kein Zufall, daß die Arbeit des Wirtschaftsministers Schiller in der öffentlichen Meinung an erster Stelle honoriert wird. Schiller läßt sich gewiß nicht als geniale Prophetennatur verkaufen, aber das Bild dieses schmalwüchsigen Universitätsprofessors mit dem jungen Gesicht, der schon bald Großvater sein wird, macht sich ganz gut auf den Fernsehschirmen. Nicht einmal Mißverständnisse hemmen seine Popularität. Er wird nicht nur geschickt manövriert, er wirkt auch glaubwürdig. Wann wäre ein SPD-Minister nicht sofort gefeuert worden, der – wie Schiller es tat – vor Parteifunktionären erklärte, nun müßten erst einmal die Unternehmergewinne kräftig steigen, die Arbeitnehmer aber in Lohnforderungen bescheiden bleiben.

Gehässigkeit gegen Finanzminister Strauß, Schillers »Zwillingsbruder«, gibt es kaum noch, aber es fällt auf, daß man ihn selten in der Öffentlichkeit sieht. Wie ein Leitmotiv zog es sich jahrelang durch die Persönlichkeit dieses Mannes: Intelligenz und Ehrgeiz, Robustheit und Rücksichtslosigkeit. Nun hört man plötzlich aus seiner eigenen Fraktion: Ist nicht bei Strauß Resignation erkennbar? Ist er nicht in den Schatten Schillers geraten? Rankűne gegen Strauß fällt nirgendwo mehr auf. In der Popularität ist er zurückgefallen.

Wie stark ist Schröder? Bezeichnungen wie »Bundespräsidentenkandidat 1969« sind dann nicht mehr spekulativ, wenn schon geheime CDU-Anfragen bei der FDP vorliegen, ob man gegebenenfalls für Schröder stimmen werde. Solche Behauptungen werden gern lanciert. Schröder ist nach seiner Rekonvaleszenz unerwartet ruhig. Aus seiner Maskierung weiß man einstweilen noch nicht viel herauszulesen. Unübersehbar hat er eine sehr starke Truppe hinter sich, den Evangelischen Arbeitskreis der CDU. Wie zukunftsträchtig seine Karriere noch ist, weiß niemand so recht.

Stücklen hat es verstanden, aus seinem Amt als CSU-Landesgruppenvorsitzender wieder etwas zu machen. Dem tüchtigen Stoltenberg läßt man eine Chance offen. Bei Bruno Heck ist man bei den feineren staatsmännischen Varianten in Zweifel geraten, weil man immer noch nicht weiß, ob er als Feuerwehrhauptmann oder als was sonst in Jugoslawien war.

Nach nur einem Jahr großer Koalition ist bei der SPD schon fast einer der erste Mann, der 1966 als Verkehrsminister im ersten Augenblick eine Verlegenheitslösung schien. Georg Leber (47), bis vor einem Jahr Gewerkschaftsboß der IG Bau, Steine, Erden, seit einer Woche Mitglied des Zentralkomitees der Deutschen Katholiken, ist das »Wunderkind« der SPD. Von Wehner und der Fraktion sichtbar gefördert, ein Mann von großer Überzeugungskraft, bezeichnen ihn viele als den künftigen Führer der deutschen Sozialdemokratie.

Von großer Aufopferung und persönlicher Askese und – niemand scheut das Wort – von Pflichtgefühl ist Herbert Wehner, den allerdings auch die Resignation überkommen zu haben scheint: der Einundsechzigjährige leidet an Diabetes. Des Professors Carlo Schmid Verdienste um den Staat wurden mit dem Goethepreis honoriert.

Nicht zu übersehen sind die Fraktionsvorsitzenden Barzel und Helmut Schmidt. Barzel hat sichtlich wieder an Autorität gewonnen; sehr selbstbewußt geraten ihm vor versammelter Fraktion solche Sätze: »Herr Bundeskanzler, Sie kennen diese Fraktion noch nicht genügend; Sie werden sie schon noch kennenlernen.« Helmut Schmidt ist einer der in die Augen springenden Begabungsbrennpunkte im Bundestag. Er hat sich in seiner Bedeutung noch gesteigert und liegt genau in der Mitte zwischen Schmidt-Schnauze und Schmidt-Hamburg. An Barzel und Schmidt führt keine Regierung Kiesinger-Brandt vorbei.

Kiesingers und Brandts Positionen sind immer noch sehr stark. Aber Zweifel in beide sind unüberhörbar. Beide sind geistig trainierte, in freier Rede gewandte Naturen, Kiesinger noch mehr als Brandt. Ihr Verhältnis zueinander ist nicht das allerbeste. Sie stehen nicht in polarer Spannung gegeneinander, aber ihr persönliches Verhältnis kann man mindestens als labil bezeichnen.

Bei der Bonner Opposition, der FDP, ist ein deutlicher Wandel zu bemerken. Die FDP kann, schon weil sie nur 49 Abgeordnete hat, kein vielfarbiges Spiel von Begabungen sein. Mende war zunächst der unbestrittene Oppositionsführer; doch plötzlich war er nur noch »Generalvertreter« oder besser »sales manager«. Von Kühlmann-Stumm resigniert, der tüchtige Mischnick scheint von den Jungen schon überspielt. Die stärkste drängende Figur ist Genscher (40), temperamentvolle Jugend sind Friedrichs (36) und Moersch (41). Walter Scheel (48), der künftige Parteiführer, ist durch sein neues Amt als Bundestags-Vizepräsident aufgewertet, muß sich aber schon zur Zwischengeneration rechnen lassen. Bis zum Wahljahr 1969 ist in Bonn noch einiges zu erwarten. *(Dezember 1967)*

Bonner Schlappschwänze

Man könnte argwöhnen, die hundert und aberhundert Telegramme und Schreiben von Bundesbürgern, die bei den Bonner Staats- und Parteistellen über die Studentenunruhen eingingen, seien einer demoskopischen Umfrage entnommen. Der Siegeszug der studentischen Anliegen kommt nicht gerade sehr stark zum Ausdruck, aber man kann doch, namentlich nach dem Attentat auf Dutschke am Gründonnerstag, an vielen Eingaben erkennen, wie die Bundesbürger denken, nämlich daß auch die Studenten Sympathien haben. Aber die Atmosphäre ist beim weitaus größten Teil der Bevölkerung für die Studenten nicht gut. Die meisten Briefe und Telegramme hat Bundeskanzler Kiesinger bekommen; in einem Sonderreferat werden sie ausgewertet. Sie liefern etwas Rohmaterial für die Kanzlererklärung in der Bundestagssondersitzung am 30. April. Der Duktus der meisten Eingaben: »Sorgen Sie für Ruhe und Ordnung!« Schwerbeschädigter S. aus Fritzlar: »Für Ruhe und Frieden.« K. aus Holzminden: »Warum greift die Regierung nicht härter durch?« Sch. aus Kassel: »Sollten Sie zu schwach sein, dann demissionieren Sie mit Ihrer Regierung.« Dr. K. aus Augsburg: »Wenn Sie nicht bald was unternehmen, wird zur radikalen Linken bald eine radikale Rechte kommen.« F. aus Bad Schwalbach: »Haben Sie gehört, daß Herr von Thadden an Herrn Dutschke einen Dankesbrief geschrieben hat?« Z. aus Wiesbaden-Erbenheim: »Die Regierung soll endlich den Mut haben, auch die Springerpresse beim Namen zu nennen.« A. aus Nürnberg: »Ich bezahle monatlich 17000 DM Steuern. Warum bedauert die militante Linke nicht die Genickschüsse bei den deutschen Ärzten in Hue in Vietnam?« Dr. B. aus Braunschweig: »Der Fall Dutschke wurde in der Tagesschau zehn Minuten, der Tod Nordhoffs nur eine Minute als Meldung abgehandelt. Halten Sie das für richtig?« E. aus Berlin: »Es muß mit Festigkeit und Strenge gegen die Randalierer vorgegangen werden.« Bauer M. an der Zonengrenze: »Die Randalierer gehören zwei Kilometer östlich von meinem Hof, nämlich in die DDR.« Immer wieder: »Springerblätter sind Hetzblätter.«

Und dies sind nicht unbedingt gangbare Meinungen, und sie passen nicht ins Konzept des Bonner Establishments: »Bin aktiver Sozialdemokrat, aber das Schlagwort von der ›gesteuerten Aktion‹ behagt mir nicht. Bisher war ich Anhänger der Notstandsgesetzgebung, ab heute nicht mehr; das nenne ich Schlagstockpolitik.« Drei Doktoren der Universität Göttingen: »Sie unterstellen, die studentische außerparlamentarische Opposition rufe zum gewaltsamen Umsturz auf. Diese Unterstellung ist makaber.« Frau K. aus Bielefeld, Mutter zweier Studenten: »Knüppeln Sie diese Jugend nicht nieder, sie braucht jetzt Verständnis und weniger obrigkeitliche Maßnahmen.« K. aus Völklingen: »Die Jugend hat eine gute Nase für Mief und Muff. Der Ruf nach der Polizei ist die letzte Weisheit.« P. aus Darmstadt: »War Ihre Fernsehrede ein Schießbefehl?« J. aus Ziegenhain: »Dank für die Ansprache zum Treiben der Narren in unserem Land.« Frau B. aus St. Wendel: »Wer nicht hören will, muß fühlen.« K. aus Recklinghausen: »Wollen Sie als Adolf II. in die Geschichte der Nation eingehen?« S. aus Frankfurt: »Energische Vorstellungen gegenüber der Landesregierung Hessen wegen ungenügenden Polizeischutzes.« Drei Briefschreiber beschweren sich, daß Kiesinger an Frau Dutschke ein Telegramm schickte. B. aus Kassel: »Ihre Anteilnahme ist ein Hohn.« J. aus Bad Bramstedt, 60 Jahre: »Um die Zukunft dieser jungen Leute geht es, nicht um Ihre und meine. Sie werden weniger Schwarmgeisterei in dieser Generation finden als in unserer. Sie werden erstaunt sein, wie bald Herrn Springer die Anlässe zur Verhetzung der Massen gegen ›die Studenten‹ fehlen.«

Aus vielen Briefen ist Zutrauen zu dieser Bundesregierung erkennbar. Auffallend wenige Eingaben gingen beim Bundestagspräsidenten ein. Aber in diesen wenigen Briefen war regelmäßig auf die Abgeordnetenpension hingewiesen, die die Studenten empören müsse. Daß es auch die Hinweise gab, dies sei bei Hitler nicht passiert, und es würde Zeit, wieder Arbeitslager einzurichten, liegt nahe. Diese Briefe waren anonym.

Im Innenministerium sind etwa 50, im Justizministerium etwa 150 Eingaben zu den Studentenunruhen eingegangen. Die überwiegende Tendenz dieser Briefe: »Sorgt für Ruhe und Ordnung.« »Warum greifen Polizei und Justiz nicht härter durch?« Die Echtheit des Wortes »Ihr Bonner Schlappschwänze« (eine Hausgemeinschaft aus Schleswig) ist verbürgt. Das Hauptquartier der SPD in der »Baracke« lehnte es ab, Auskünfte darüber, ob und welche Briefe man bekommen habe, zu geben. »Wir wissen ja nicht, was Sie damit machen«, sagte man aufgescheucht. *(April 1968)*

Rheila-Perlen für Kiesinger

Am Wahlsonntag hatten alle Helden des Kampfes ihre Glorie abgelegt. Bundeskanzler Kiesinger war früh mit seiner Frau im Wahllokal in der Adenauerallee zur Abstimmung gekommen. Es wäre ein demokratisches Genre-Bild geworden, wenn nicht die Leute mit den Fernseh- und Filmapparaturen, auch viele Ausländer unter ihnen, über ihn hergefallen wären. Für die Beschreibung des Kanzlergesichtes hätte der Beobachter sich mehr Zeit lassen müssen: Es habe optimistischen Pessimismus ausgestrahlt, sagte der eine; der andere nannte es pessimistischen Optimismus. Kiesinger wird nicht verheimlichen wollen, daß er sich mit den Strapazen dieses Wahlkampfes ein paar Falten mehr ins Gesicht geholt hat. 580 Wahlreden hat er gehalten, wenn auch manche davon nur kurze Ansprachen waren. Sein Stolz vertrug es nicht, wenn man gesagt hätte, auf den Kanzler sei es nicht angekommen. CDU-Sprecher Dr. med. Arthur Rathke hatte ihm für die Stimmbänder Milch und Honig verordnet; ein CDU-Kreisvorsitzender in einem Schwarzwald-Wahlkreis, ebenfalls ein Arzt, ließ es bei Rheila-Perlen für Kiesinger bewenden.

Die beiden anderen Parteivorsitzenden, Brandt und Scheel, wählten auf dem Bonner Venusberg, wo sie wohnen. Die Venus rührte sich nicht vom Fleck. Beide Herren sahen nicht aus wie Tannhäuser: »Sieh mir ins Auge, reden kann ich nicht«, sang Brandt. »O du holder Abendstern«, der Scheel. Auch sie hatten ihre Stimme angeschlagen aus der Wahlschlacht nach Hause gebracht. Brandt hatte sie mit vom Arzt verordneten Tropfen Phosphorhomaccord zu erhalten versucht. Ein Stadium der Begeisterung war gegen 18 Uhr, als die Wahllokale schlossen, weder bei Kiesinger noch bei Brandt noch bei Scheel zu erkennen. Trauerfahnen raus oder nicht? Das blieb die Frage. Hatte die FDP ein entscheidendes Spiel verloren?

Schon einige Stunden nach dem Wahlschluß war die politische Prominenz allesamt zur Beute der Fernsehapparaturen und der Journalisten geworden. Die Journalisten beherrschten das Feld in jedem Bezug; ihre Zahl kann man auf ungefähr 550 schätzen. Zu den rund dreihundert deutschen Bonner Korrespondenten kamen die rund hundert in Bonn ständig akkreditierten ausländischen Journalisten. Diesmal hatte die Bundesregierung über Inter Nationes zusätzlich 120 ausländische Korrespondenten aus allen Erdteilen, auch aus den Ostblockstaaten, eingeladen. Hinzu kamen noch zahlreiche andere journalistische Beobachter, siebzehn allein aus Japan. Sie brachten Farbe in das Bonner Bild; und sie saßen nun mittendrin im Geschehen, nämlich im Bundeshaus, wo der Bundeswahlleiter Patrick Schmidt residierte. Merkwürdigerweise blieb ihr Augenmerk nicht so sehr auf die Zahlen der jetzigen drei Bundestagsparteien gerichtet, sondern auf Herrn von Thadden (der schon einmal von 1949 bis 1953 in diesem Parlament saß) und seine seltsame Gefolgschaft. Damals gehörte Thadden zur »Deutschen Reichspartei« (»Nationale Rechte«, wie sie sich zusätzlich nannte), die sich bald untereinander zerstritten hatte. Es bleibt zu hoffen und zu erwarten, daß die NPD, wie einst Thaddens Deutsche Reichspartei, selbst einmal Hand an sich legen wird.

Die journalistischen Stammgäste saßen also im Bundeshaus, und hier wäre Wallensteins Heerlager die beste Metapher für das Geschehen. Computer und Bildschirme, Müggenburg und Woller, Rolinger und Wildenmann und zahlreiche andere vom Fernsehen lieferten die Fakten und die Interpretationen. Man spürte, wenn man die Gedanken an die Wahlen von 1949, 1953, 1957 und noch 1961 zurückgehen ließ, wie rasch sich die Welt verändert hat. 1961 war Konrad Adenauer nicht, wie bei früheren Wahlen, früh zu Bett gegangen, um die Wahlergebnisse nach dem zweiten Rhöndorfer Hahnenschrei auf dem Frühstückstisch zu finden; 1961 wußte er nachts um zwei Uhr, daß er seine absolute Mehrheit im Bundestag verloren hatte. 1965 hatte der Bundeskanzler Erhard schon um Mitternacht das vorläufige endgültige Endergebnis der Wahl auf dem Tisch gehabt, und er legte sich die Platte »Glory, glory Halleluja« auf den Plattenspieler. Diesmal wußte Kiesinger ungefähr zwei Stunden nach Wahlschluß, was für Mädchen die Damen Noelle-Neumann und Pythia sein können.

Überall ging man schon früher in den Parteihauptquartieren zu Flaschenbier und Sekt, bei SPD und FDP wohl auch auf Whisky über. Verluste trug man scheinbar mit Fassung. Eine andere Dame, Klio, die Göttin der Geschichte, lag auf der Lauer der Ereignisse. Denn am Montagmorgen um 11 Uhr tritt das Kabinett Kiesinger-Brandt nochmals zusammen. An der Wand des Kabinettssaales hängen nicht die Bilder von Konrad Adenauer und Ludwig Erhard, sondern von Elisabeth von Braunschweig-Lüneburg in Reifrock und Korsett und oben fast ohne und ihres Mannes, Kaiser Karls des sechsten, der mit der Pragmatischen Sanktion.

(September 1969)

Die Ära Brandt/Scheel

Stimmen und Stimmungen zum Wechsel

Dies ist die frischgewonnene Erkenntnis: Konrad Adenauers Spruch: »Lieber acht Wochen Wahlkampf als eine Woche Regierungsbildung« ist von den künftigen Regierungsherren ad absurdum geführt. Vierundzwanzig Tage nach der Bundestagswahl wird diesmal die neue Regierung schon gebildet, ernannt und vereidigt sein. Das ist Altmeister Adenauer in einer ähnlich knappen Zeit nie gelungen. Dabei wurde seine Regierungsbildung immer für Staatskunst ausgegeben. 1949 brauchte Adenauer vom Tag der Bundestagswahl bis zur Installierung des Kabinetts 36 Tage – das war das kürzeste –, 1953 brauchte er 45 Tage, 1957 39 Tage, 1961 aber war die langwierigste aller Regierungsbildungen, sie dauerte nämlich 58 Tage von der Bundestagswahl bis zu jenem Tag, an dem sich das Kabinett zum Familienbild auf der Terrasse der Villa Hammerschmidt, Bundespräsident Lübke in der Mitten, versammeln konnte. Ludwig Erhard schaffte es 1965 wieder in 37 Tagen. Und nun, 1969, in knapp dreieinhalb Wochen – wohl auch, damit man an einem Beispiel sehe, wie man so was machen kann.

Das journalistische Ungeheuer belagerte in der ersten Woche nach der Bundestagswahl die Akteure, vor allem von SPD und FDP, um jede Phase des »Machtwechsels« zu erleben und jede Kursschwankung zu registrieren. Am letzten Wochenende waren die Schwärme der Korrespondenten in den Bundeshauskorridoren kaum noch zu durchbrechen. »Da müssen wir durch«, sagte Vizekanzler-Aspirant Scheel zum Kanzler-Aspiranten Brandt. Von den alten Hasen Theodor Wieser von der »Neuen Zürcher Zeitung« und Stéphane

Roussel von »France Soir« bis zum journalistischen Ahlers-Nachwuchs Ulrike erleben die Journalisten den Kurssturz des Adenauer-Wortes: »Lieber acht Wochen Wahlkampf ...«

Erkennbare Verstimmung in der CDU-Spitze. Nicht alle Sprüche sind verbürgt, doch dieser dem Sinne nach; Fraktionsvorsitzender B. mit leichter Spitze gegen den Parteivorsitzenden K., der sich nach Meinung vieler junger Abgeordneter viel zu spät ins Geschehen einschaltete: Er, B., werde nicht zu Ludwig Erhard laufen, um den Dolch zu holen, den er ihm – Erhard – 1966 angeblich in den Rücken gejagt habe.

Mann und Roß sind in der CDU/CSU nicht so ganz verschworen, wie es den Anschein hat. Die Jungen drängen in die Opposition. Bei dieser SPD/FDP-Koalition triumphiere zwar, so die Jungen, die ungerechte Sache über die gerechte, aber das wolle man doch mal sehen, ob man das nicht könne, Opposition machen. MdB Botho Prinz Sayn-Wittgenstein-Hohenstein: »Das wäre doch gelacht!« MdB Lothar Haase: »Wir werden sie schon munter machen.« MdB Abelein: »Wir haben künftig nicht mehr den Staatsapparat zur Verfügung, aber opponieren können wir auch ohne den.« CDU-Sprecher Rathke: »Ich wollte schon immer mal Oppositionssprecher werden.«

Durch die Korridore des Bundeshauses schleicht das Gerücht, die unkontrollierte, unverbürgte Nachricht, schleichen Vermutungen, Kombinationen und Ausschmückungen, auch bewußte Verzerrungen, mit einem Wort, die Flüsterpropaganda. Man sieht danach die FDP-Abgeordneten lautlos hinsinken vor dem Verführer, der sich mit CDU-Bestechungsgeldern nähert. FDP-Abgeordnete sind käuflich, das ist klar. MdB Kienbaum, in der Fraktion im Vorbeigehen befragt, was er bekommen habe: »Doppelt soviel, wie genannt wird.« Solche Episoden sind so ungeheuerlich, daß man es anmerken muß: Sie sind nur Scherz. Es fand auch kein Abgeordneter einen fünfstelligen Mark-Betrag in seinem Wagen, von unbekannter Hand dort eingeschmuggelt. MdB Zoglmann – nun von der Kehrseite – hatte auch nicht die Zusage des Düsseldorfer Ministerpräsidenten Kühn, seine Düsseldorfer Werbeagentur bekäme dicke Aufträge der Landesregierung, wenn er keine Schwierigkeiten mache. Solche Gerüchte und noch viele mehr sind politische Waffe. Es liest sich so schön. In Wirklichkeit ist das meiste, um mit Herbert Wehner zu reden, »Quatsch«, und am nächsten Tag, um Wehner fortzusetzen, »noch quätscher«. Überraschend sagte dann doch FDP-Sprecher Koegel von der »Freien Demokratischen Korrespondenz« am Samstag: »Am 7. Oktober werden wir mit den Sachen herauskommen, es ist unglaublich.«

Aufgeschnappt, als sich die SPD-Prominenz durch die Menge der Journalisten zwängte: »Ach ja, da habe ich noch einen Merksatz: Von Wahlrecht ist nicht gesprochen worden«, so Brandt. »Kinders, ihr kriegt eine Regierung, die habt ihr gar nicht verdient«, so Ehmke. Und Helmut Schmidt auf die Frage, ob er das Verteidigungsministerium übernehme: »Und wer schlägt die Schlachten im Parlament?« Auch Erich Mende, als er sich in der Menge Platz schaffte, war kein Spielverderber: »Ich möchte mir die Hände waschen.« Zuruf: »Nur die?«

Der CDU/CSU-Flügel im Bundeshaus liegt seit Mittwoch letzter Woche wie ein Schiffsdeck mit gelöschten Lichtern. Kein Journalist naht sich, um Futter zu suchen. Richard Stücklen ist der Generalpostmeister in die Binsen gegangen. Will Rasner läuft wie mit dem Zahnstocher in den hinteren Backenzähnen von Tür zu Tür, um sich mit Barzel, Rösing und Ackermann durch gegenseitiges Anstarren zu vergewissern, daß die Welt noch nicht untergegangen ist. Und der rheinland-pfälzische Ministerpräsident Kohl, der ab und zu wieder auftaucht, um etwas politische Mainzer Therapie zu liefern, sonst ein tüchtiger Therapeut, muß sich die kritischen Blicke der öffentlichen Meinungsmacher gefallen lassen. Der Feinschmecker unter den Suchern von Zitaten findet eins: Wer weiß, was in der Zeiten Hindergrunde schlummert.

Als Minister genannt zu werden, ist schon eine große Sache. Daß Willy Brandt 1965 seinen »unwiderruflichen«

Abschied als Kanzlerkandidat bekanntgab, ist bald vergessen. Die SPD scheint außer Wehner ihre gesamte Mannschaft aus dem Kiesinger-Kabinett ins Brandt-Kabinett zu holen: Ehmke (möglicherweise als Staatsminister ins Bundeskanzleramt), Schiller, Leber, Lauritzen, Frau Strobel, Carlo Schmid und Eppler, dazu womöglich Helmut Schmidt, Möller, Schellenberg, Wischnewski, Klaus Arndt, von Dohnanyi, Hirsch oder Reischl. Aus der FDP nennt man, außer dem Vizekanzler und Außenminister Scheel, Genscher, Mischnick, Ertl, Dahrendorf und sogar Fritz-Rudolf Schultz eventuell als Verteidigungsminister, wenn Helmut Schmidt weiter seine Fraktion führen will. Doch manche Namen sind noch Kombinationen, wohl auch Zweckmeldungen von anonymen Busenfreunden. Die CDU-Minister beginnen ihre Plätze zu räumen. Einige kennen wir, die wissen nichts mehr mit sich anzufangen. Es ist schrecklich, keinen Wagen, keinen Stander, keinen Fahrer, kein Büro mehr zu haben. Ob man sie oft auf der Oppositionsbank sehen wird, oder ob dort die junge, noch unverdorbene CDU-Mannschaft sich anschickt, das Heft in die Hand zu nehmen? *(Oktober 1969)*

Machtübernahme mit preußischem Präsentiermarsch

Die Feinheit der unterscheidenden Wahrnehmung war erlaubt: Zum ersten Mal empfing das Staatsoberhaupt das neue Bundeskabinett nicht im Cutaway, auch die Herren Minister trugen nur einen schwarzen Anzug. An dem Tatbestand ist nur zu bemängeln, daß Frau Pappritz, die längst pensionierte alte Dame für die Bonner Kleiderordnung, nicht zuschauen konnte. Wahrscheinlich wäre eine Welt für sie zusammengestürzt.

Ein Bundesminister nach dem anderen fuhr am Mittwochmorgen bei der Villa Hammerschmidt vor, die beiden Bundesgrenzschützer präsentierten exakt ihre Karabiner, die ehemaligen Flakhelfer Ehmke, Eppler, Genscher und Jahn, dies erlebend, zuckten zusammen. Es war tatsächlich wie ein Elementarereignis: Eine neue Generation ist dabei, die Macht zu übernehmen. Einen Augenblick schien es, als ob die Geschichte dabei sei, hier Remedur zu schaffen.

Bundespräsident Heinemann, ebenfalls ohne Cutaway, empfing das neue Bundeskabinett im Galeriesaal der Villa Hammerschmidt, auch Frau Heinemann zwar Zaungast. Der Beobachter kann die Frage nicht unterdrücken, wann dieser Staat endlich aus dem Behelf einer Großbürgervilla sich ein wenig repräsentativer darstellen will. Der Bundespräsident überreichte jedem der 15 Minister seine Ernennungsurkunde, eingepackt in dunkelblaue Ledermappen. Zwei kurze, knappe Sätze Heinemanns: »Niemand von uns ist der Staat« und »Ich erbitte für Sie alle den Segen unseres Gottes.« Der neue Bundeskanzler antwortete: »Herr Bundespräsident, wir werden Ihnen und unserem Volk keine Schande bereiten.« Nach einem Glas Sekt schritt man zum »Familienfoto« auf die Terrasse. Augenblicklich kam die Sonne über dem Siebengebirge hervor, Vizekanzler Walter Scheel brachte nur das Wort über die Lippen: »Kaiserwetter«. Daß er inzwischen der dienstälteste Bundesminister ist, nicht den Lebensjahren, sondern den Ministerjahren nach – er hat bereits sieben Ernennungs- und Entlassungsurkunden –, bemerkt er selbst mit einigem Erstaunen: »Ich bin der Seebohm des neuen Kabinetts.« Das Atembeklemmende eines »Machtwechsels« wird ganz deutlich, als das Kabinett um den Bundespräsidenten postiert ist, ganz im Hintergrund, gewissermaßen als das Ausrufungszeichen des Dekorums, Horst Ehmke, Bundesminister für besondere Aufgaben. Er sitzt auf Globkes Stuhl. Die alte Hamlet-Frage vom Sein oder Nichtsein – Bundeskanzler Brandt beantwortet sie so: So schnell werde man die Szene nicht wieder verlassen.

Im Plenarsaal des Bundestages geht die Prozedur der Vereidigung schnell vonstatten. Die Reihen der Abgeordneten haben sich schon gelichtet. Wie schön wäre es gewesen, wenn auch Kiesinger und Strauß auf ihren Abgeordnetensitzen gesessen hätten. Sie fehlten. In dieser Reihenfolge saß das Kabinett auf der Regierungsbank, in der ersten Reihe: Brandt, Scheel, Genscher, Jahn, Möller, Schiller, Ertl, Arendt, Schmidt, Strobel, Leber, Lauritzen; in der zweiten Bankreihe: Ehmke, Leussink, Eppler, Franke.

Auch die meisten CDU/CSU-Abgeordneten klatschten Brandt und seiner Mannschaft Beifall. Alle Minister legten den Eid auf die Verfassung mit der religiösen Formel ab: »So wahr mir Gott helfe«. Nur der weißhaarige Bergarbeiterführer Walter Arendt, der neue Arbeitsminister, ist unbefangen und mutig genug, den religiösen Zusatz zu unterlassen.

Mitleidlos warfen sich wieder die Fangarme Dutzender Kameras auf die Szene, als um 10.30 Uhr die Minister am Palais Schaumburg zur ersten Kabinettssitzung vorfuhren und am Kabinettstisch Platz nahmen. Massiv und sichtbar nahm die staatsmännische Weisheit an jenem Tisch Platz, wo Adenauer, Erhard und Kiesinger versucht hatten, für das gemeine Wohl zu wirken. Was würde der Alte von Rhöndorf sagen, wenn er das noch erlebte? Nur noch die mächtige Schelle und das Kaiserpaar an der Wand von Anno dazumal erinnern an Adenauers Zeiten, sonst hat sich alles, bis zu den Stühlen und dem Teppich, der nun seegrün ist, geändert. Das Kabinett saß da, rechts von Brandt Scheel, Jahn, Schiller; links Ehmke, Genscher, Möller, und man glaubte zu hören, als Brandt sagte, man werde sachlich und zügig zusammenarbeiten, wie die Blütenträume noch keineswegs zu reifen begannen; dafür war es nun wirklich zu früh.

Es war schwer zu ermitteln, wie viele Bedienstete des Kanzleramtes hinter den Gardinen zugeschaut hatten, als die neuen Machthaber aus ihren schwarzen Limousinen stiegen und das Bundeskanzleramt betraten. Der böse Wille verbreitete die Version, das Musikkorps des Bundesgrenzschutzes werde am Nachmittag, wenn der Regierungschef die Front der Bundesgrenzschutzhundertschaft abschreite, spielen:

»Wir wollen unsern alten Kaiser Willy wieder ham.« Nichts davon geschah. Willy Brandt schritt die Front ab zum alten preußischen Präsentiermarsch. Das wäre doch gelacht.

(Oktober 1969)

Die neuen Herren in der Redoute

Die Assoziation, die sich bei der Wendung einstellt, die neuen Regierenden hätten es eilig, lautet schlicht: Wozu die Eile, es brennt doch nirgends. Erst zwei Tage im Amt, und schon hatte die neue Regierung recht mit der Behauptung, das Wohlwollen der öffentlichen Meinungsmacher sei der Schlüssel zum Erfolg. Bundeskanzler Willy Brandt und sein Stellvertreter Walter Scheel hatten die Journalisten, die Mitglieder der Bundespressekonferenz und des Vereins der ausländischen Presse in Deutschland, in die Godesberger Redoute zu einem Empfang eingeladen. Außer Frau Strobel, Professor Leussink und Arendt, den seine Bergarbeiter abfeierten, waren alle Bundesminister da.

In diesem Saal, dem Beethovensaal, wo der junge Beethoven, wo Haydn, Brahms, Ries, Clara Schumann oft musiziert hatten – bei Ries fehlten einmal, als er Mozarts Zauberflöte dirigierte, »die Posaunen im Orchester« –, da trat nun, nach zwanzig Jahren Bundesrepublik, die sozialliberale Brandt-Scheel-Regierungsmannschaft auf, nicht um kurfürstliche Hofmusik, sondern variierte politische Musik von sich zu geben. Diesmal fehlten die Posaunen nicht im Orchester. Da waren also unter den Zeitungsmenschen ein paar »Kanonen« von James Reston und Cyrus L. Sulzberger, Kolumnisten der »New York Times« bis zu Eugen Grigoriew von der Moskauer »Prawda«, von Radaesyam Purohit von »Commerce«, Bombay, und »Amrita Bazar«, Kalkutta, und Hassan Suliak von »Al-Nahar«, Beirut, und »El-Alam«, Rabat/Marokko. Der Däne Henrik Bonde-Henriksen von »Berlingske Tidende« brachte Brandt und Scheel je eine Flasche Aquavit für stürmische Fahrt mit. Und es waren da eine Menge deutscher Korrespondenten, darunter auch der eine oder andere, bei denen Brandt-Vorgänger Bismarck womöglich sein Wort vom verfehlten Beruf wiederholt hätte.

Die neuen Herren wissen, was sie der Presse schuldig sind. Selbst solche, die nicht die Absicht haben können, daß diese Regierungskonstellation die beste sei, konnten sich der Meinung nicht verschließen: Donnerwetter! Und am nächsten Dienstag, am Abend nach der Regierungserklärung im Bundestag, ist das gesamte Kabinett schon wieder Gast im Deutschen Presseclub in Bonn.

Politische Musik gab es im Beethovensaal: Kammermusik bei Bundeskanzler Brandt, bei Scheel etwas a cappella, bei Herbert Wehner die Mehrstimmigkeit der Polyphonie, bei Helmut Schmidt preußischer Präsentiermarsch. Um diese vier bildeten sich Trauben von Zuhörern und Fragern.

Sozusagen hinter dem Rücken ihrer Minister kreuzte ein Haufen von neuen beamteten und parlamentarischen Staatssekretären auf, die meisten sind unbekannte Gesichter. Sie wissen noch nicht recht, und deshalb etwas Verlegenheit, daß das, was morgen gedruckt wird, zum Heil oder Unheil ausschlagen kann. Vorsicht also ist die Mutter der Porzellankiste. Ihre Intelligenz ist zunächst keine Rechenschaft schuldig; man wird sehen, wie man sich arrangiert.

Günter Diehl, der bisherige Regierungssprecher, hat sich zunächst einmal abgesetzt, zur Jagd. Conrad Ahlers, vom stellvertretenden zum Regierungssprecher avanciert, demnächst mit dem ornamentalen Titel Staatssekretär versehen, den er in der Anrede nicht hören möchte, hat großes Journalisten-Renommee. Alle oder so gut wie alle Journalisten – für die es nicht gilt, für die sei es nicht gesagt – wünschen, daß Rüdiger von Wechmar, Leiter des Deutschen Informations-Centers in New York, eine der außergewöhnlichsten Journalistenbegabungen, als stellvertretender Regierungssprecher nach Bonn kommt. Sie hätten ihn gerne schon in der Redoute gesehen.

Was auffiel beim Empfang: Die Zudringlichkeit der vielen roten und rötlichen Schlipse. Wehner und Helmut Schmidt,

Ehmke, Lauritzen und Ahlers, die Staatssekretäre Börner, Ravens und Ehrenberg hatten sich farbenfroh rötlich geschmückt. Günter Müggenburg von der ARD machte mit Quellenangabe plausibel: diesen roten Schlips habe er Kiesinger schon für eine Fernsehaufnahme gepumpt.

Gleich zwei weibliche parlamentarische Staatssekretäre gaben mit ihrem Erscheinen ihre Visitenkarte ab: die Abgeordnete Brigitte Freyh, Frau eines Frankfurter Universitätsprofessors, im Bundesministerium für Bildung und Forschung, lange Jahre Geschäftsführerin der Walter-Kolb-Stiftung zur Förderung des Zweiten Bildungsweges, und Dr. Katharina Focke, die den Stuhl des parlamentarischen Staatssekretärs Freiherrn zu Guttenberg im Bundeskanzleramt einnehmen wird, der es gewiß verschmerzen wird, denn sie sind gute Bekannte.

Vortragender Legationsrat I. Klasse Dr. Gerhard Ritzel, neuer Leiter des Kanzlerbüros, zu freundschaftlichem Verkehr mit der Presse verpflichtet, gibt diese vertrauliche Information: »Sie glauben es nicht, die Popularitätskurve des Herrn Bundeskanzlers ist in zwei Wochen – in telefonischer Schnellumfrage von der Demoskopie ermittelt – von 41 auf 47 Prozent gestiegen.« Alsdann! *(Oktober 1969)*

Keiner wollte den Bismarck haben

Die Große Koalition, durch das Schicksal dahingerafft, hat am Rande einige Begleiterscheinungen offenkundig werden lassen, die verdienen, festgehalten zu werden. Aus der Stiftung Preußischer Kulturbesitz befinden sich seit den fünfziger Jahren zwei Gemälde des berühmten Malers Franz von Lenbach in den Bonner Ministerien, eines von Bismarck (von ihm hat Lenbach allein achtzig gemalt), eines von Moltke, dem »großen Schweiger«.

Das Moltke-Bild hat unangefochten bei dem Staatssekretär Globke, dem Ministerialdirektor Hohmann und dem Staatssekretär Carstens gehangen. Auch Bundesminister Ehmke entschied in seiner kurz angebundenen Art: »Das Bild bleibt hängen.« Ehmke läßt sich ganz gerne mit der Geschichte konfrontieren. Die journalistischen Lästermäuler sagen von ihm ohnehin, er wolle im Park des Palais Schaumburg anstelle der Adenauerschen Bocciabahn eine Guillotine errichten, und sie haben ihn bereits, drastisch wie sie sich ausdrücken, Horst Robespierre Ehmke getauft.

Das Bismarck-Bild hingegen hat ursprünglich im Zimmer des Bundesinnenministers Schröder und Höcherl gehangen. Als Paul Lücke dort einzog, hatte er nichts dagegen, daß Hermann Höcherl, den er ablöste, den Bismarck ins Landwirtschaftsministerium mitnahm. Etliche Jahre hat Höcherl unter den Blicken Bismarcks regiert. Konrad Adenauer, damals befragt, ob er das Bismarckbild nicht in sein Arbeitszimmer hängen wolle, lehnte mit diesem Satz ab: »Der Bismarck war ja umstritten; außenpolitisch zwar nicht. Aber hier im Westen hatte er wegen des Kulturkampfes viele Gegner. In der Eifel mußten die nichtzugelassenen Geistlichen in der Verkleidung von Bauern in die Dörfer gehen und die Messe in der Scheune lesen.«

Also kam Bismarck nie ins Palais Schaumburg. Als jüngst der Landwirtschaftsminister Josef Ertl Höcherl ablöste, reiste Bismarck wieder zurück ins Innenministerium. Ertl hat jetzt hinter seinem Schreibtisch ein Gemälde seines Schwiegervaters, des Professors Wilhelm Niklas, des ersten Bundesministers für Ernährung und Landwirtschaft, hängen. Bundeskanzler Brandt wurde befragt: »Ich kann doch schlecht den Tintoretto hinter meinem Schreibtisch wegnehmen und den Bismarck dort hinhängen, der meine Altvorderen wegen ›gemeingefährlicher Umtriebe‹ verfolgte und auswies.« Dafür sprang der Innenminister Genscher aus der preußischen Provinz Sachsen in die Bresche: »Das Bismarckbild kommt in mein Arbeitszimmer«, und dort hängt nun der verfolgte Bismarck neben dem Bundespräsidenten Theodor Heuss. *(November 1969)*

Sag mir, wo der Alte ist, wo ist er geblieben? Natürlich schweifen die Gedanken zurück. Warum sollte nächstens nicht die Dame an der Wand in Reifrock und Korsett, Elisabeth von Braunschweig-Lüneburg, einen Knicks machen, wenn der Name Konrad Adenauer zufällig mal wieder fiele, der hier vierzehn lange Jahre seine Kabinette leitete. Der Kabinettssaal im Palais Schaumburg, der immer noch ein Sälchen ist, läßt an die Geschichte zweier Jahrzehnte der Bundesrepublik denken. Mit etwas mehr als fünfhundert Worten regiert Brandt jetzt hier. Man kann es ihm aufs Wort glauben, daß die Zeiten sich geändert haben.

Die Ära Adenauer ist längst nicht dahin. Die Ära Erhard ist dahin. Die Ära Kiesinger ist dahin. Nun sitzt da Brandt mit seinen Leuten, und unsereins weiß noch, daß man in diesem Saal dem Eisenhower, dem Nehru, dem Kennedy und dem Mikojan die Hand gedrückt hat. Geschichte spielte sich hier ab. Selbst Kaiser Karl der Sechste, der Herr Gemahl der Elisabeth im anderen Bilderrahmen, würde sich in Positur setzen, wenn der Name Adenauer wieder fallen sollte. Und der Ehmke will mit einem Federstrich ein neues Bundeskanzleramt bauen lassen. Weil dieser alte Kasten nichts für das Management sei, wie er es ausdrückt. Conrad Ahlers, ihm Hilfe leistend, sagt, die »technischen Fazilitäten« seien schlecht.

Der Kabinettstisch ist noch immer ellipsenförmig, nicht mehr grün wie in den Ären Adenauer, Erhard, Kiesinger, sondern von einem sprechenden Graubraun überzogen. Punkt neun Uhr am Donnerstag betritt Bundeskanzler Willy Brandt den Kabinettssaal. Man braucht nicht zu lästern, aber früher war er um diese Zeit noch ein »Muffel«, ein mürrisch dreinschauender Mensch. Seitdem er früher zu Bett geht und früher aufsteht, hat sich das geändert. Er reicht niemand die Hand; »Guten Morgen« ersetzt er durch ein Kopfnicken. Zwanzig Jahre haben die Kabinettssitzungen um zehn Uhr begonnen, bei Brandt beginnen sie um neun. Ehmke erkannte, daß es nicht gut sei, bis weit in die Mittagszeit hinein zu tagen, wie es oft unter Kiesinger notwendig wurde. Diehl oder Ahlers mußten dann meist mit hungrigem Magen in die Bundespressekonferenz drüben am Tulpenfeld hinüberhetzen.

Nur die Minister selbst sitzen am Kabinettstisch. Müssen sie sich ausnahmsweise vertreten lassen, kommt erst der Parlamentarische Staatssekretär und, wenn der fehlt, der beamtete Staatssekretär. Ehmke, der Tausendsassa, hat die Apparatur gestrafft. Bei allen Kabinettsvorlagen wird gleich diskutiert; die Minister haben die Vorlagen bereits gelesen. Strittige Kabinettsvorlagen wurden vorher im Kabinettsausschuß geklärt, Meinungsverschiedenheiten oft ausgeräumt.

In der Kabinettssitzung braucht nicht unbedingt eine Stimmung der Eintracht zu herrschen, aber es geht »kollegialer« (Ahlers) zu als in der Großen Koalition. Unter Kiesinger gab es zwei gleich starke Kabinettsfraktionen. Sie an eine Leine zu legen war schwierig. Besser konnte das kaum einer als Kiesinger; wegen seiner Konzilianz. Beim »Regieren« ist viel Lebensweisheit zu erwerben. Wer Pech hat, den beißt ein Hund auch, wenn er ein Kamel reitet, sagt tiefsinnig das persische Sprichwort. Kiesinger hatte auf Sprichwörter studiert.

Brandt wird »Herr Bundeskanzler« angeredet (obwohl sich die SPD-Genossen privat meist duzen), die Minister unter sich sagen »Herr Ehmke« oder »Herr Leber«. Es darf geraucht werden. Aber ein Tabakskollegium ist das nicht. Die meisten Minister rauchen nicht mehr. Brandt und Schmidt rauchen Zigarillos, Leber Pfeife, Schiller ist der einzige Zigarettenraucher. Wen es nach besonderem Trunk gelüstet: Tee oder Kaffee wird gereicht, Ahlers trinkt Milch; und Whisky, wenn ihm ein Fernsehauftritt bevorsteht. Es braucht kaum dargestellt zu werden, daß das »Klima«, die »Atmosphäre«, sich gebessert hat, seitdem das Kabinett verkleinert ist. Bei Kiesinger drängte man sich eng um den Tisch, jetzt hat man »Freude am Arbeitsplatz«

(Ahlers). Ob Kiesinger oder Brandt bei der Leitung solcher Gremien gescheiter ist, bleibe dahingestellt.

Bei der Großen Koalition mußte der Bundeskanzler Kiesinger häufig weitschweifige Reden halten und stärkere Musik machen. Auch Schiller und Strauß hörten sich gerne reden. Im Kabinett Brandt ist Schiller der Vielredner. Bei Adenauer, Erhard und Kiesinger nahmen Globke, Westrick und Carstens die Wortmeldungen entgegen. Brandt, der einem kleineren Gremium vorsteht, notiert sie selbst. Formelle Abstimmungen hat es noch nie gegeben in dieser Bundesregierung. Der kleinen Finessen Adenauers, Wortmeldungen zu übersehen oder zu ignorieren, bedarf es bei Brandt nicht.

Meist zu spät zur Kabinettssitzung kommt Verteidigungsminister Helmut Schmidt; in dieser Beziehung ist ihm offenbar sein Vorgänger Strauß Vorbild. Schmidt ist einer der bedeutendsten Männer dieser Runde. Er redet mit höchstem Sachverstand nicht nur über die Probleme seines Ressorts. Nie redet er über etwas, wovon er nichts versteht. Der Wortkargste ist der Wissenschaftsminister Leussink, der freilich die Gabe hat, in knappen Formulierungen ein Problem klar darzustellen; in drei Sätzen kann er alles sagen.

Der Außenminister Scheel lebt ein wenig von seiner Originalität. Wenn er die Kabinettssitzung als Vertreter Brandts leitet, kommt sofort eine aufgeräumte, fröhliche Note ins Hin und Her der Rede. Bei dem Norddeutschen Brandt wird nie gelacht, obwohl er den Humor gut verpackt bereithält, bei dem Rheinländer Scheel öfter, als es der Ernst des Lebens bei so hehren Tagungsordnungspunkten verträgt. Kein Weltuntergang steht bei Scheel bevor. In der Außenpolitik ist er nicht mehr der etwas unsicher wirkende Mann der ersten Bundestagssitzung; im Kabinett hat er sich auch als Wirtschaftskenner hervorgetan.

Was der Justizminister Jahn sagt, hat Hand und Fuß; den klaren Juristen würde man nie bei einer unvernünftigen Rede ertappen. Walter Arendt und Egon Franke sind die Stillen im Kabinett, mit fester Hausmacht und schon dadurch mit Autorität im Rücken. Eppler und Ertl, in ihren Ressorts stark engagierte Männer, die anscheinend etwas leiden unter der Tortur der Kaltschnäuzigkeit des politischen Handwerks, sind beide gefühlsbetont; vielleicht hängt das mit ihrer stark religiös geprägten Einstellung zusammen. Auch die Gesundheitsministerin Strobel und der Wohnungsbauminister Lauritzen sind in ihren Ressorts stark engagiert. Lauritzen ist dazu ein tüchtiger, sachbezogener Verwaltungsbeamter. Georg Leber wird überall in hohem Maße respektiert, außer vielleicht beim Speditionsgewerbe und dessen Lobby im Bundestag. Bei scharfer kritischer Gewissenhaftigkeit ist er eine der starken Stützen dieser Regierung.

Ein erstaunlich enges und auffallendes Kooperationsverhältnis besteht zwischen dem Sonderminister Ehmke und dem Bundesinnenminister Genscher. Von der Sache her liegt das nahe. Neben weit ausschauenden Betrachtungen allgemeiner Art pflegen beide, die sich schon als Rechtsreferendare und Assistenten im Bundestag der fünfziger Jahre kannten, die sorgfältige Analyse der politischen Tatbestände. Sie sind zwar verschiedene Temperamente, Ehmke von unverwüstlicher Lebendigkeit, dessen Leben eine einzige Produktivitätsperiode zu sein scheint, Genscher ist die Gelassenheit selber. Während der 42jährige Ehmke noch nichts von seiner jugendlichen Frische eingebüßt hat und imposant aufzutreten versteht, ist der sechs Wochen jüngere, scheinbar zögernde Genscher in einer kühleren Zone zu Hause. Beide sind Denker von hohen Graden. Im Kabinett spricht man von einer »Achse« Ehmke – Genscher.

Ein Konkurrenzverhältnis besteht zwischen Wirtschaftsminister Schiller und Finanzminister Möller und zwischen Schmidt und Ehmke. Die Animositäten Schmidts gegenüber Brandt und umgekehrt haben sich weitgehend gelegt. Das Verhältnis Schiller – Möller hat keine verstimmenden Formen angenommen wie etwa in der vorigen Regierung das Verhältnis Schiller – Strauß, jedenfalls bisher nicht. Schillers Selbstbewußtsein ist kurz vor dem Bruch. Möller hat sich in den ersten hundert Regierungstagen als ein qualifizierter Finanzminister gezeigt. Neben Helmut Schmidt zählt man ihn zu den bedeutenden Ressortministern; auch seine Gegner erkennen es an. Er ist ein »harter« Mann. Schmidt und Ehmke, das ist ein besonderes Kapitel. Gewiß gibt es zwischen beiden auch Abweichungen in der politischen Betrachtungsweise; aber hier ist etwas anderes am Werk. Was Adenauer einmal von seinem Adlatus Gerhard Schröder in einem Lapidarsatz sagte, das könnte Brandt, ohne ein Wort zu ändern, von beiden sagen: »Der will mal auf den Stuhl, auf dem ich jetzt sitze.« In diesem Satz findet der Tatbestand seinen vollkommenen Ausdruck.

So ganz schön staubfrei und milde, wie man uns diese Regierung gern darstellt, ist sie keineswegs. Aber sie hat einen Chef, dem man kaum das Kennzeichen einer blassen Persönlichkeit anheften kann. Daß er nicht morgens um neun, gewissermaßen auf den nüchternen Magen, schon Goethe und Schiller zitiert, ist erklärlich. Dafür ist sein Naturell zu nüchtern. Niemand weiß, was dieser Regierung in den Sternen geschrieben steht. *(Februar 1970)*

Mißtrauen im April

In rascher Folge fahren die schwarzgelackten Staatskutschen an den Eingängen des Bundeshauses vor, aus den nahen Abgeordnetenwohnungen eilen die Volksvertreter zu Fuß ins Parlament. Mit der 182. und 183. Bundestagssitzung dieser Legislaturperiode stehen ihnen zwei große Tage bevor. An dem einen werden die Etatberatungen des Haushaltsplanes von 1972 stattfinden, an dem anderen soll zum ersten Male das konstruktive Mißtrauensvotum durchexerziert werden.

Empfindliche Naturen halten dieses Spiel für häßlich, den Umgang mit Demokratie und Macht für roh, andere empfinden es als ganz normal, weil eine Demokratie ohne solche Spannungen nicht leben kann, sie würde sonst steril. Erhaben ist das alles nicht. Ein verfilztes Gewebe von Gerüchten, Unterstellungen und halben Wahrheiten liegt über solch großen Tagen. Es ist eine Schaustellung allerersten Ranges, wenn das Fernsehen den Akteuren bis in die letzte Ecke zu folgen versucht. Vieles ist vordergründig. Da schreiten sie dahin, die Regierung und ihr Anhang, die Oppositionsbosse und ihr Anhang. Niemand möchte um den Effekt seines Auftritts gebracht werden, wenn die Fernsehapparaturen nach ihnen tasten und greifen.

Auf der Regierungsbank arrangieren sie sich, im Saal arrangieren sie sich. Im Vorraum des Plenarsaales deutet sich schon an: Die Konfrontierung und Polarisierung hat einen hohen Grad erreicht. Man kennt sich kaum noch. Hier gibt es anscheinend nur noch Freund und Feind. Wie wohl tun da die Worte des Abgeordneten Dichgans (CDU), daß man bereit sein müsse, die eigene Arbeit in Frage zu stellen. Große Heiterkeit gibt es allerdings, als Dichgans meint, der Fraktionswechsel von Abgeordneten komme viel zu selten vor. Nur noch selten sprechen die von der Opposition mit Regierungsanhängern und umgekehrt. Nur Richard Stücklen, der Generalpostmeister in spe und frühere Postminister, geht zum jetzigen Postminister Leber an die Regierungsbank, und beide versprechen sich: »Wenn du allzu heftig mit mir umgehst, werde auch ich heftig werden.« Stücklen und Wehner gehen dann doch in die vollen, als es ums »Manipulieren« geht.

Dem Bundeskanzler soll es heute schon an den Kragen gehen. Den Einzelplan 01 (Bundespräsident) wird man, alter Regel gemäß, nicht diskutieren; 02 (Bundestag) und 03 (Bundesrat) widmet man nur dürftige Anmerkungen. Aber dann Einzelplan 04, »Geschäftsbereich des Bundeskanzlers und des Bundeskanzleramtes«. Die Masken werden abgenommen, die Auseinandersetzung beginnt. Die Stimmen aufreizend, Eifer, Heftigkeit und Schimpfen brechen durch, die »ganze klägliche Unfähigkeit« dieser Regierung wird mit geübter Sophistik von der einen auf die andere Seite geschleudert und prompt zurückgegeben. Honig bekommt die Regierung von der Opposition nicht.

Der Bundeskanzler ist scheinbar ruhig, denn Worte der

Opposition sind allen Bundeskanzlern wohlfeil gewesen. Brandt sitzt da wie ein einsamer Mann. Ist Resignation auf seinem Gesicht? Hans Katzers Worte treffen ihn. Am Nachmittag, man kann es kaum anders sagen, stehen Regierung und Opposition in ihren verbalen Anstrengungen gleich zu gleich. Phrasen gab es auf der einen, Phrasen auf der anderen Seite. Keinen Weihrauch, aber etwas Glanz versucht der Kanzler in der Nachmittagsdebatte auf seine Regierung zu ziehen; er spricht eindrucksvoll, schließlich wird es aber auch ihm heiß.

Das Drum und Dran solcher Parlamentsdebatten hat man sich anders vorgestellt. Denn will man am nächsten Tag nicht einen Kanzler stürzen und einen neuen inthronisieren? Zwei Dutzend ausländische Herren des Diplomatischen Korps hören interessiert zu. Sie hüten sich, der Regierung das Horoskop zu stellen.

Um Punkt elf Uhr betrat der Abgeordnete Helms den Plenarsaal und wurde von einem Amtsboten zur letzten Bank geleitet, auf seinen neuen Sitz hinter der CDU. Aber schon zwei Minuten danach knöpft ihn sich sein alter FDP-Parteifreund Peters (Pappenbüll) vor, Bauer wie er. Denn in Gedanken sind alle schon beim Donnerstagmorgen. Gelassen schreitet Rainer Barzel, aus dem Südbau kommend, zum Plenarsaal. Respektlos sagt ihm einer dieser schrecklichen Zeitungsmenschen, Bundeskanzler werde er morgen nicht, gerade habe er mit dem CSU-Abgeordneten Kempfler um eine Flasche Champagner gewettet.

Der Parlamentarische Staatssekretär Moersch, immer öfter schwäbisch-derbe Epigramme bei der Hand, sein Herz hängt sehr daran: »Es gibt Leute, die sch ... sogar auf dem Abtritt in die Hose.« Längst sind die kompletten Listen von Barzel-Kabinetten in den Wandelgängen im Umlauf und selbstverständlich auch die Namen neuer Regierungssprecher: von Hase, Diehl, Woller, Scholl-Latour oder Johannes Gross. Olaf von Wrangel werde von Angstvorstellungen gepeinigt, sagt man diskret aus seiner Fraktion. Hans Katzer kennt keine Friesenwitze, bekennt er. Nebelhafte Vorstellungen bestehen über den Kanzleramtsminister: Kraske oder Heubl? Und es sei ganz gewiß: Annemarie Griesinger hole der Filbinger ins Kabinett nach Stuttgart. Frau Helga Wex, stellvertretende CDU-Parteivorsitzende, die keine Abgeordnete ist, wird das weibliche Element in einem Barzel-Kabinett darstellen.

In Gedanken liegt diese Haushaltsdebatte bereits hinter Rainer Barzel, aber auch hinter Brandt und Scheel. Die SPD schafft es, die Mittwoch-Debatte über Einzelplan 04 ohne Abstimmung mittels Filibustern über die Runde zu bringen. Die rund zehnstündige Debatte ist ergiebig genug, um den Satz zu rechtfertigen: Die Abstimmung über das Mißtrauensvotum ist offen. *(April 1972)*

Am Tag danach[9]

Herr Kienbaum sei heute, am Freitagmorgen, in seinem Wohnort Gummersbach zum Notar unterwegs, um verbindlich zu erklären, daß er sein Bundestagsmandat niederlege, berichtet der Parlamentarische Staatssekretär Dorn (FDP). Herr von Kühlmann-Stumm, so sagt der FDP-Abgeordnete Bundeswehr-Oberst Krall, habe ihm und Bundesminister Ertl gegenüber versichert, er stehe zu seinem Wort und werde bei der Abstimmung über den Etat des Kanzleramtes nicht gegen die Regierung stimmen, sich vielmehr wie in den beiden letzten Jahren der Stimme enthalten.

Der Blutdruck der Kontrahenten im Bundeshaus ist am Freitag erheblich niedriger als am Donnerstag, die Erregung hat sich gelegt. Conrad Ahlers wechselt zwischen den Fronten, auf leisen Sohlen gewissermaßen steht er vor dem CDU/CSU-Fraktionssaal. Den Arbeitsminister a.D. Katzer nimmt er beiseite. Die Taktik der Regierung scheint klar: Man möchte Koordination, keine weitere Konfrontation. Über alle divergierenden Punkte solle man sprechen.

Doch Barzel spürt trotz seiner Niederlage am Tag vorher offenbar den Wind, der nach oben trägt. Bundesaußenminister Walter Scheel mit blasser Gesichtsfarbe, so sieht ihn der

Regierungssprecher Ahlers, sei als Mittelstürmer wie Uwe Seeler in seinen besten Tagen. Er schieße zwar auch schon mal ein Selbsttor, und wer tue das nicht, aber über alle Verdrießlichkeiten, über Schimpf und Komplikationen sei dieser Minister hinausgewachsen. Scheel präsentiere sich unangefochten als ein entschlossener Mann, der sogar ins Eifern geraten könne, der diese Ost-Verträge unter Dach und Fach haben will.

Gerüchte kommen ins Hohe Haus geflogen. Der Haushaltsplan steht zwar auf der Tagesordnung, aber die Erklärung des Bundeskanzlers um 9.30 Uhr verlangt das rasche Parlamentsgefecht nicht nur über den Haushalt. Bundeskanzler Brandt ist nicht angeschlagen, aber das gealterte Gesicht, die Reibeisenstimme sind manchem Wink und Zeichen. Er möchte hier nicht den Versuch machen, bestimmte Fragen hochzustilisieren, sagt er, und die Regierung werde ihre Pflicht erfüllen. Aber daß diese Regierung seit Donnerstag eine Minderheitsregierung ist, auch wenn der Kanzlersturz einstweilen nicht vonstatten ging, sagte er nicht. Es geht zwar hart auf hart und Keil auf Klotz, aber dann Brandt: »Diese Bundesrepublik braucht nicht eine Regierung, sondern sie hat eine Regierung.«

Gegner Barzels, die den Mann nicht mögen, die das gelegentlich auch ohne Umschweife sagen, werden sachlicher. Das vage Gefühl werden sie nicht los, daß in diesem Manne doch einer der bedeutendsten Köpfe des Parlaments steckt. Der Nachgeschmack des Nurglatten und Gespreizten ist verschwunden. Er spricht ruhig und ist ganz, vor sich und den anderen, der Kanzlerkandidat. »Für das Richtige ist es nie zu spät«, adressiert er an den Bundeskanzler und an den Vizekanzler: »Wir pflegen nicht daherzureden.« Und dann ein bißchen Stichelrede: »Ohne den gestrigen Donnerstag hätten wir diese Rede des Kanzlers heute nicht gehört.« Nur ein einziger Mann könne den Weg freimachen, und das sei der Bundeskanzler. Aber wir sollten doch den Weg zur Gemeinsamkeit, den der Bundeskanzler beschworen habe, nicht so weit treiben, daß man den Rat der Opposition auch bei einer ins Auge gefaßten Parlamentsauflösung einhole.

Das zu Beginn der Plenarsitzung vom Vortage noch abgeschlaffte, übrigens vollbesetzte Plenum wurde dann doch lebendig, als Herbert Wehner, der am Donnerstag wegen seiner in der Lautstärke gebremsten Rede, mit der er einigen Eindruck machte, am Freitag wieder das alte Schlachtroß aus dem Stall holt. Wild hämmert er auf die Opposition ein, die sich dann immer freut, wenn das Fernehen eingeschaltet ist. Aber dieser engagierte, bedeutende Mann kann nicht aus seiner Haut. Es kann beklemmend still werden, wenn er spricht, und man schüttelt sich, wenn er tobend losschlägt. Mit ihm zu leben, hat auch die Opposition gelernt.

Um das Bundeshaus und die Bannmeile des Parlaments ist die Bereitschaftspolizei abgezogen worden. Die Regierungspartei und die Opposition tragen, jeder für sich, Freud und Leid von Zustimmung und Ablehnung. Im Palais Schaumburg, das am Freitag telefonisch blockiert und nicht mehr zu erreichen war, waren schon am Donnerstag mehr als tausend zustimmende Telegramme aus dem Lande eingegangen; der Beifall setzte sich am Freitag mit Blumen fort.

Aber auch eine andere Seite wurde sichtbar: Kaskaden von Dreck und Gift kamen in diesen aufgewühlten Tagen über die Politiker aller Couleur. Auf eine meist primitive Art entlud es sich, auf eine Manier, die Erschrecken auslösen müßte. Willy Brandt wurde beschimpft, Rainer Barzel wurde beschimpft, Walter Scheel wurde beschimpft. Briefe kamen meist anonym. Die Wohnungen der Politiker wurden mit Telefonbeschimpfungen traktiert. Die Politiker-Frauen und -Kinder waren hilflos. Es ist, als ob man Wände mit Unflat beschmiert. Weidlich wird die Anonymität am Telefon ausgenutzt.

Sicherungsbeamte umkreisen die Politiker. Ob ihre Objekte immer heil davonkommen, können sie nicht garantieren. Bei den Politikern sind Anstand und Stil tief in den Dschungel geraten. Wundert man sich, daß auch das Volk hineingezogen ist?

In den Ministerien ist eine Art von Weltuntergangsstimmung eingekehrt. Schwankend im Wind sind Zustimmung und Ablehnung dessen, was im Hohen Haus am Rhein vor sich geht. Das Mirakel eines Kanzlersturzes, noch nicht aus der Welt geschafft, ziehen die einen den Strapazen eines »Machtwechsels« vor; bei den anderen ist es umgekehrt.

Die Beamten, so drückt es Hans Katzer aus, seien alle auf Tauchstation gegangen; denn: so sagte er wörtlich: »Beamte können sich lebend totstellen.« Und es sei ein geflügeltes Wort in allen Ministerien, in so kritischen Tagen, in denen Himmel einstürzen und neue Himmel sich auftun können, arbeite man »auf Schublade«. »Sie sehen«, sagt Katzer, »unser Staatsapparat ist noch intakt.« *(April 1972)*

Die eine Stimme

Die wackere Regierungskoalition unterlag im Bundestag bei der Rentenreform viermal bei den Abstimmungen, dreimal 248 stimmberechtigte Abgeordnete der Opposition gegen 247 der Regierungskoalition, einmal 248 gegen 246. In diesem Falle hatte der Flensburger SPD-Abgeordnete Suck insofern das Weite gesucht, als er an der Rheinfähre Bekannte abholen wollte und in einen Verkehrsstau geriet. Im ganzen war die Niederlage ein einkalkuliertes Risiko, aber der Tatbestand war von psychologischer Wichtigkeit. Der Regierung blieb der Schlag mit der einen Stimme nicht erspart. Zum ersten Mal seit 1969 gab es für sie eine Abstimmungsschlappe. Und zwar, wie man weiß, durch die Abwesenheit Karl Schillers.

In Erinnerung an einen historischen Tatbestand im selben Plenarsaal wurde das Prekäre einer einzigen Stimme deutlich. Genau 23 Jahre vorher, im September 1949, war in diesem Plenarsaal mit einer einzigen Stimme Mehrheit der Abgeordnete Konrad Adenauer zum Bundeskanzler gewählt worden. Da der Bundestag damals 402 Mitglieder hatte und zur Kanzlerwahl eine Stimme mehr als die Hälfte notwendig war, schaffte Adenauer es mit den 202 Stimmen, die auf ihn entfielen. Im übrigen war das, wie Adenauer später oft frank und frei erklärte, seine eigene Stimme gewesen.

Bei einem Aufenthalt in Paris in den fünfziger Jahren besuchte Adenauer Versailles. Am nachdenklichsten, wir waren Zeuge, wurde er vor dem kleinen Trianon, dem von Gabriel erbauten Lustschlößchen, das später der Lieblingsaufenthalt der Marie Antoinette war. Der mit einer Stimme Mehrheit gewählte Adenauer wurde mit einer unheimlichen historischen Tatsache konfrontiert. Man erzählte ihm nämlich, daß Marie Antoinette, Gemahlin Ludwigs XVI., mit nur einer Stimme Mehrheit – 361 für den Tod – verurteilt worden sei. »Da sehn Se mal«, sagte der Alte, »was eine einzige Stimme ausrichten kann.« Und der Professor Schiller soll seinem Parteivorsitzenden nach dessen Niederlagen am Donnerstag einen ähnlichen Aphorismus gesagt haben: »So ist das mit einer Stimme, Herr Bundeskanzler!« *(September 1972)*

Die Journalisten

Mit der Zunge im Maul

Zu ihrem Anmarschweg zum Saal 217 A gehört, wenn sie durch den Haupteingang kommen, daß ihnen der Küchengeruch des Bundeshausrestaurants in die Nase gerät; kommen sie durch Eingang II des Bundeshauses, schreiten sie am Zeitungsstand vorbei, der ihnen gewissermaßen den Geruch der eigenen Druckerschwärze in die Nase treibt. Im Zimmer Nr. 217 A des Bundeshauses versammeln sie sich dreimal wöchentlich, montags, mittwochs und freitags, zu einer Pressekonferenz, jene »Leute mit der Zunge im Maul« (Sieburg), jene Nachrichtensammler, Kommentatoren und Windmacher, die man Journalisten nennt.

Die Journalisten sind jedermann im Bundeshaus vertraut, den Abgeordneten, den Pförtnern und den Kriminalbeamten, die sich Aufsichtsdienst nennen und so tun, als ob sie noch nie das Wort Verfassungsschutz gehört hätten. Die Journalisten haben ihren großen Anteil am Politikmachen. Ihre Sache ist es, überall etwas herumzuschnüffeln, in den Korridoren etwas Staub aufzuwirbeln und an einigen Tischen im Bundeshausrestaurant, wo sie zusammenhocken, öfters lauter zu lachen, als der Würde des Hauses angemessen ist.

Von den ausländischen Journalisten kommen 44 aus den USA, 20 aus England, 15 aus Frankreich, je 10 aus Holland und Japan, je 9 aus der UdSSR und Italien. Aus kommunistischen Staaten kommen außer aus Rußland 5 aus Polen, 3 aus der Tschechoslowakei, 2 aus Jugoslawien und je einer aus Ungarn, Bulgarien und China.

Das Zimmer 217 A war vor Jahren der CDU/CSU-Fraktionssitzungssaal. Er hat für die Journalisten nie genügend Sitzplätze. Im Laufe des Jahres 1967 ziehen sie endlich in ein eigenes Haus, das zur Zeit ein Versicherungskonzern baut, der sie mit den Mieten gehörig schröpfen wird.[10] Es braucht keine tieferen Ursachen zu haben, daß manche, die jetzt im Zimmer 217 A stehen müssen und meist gegen die Fensterbänke gelehnt sind, ihrer Berichterstattung etwas Skepsis beimischen. Von den Zeitungskorrespondenten werden bei den Fragen an die Regierungssprecher oft mehr geistige Energien aufgewandt, als der Bundesregierung lieb ist.

Den Journalisten stellen sich diese Regierungssprecher; das ist einmal der Staatssekretär Karl-Günther von Hase oder dessen Stellvertreter Conrad Ahlers, dann aber auch die Sprecher der einzelnen Ministerien. Sie sitzen an einem langen Tisch nebeneinander; es ist ihr Vorurteil, jeden Journalisten für einen Mann zu halten, der Staatsgeheimnisse auskundschaften möchte. Es ist der Stolz der Bonner Journalisten, daß sie die Hausherren selbst sind; sie bitten nämlich die Regierungssprecher zur Kasse, sie möchten wissen, was in der Politik vor sich geht. Das ist in der ganzen Welt einmalig, wie behauptet wird; sonst veranstalten nämlich die Regierenden Pressekonferenzen. Ein Vorstandsmitglied der Bundespressekonferenz leitet die Konferenz in wöchentlich abwechselndem Turnus. Die Sprecher der Bundesregierung opfern sich für diese Pressefreiheit, die im Grundgesetz allerdings garantiert ist. Jedoch: Die Sprecher der meisten Ministerien sind vorwiegend Presseabwehrstellen. Sie lassen sich nicht gern in die Karten gucken. Die Presse ist lästig, manchmal sehr lästig.

Der exzellenteste Sprecher ist zweifellos der Bundespressechef Karl-Günther von Hase, ein Preuße und Berliner aus Schlesien, der den Orden wider den tierischen Ernst bekam. Seine Auskünfte sind oft, wenn es die Regierung für nötig hält, ein Kunstwerk an reduzierter Information. Er weiß über alles Bescheid und serviert alles so elegant, wie sein Schneider ihm die Anzüge verpaßt. Einen Beweis von Assimilationsfähigkeit liefert sein Stellvertreter Ahlers, ehemals Spiegelredakteur. Prompt beklagen sich jetzt die Spiegelredakteure, daß ihre Informationsquellen versiegen. Bei dem jähen Übergang von der Spiegelredaktion zum extremen inneren Kreis der Bonner Macht ist seine Verhaltensweise natürlich schwierig. Daß links Vorfahrt hat, stimmt nicht. Ahlers, noch nicht so souverän wie von Hase, stützt sich beim Reden mit beiden Handtellern auf den Tisch vor sich, beugt sich also nach vorn oder verschränkt beide Arme. Es ist das alte Rednerproblem: Wo lasse ich meine Hände? Der Legationsrat I. Klasse Ruhfus, der neue Sprecher des Auswärtigen Amtes, ewig freundliches Lächeln im Gesicht, kann das besser. Die Rechte nimmt er beim Sprechen in die Hosentasche, wo er Gedanken sammelt, indem er mit dem Schlüsselbund fummelt.

Die Journalisten sind ein Volk für sich. Bis zu acht von ihnen, namentlich jüngere, kann man in modischer Barttracht hier sehen, dabei sind es keineswegs alles Supermänner. Einer sieht aus wie Hemingway, einer wie ein alter Babylonier mit Fräse. Günter Grass hat ein Double in einem Kriminalbeamten. In ihren Kreisen wird gern Pfeife geraucht.

Das halbe Tausend Zeitungskorrespondenten in Bonn ist eine geballte Macht. Adenauer, ein Meister im Umgang mit ihnen, sagte 1965 im Bonner Presseclub zu dieser geballten Macht: »Glauben Se denn alles, wat in den Zeitungen steht? Ich nicht.« *(März 1967)*

Ist der Kanzler fieberfrei?

Staatssekretär von Eckardt: »Meine Damen und Herren, ich wollte Ihnen nur kurz mitteilen, wie es dem Herrn Bundeskanzler geht, das wird Sie doch interessieren. Die ärztliche Erklärung dazu lautet: Die Erkältung des Bundeskanzlers klingt weiter ab. Der Kanzler erledigt laufend seine Amtsgeschäfte von Rhöndorf aus. Die Ärzte haben mit Rücksicht auf die allgemeine Wetterlage in Deutschland davor gewarnt, daß er vorzeitig sein Haus verläßt. Nun, meine Damen und Herren, wer gestern gezwungen war, die Nase auch nur aus dem Haus zu stecken, geschweige denn wie ich im Auto über die Autobahn zu fahren, kann sich etwa vorstellen, wie die Ankunft in Orly auf dem Flugplatz bei Regen und Sturm verlaufen wäre. So glaube ich, daß die Ärzte wohl recht gehabt haben, die sich übrigens, wie ich erfahren habe, auch vorher mit den Meteorologen in Verbindung gesetzt hatten (Heiterkeit) – es ist die Tatsache, sie haben sich erkundigt, und die Sturmwarnung war bereits gegeben (erneute Heiterkeit) –, daß also die Ärzte wohl recht hatten, die schließlich die Verantwortung dafür tragen, ob sie für eine solche Reise ›grünes Licht‹ geben oder nicht.«

Frage: »Ich möchte fragen, ob die ›Sturmwarnung‹ der Meteorologen bis zum 12. Dezember reicht, wo der Besuch in London stattfinden soll.« (Gelächter)

von Eckardt: »Nein, Sie wissen, daß ich sehr viel Sinn für Humor habe, und ich werde ihn auch in diesem Falle bestimmt nicht verlieren. Ich habe den Eindruck, das sage ich Ihnen ganz offen ... daß die Ärzte ... der Ansicht sind, daß der Herr Bundeskanzler sowenig wie möglich in der nächsten Zeit noch ins Freie gehen soll, sondern daß er im Hause, in der Stube bleiben soll. Es handelt sich einfach darum, daß die Erkältung des Herrn Bundeskanzlers eine Art von Grippe mit einer leichten Mandelentzündung war (Zuruf: also doch), die aber ganz in den oberen Luftwegen blieb, was für die Beurteilung entscheidend ist, denn das ist ungefährlich. Eine Gefahr besteht für den Herrn Bundeskanzler immer dann, wenn sich eine solche Erkältung weiter ausdehnt, auf die Bronchien oder gar, tiefergehend, auf die Lunge. Die Ärzte wollen das unter allen Umständen vermeiden und haben darum eine Art Hausarrest verhängt. Der Herr Bundeskanzler befindet sich in ausgezeichneter Verfassung, arbeitet den ganzen Tag, wie gesagt, unter schöner, gleichmäßiger Wärme der gut funktionierenden Ölheizung.«

Frage: »Ist es eine spekulative Überlegung, anzunehmen,

daß der Herr Bundeskanzler das Palais Schaumburg erst wieder im nächsten Jahre betreten wird?«

von Eckardt: »Ja, das halte ich für reichlich spekulativ. Ich könnte mir vorstellen, daß er das nächste Woche wieder tut ...«

Frage: »Herr von Eckardt, Sie haben einige Einzelheiten mitgeteilt. Darf man noch fragen, ob diese leichte Mandelentzündung inzwischen überwunden ist?«

von Eckardt: »Ja, der Kanzler ist seit Tagen fieberfrei.«

Dies ist ein Auszug aus einem stenographischen Bericht über die Pressekonferenz am Montag, 5. Oktober, im Bundeshaus. Nicht nur ein Teil der Journalisten, sondern auch der Staatssekretär machten einen Grippeeindruck. Denn dies ist die Saison für die Grippe; durch die Bank ist halb Bonn erkältet, der Bundeskanzler nicht ausgenommen. Sobald das aber eintritt, Erkältung oder Grippe des Regierungschefs, wird in Bonn Alarm gegeben. Da amtlicherseits statt ärztlicher Bulletins manchmal Redensarten geliefert werden, ist der Kombination der Journalisten freier Lauf gelassen. Die Vermutung verdichtete sich, daß die diesmal doch etwas langwierigere Erkältung verniedlicht werden sollte. Die Journalisten sind in Fragen nicht zimperlich, oder, wie der Bundeskanzler sagen würde, nicht pingelig. Der Staatssekretär von Eckardt sprach von einer »leichten Mandelentzündung«; und sofort wurde verbreitet, sozusagen im Gegenstoß, daß Konrad Adenauer seit seinem vierzehnten Lebensjahr keine Mandeln mehr habe. Der Bundeskanzler zu Eckardts Seiltanz: »Was ein Glück, daß Herr Eckardt mich nicht behandelt.«

(Dezember 1960)

Der Fürst gibt sich die Ehre

Da steht der Hamburger Magazin-Fürst, klein, leicht gewölbter Rücken, Haarschnitt in der Attitüde des Intellektuellen unserer Tage. Biologisch scheint Rudolf Augstein schon etwas abzublühen, denn so jung wie 1946, als er, dreiundzwanzigjährig, die Lizenz zur Herausgabe des »Spiegel« bekam, ist er nicht mehr. Das ist die Kehrseite der dahingehenden Jahre. Um ihn herum gewissermaßen der Schwertadel des Magazins, der angegraute Adjutant Walter Busse und die Sekretärin mit rothaarigem Pfiff, die beiden Chefredakteure Engel und Gaus, der Verlagsdirektor Hans Detlev Becker; einige leitende Redakteure, der unverwüstliche Leo Brawandt darunter, und die Reporter Peter Brügge alias Ernst Hess und Hermann Schreiber, dazu das Dutzend der Bonner Redakteure. Es ist eine Mischung einander nahestehender und sich gut ergänzender Rassen; bloß einen Tucholsky mit fünf PS oder einen Max Brod haben sie nicht darunter. Einige psychopathologische Verwicklungen muß es da geben, aber was macht's.

Der Fürst empfängt zuerst den Minister, den Trumm, mit dem er schon 1949 während des Parlamentarischen Rates in Beuel Altweiberfastnacht feierte; sie nennen sich Carlo und Rudi. Wie geht's, Rudi? Schön, daß du gekommen bist, Carlo. Asher Ben Natan, der einzige Botschafter, dem der Fürst die Ehre gibt. Dann will es die Generalregie, daß die SPD-Mannschaft zuerst einmarschiert und sofort zwischen Kaviarbrötchen und Gänseleberpastete Platz nimmt, denn sonst gibt es nichts (nach drei Stunden die erste frustrierte Suppe): Willy Brandt, Zigarillo und aussehend, als ob die Heldengesänge des Wahlkampfes schon hinter ihm lägen; Karl Schiller, festfreudig und Ablaß suchend und nach allgemeinem Urteil Aufwertungsschmalz verteilend (im Kielwasser Staatssekretär von Dohnanyi); ein wenig betrübt – kein Mensch weiß warum – Georg Leber. Hans-Jürgen Wischnewski agiert noch um den Fürsten; Günter Grass hält Cercle, Nobelpreisverdacht von sich weisend. Wunderkind Ehmke ist nicht da; er muß im Hohen Haus die Justiz verteidigen.

Unauffällig betritt Gustav Heinemann die Szene, der immer noch jeden Tag auf der Rosenburg sein Ministerzimmer frequentiert, seine künftige rechte Hand und Chef des Bundespräsidialamtes, den Berliner Senator Spangenberg, im Schlepp. Von Gesetzes und des Stils wegen darf Heinemann noch zum Fürsten kommen; nichts ist da zu reklamieren.

Sprecher Arthur Rathke zuckt die Achseln: Wo bleibt die CDU? Auf ein Anstandsviertelstündchen kommt die CSU-Landesgruppe: Richard Stücklen und Leo Wagner, wehrlos den Mannen des Fürsten ausgesetzt, doch tapfer dawiderhaltend. Der Oberst Domröse kommt für Gerhard Schröder, der Ministerialdirektor-Anwärter Örtel für den Schatzminister. Der Bundeskanzler schickt niemand, nicht Diehl und nicht Ahlers; nein, auch nicht Ahlers. Benda? Ja, wo ist denn der Benda? In Würzburg, sagt einer vom Schwertadel. Windelen fehlt, die »Bundes-Änne« Brauksiepe, Dollinger, Stoltenberg und Katzer fehlen. Der Bundestagspräsident von Hassel, Barzel und Heck fehlen.

Plötzlich, gegen 21 Uhr, drei Stunden nach Beginn des Empfangs, ist er da, der 1962 emphatisch von der Regierungsbank rief: »Ich habe nichts, im buchstäblichen Sinne nichts mit der ›Spiegel‹-Angelegenheit zu tun.« Das reinste Bild von Typen- und Temperamentsunterschieden zwischen »nordischer« und »alpiner« Rasse, diese beiden da, Augstein und Strauß. »Wenn Sie was schreiben, schreiben Sie darüber«, sagt einer vom Schwertadel, »Pack schlägt sich, Pack verträgt sich, alte Bauernregel.«

Zuerst geht es ganz gesittet in der Mittellage zu, etwas Kammerton beim Fürsten, nuancierter beim Politiker. Selbst wenn man die Übertreibungen bei diesem Redefluß von Strauß mildert, ist es immer noch ein Katarakt von bildfreudigen, anschaulichen und individualistischen Mischungsvarianten: etwas Niederbayern, etwas Oberbayern und auch ein Blutsverwandter zum schottischen Edlen Macbeth.

Es gibt Sekt und Whisky und Wodka und Bier. Und saft und das Süppchen. Um keinem Geheimdienstler aufzusitzen, hat man das Bedienungspersonal aus Hamburg mitgebracht. Plötzlich ist auch Hermann Höcherl da, Ritter wider den tierischen Ernst; beim Rasieren hat er sich mal wieder geschnitten, oder sind es Schrotkörner von einem Fehlschuß? Höcherl wäre das Original für ein Bonner Herrenhaus. Wenn die CDU/CSU einmal abdanken müßte, dieser Höcherl sollte ein Denkmal haben.

Es wäre ein Mißbrauch der Ehre, die der Gastgeber verteilt, wenn man die Herren der FDP vergäße, des Magazin-Fürsten liebste Kinder. Walter Scheel kommt, Genscher, Mischnick und Roderich Schneider. Sie wissen, daß der Klapperstorch nicht mehr die Kinder bringt. Wer vermutet in ihnen Wahlverlierer: Fünfzehn Prozent kriegen wir, sagt Scheel; die Zahl zehn und Wildenmann stinken zum Himmel, sagt Scheel.

Dies alles: Einweihung der neuen Bonner Redaktion, für die der Magazin-Fürst monatlich zehntausend D-Mark auf den Tisch blättern muß. Amüsant zu sehen, wer kam und dem Fürsten die Ehre zu geben für tunlich hielt, und wer nicht kam. In Wahrheit wußte man um Mitternacht, daß der Fürst und Strauß sich gegenseitig umzubringen nicht mehr die Absicht haben. Merke: Das war eine köstliche Zeit; Lortzing, der Waffenschmied. *(Mai 1969)*

Verhältnismäßig harmlose Narren

Wenn in diesen Tagen der deutsche Bundeskanzler Willy Brandt mit Frau und dem jüngsten Sohn, auch wenn es ihnen zur Jahreswende nicht so froh zumute ist wie wahrscheinlich anderen Leuten, in Nairobi in der ostafrikanischen Republik Kenia einmal für drei Wochen von den politischen Geschäften abschaltet, wenn er sich in Afrika keiner jagdlichen, sondern einer Foto-Safari anschließt, dann wird er gewiß sein dürfen, daß ihm ein Wirrwarr von anerkennenden, doch auch von abschätzigen Bewertungen in den Ohren klingt. Zwar hat er jüngst erfahren können, daß er für den nächsten Friedens-Nobelpreis vorgeschlagen und von einer bedeutenden amerikanischen Zeitschrift, »Time«, für 1970 – wie 1953 Konrad Adenauer – zum »Mann des Jahres« gewählt wurde, doch in der Bundeshauptstadt nahmen Ende des Jahres einige Leute Anlaß, sich zu beklagen.

Willy Brandt kennt die Zwischensphäre des Journalismus

aus eigenem langjährigem Erleben. Journalisten, das hat einmal Konrad Adenauer gesagt, sind die Zwingherren aller Regierenden der freien Welt. Kürzlich nun, nach seiner Polenreise, hatte Brandt die Bonner Journalisten zu sich in den schönen Kanzlerbungalow im Park des Palais Schaumburg gebeten, abends, kaltes Büfett. In seiner geläufigen Bereitwilligkeit, die die Zeitungsleute an ihm zu schätzen wissen, hätte man ihn fragen wollen von seinem Kniefall im einstigen Warschauer Getto bis zur schleichenden Geldabwertung.

Es wurde nichts daraus. Das Büfett war schlecht und dürftig, der Bundeskanzler nach einer Stunde weg, ohne daß er ein Wort an die Korrespondenten gerichtet hätte, Details geben wir nicht. Der Herr Bundeskanzler, sagten Ehmke, Ahlers und Katharina Focke etwas ratlos, müsse eine Rede konzipieren, er sei nach Hause. Gut nun, ein Regierungschef ist oft physisch überfordert. Hätte er den Journalisten nicht seine Qualitäten, seinen Charme zeigen können? Es war ein vertaner Abend. In ihrer üblichen Art rümpften die meist sehr selbstgerechten Korrespondenten ihre Nasen. Und in ihrer Schlagzeilenart hinterließen sie das knappe Diktum: Ein gutes neues Jahr, Herr Bundeskanzler!

Der Bundesverteidigungsminister Helmut Schmidt – es war alles im Dezember – war Gast bei den Journalisten zum Abendessen oder, wie das in der gehobenen Bonner Sprache heißt, zum Diner. Sein Pressesprecher, der Brigadegeneral von Ilsemann, war pünktlich, wie es sich gehört; er weiß, was das Wort vom achtzehnten Ludwig von der Pünktlichkeit der Könige auf sich hat. Der Herr Minister kam eine halbe Stunde, sein Parlamentarischer Staatssekretär Berkhan über eine Stunde zu spät. Das Essen war kalt, das Zuspätkommen für die Journalisten unerquicklich, nur ließen sie es sich nicht anmerken, obwohl sie sonst gar nicht so pingelig sind.

Journalisten sind verhältnismäßig harmlose Narren. Zu einem Mittagessen in der Woche vor Weihnachten, als der Berliner Regierende Bürgermeister, Klaus Schütz, in den Presseclub eingeladen war, ließ der Gast die Journalisten überhaupt sitzen. Er kam nicht. Er saß bei Ria Maternus in Bad Godesberg im ersten Stock, anderwärts speisend. Nach vielem Telefonieren hatten es die Gastgeber herausbekommen. Eine »administrative Panne« hieß es. Hanns-Peter Herz, Senatssprecher in Berlin, obwohl er nichts dafür konnte, nahm die »Panne« auf sich.

Wütend schlangen die Herren (und Damen) der Presse Chicken mit Beilage herunter, es war natürlich alles kalt geworden, delektierten sich am Markgräfler, obwohl alle Redaktionen, da es Freitag war, für die Samstagausgaben früher Schluß hatten und die Korrespondenten in ihren Büros unentbehrlich waren. Drei Tage danach nahmen die Gesichter der Skribenten einen merkwürdigen Ausdruck an. Der Regierende Bürgermeister schickte naive Weihnachts- und Neujahrskarten, konfektioniert, wie auch sonst.

(Dezember 1970)

Die Fernseh-Päpste

Sie sind draußen vor der Tür, umlagern die Fraktionen und beobachten das Hin und Her der Abgeordneten. Es sind die Journalisten, die auf der Lauer liegen, auf Inspiration warten, um aus diesem und jenem Abgeordneten im Vorbeigehen eine Bemerkung herauszuholen: Wie steht's? Was hat Barzel gesagt? Wehner ist wohl schlecht gelaunt? Daß kein Entree hier in den Vorräumen der Fraktionen erhoben wird, verdanken sie der Großmut des Bundestagspräsidenten. In Summa ist dieser Journalistenhaufen, so würden es die MdBs am liebsten ausdrücken, eine Meute. Aber das zu sagen wagt niemand.

In der Menge des Journalistenhaufens standen auch die Leute vom Fernsehen. Es sind nette, liebe Leute. Aber die Herren Ruge, Nowottny, Altmann, Lueg vom Deutschen Fernsehen, Reiche, Hopen, Trampe und Frau Krause-Brewer vom ZDF haben eine besonders stark durchschlagende Eigenart. Sie sind scheinbar, wie das volle Dutzend der Mannen vom Hamburger Nachrichtenmagazin, die mit zu den Hauptdarstellern in Bonn gehören, journalistische Schwergewichte. Sie zu übersehen, scheint manchem Abgeordneten nicht ratsam. Die Stadien der Bekanntschaft zwischen diesen Journalisten und den Abgeordneten mögen noch so dürftig sein, es ist immer gut, auf gutem Fuße mit ihnen zu stehen. Guten Tag, Herr Nowottny, Grüß Gott, Herr Reiche, wie geht's, Frau Krause-Brewer.

Juxen und Flachsen und Sorglosigkeit vorzutäuschen sind die besten Methoden, Mißverständnisse erst gar nicht aufkommen zu lassen. Herr Ruge wird mit Herrn Ehmke gleich im Bundeshausrestaurant einen Schnaps trinken, Herr Reiche auf die Schnelle mit Werner Marx ein Bier. Und der Hitlerjugend-Obergebietsführer Zoglmann, ein FDP/CSU-»Mandatsüberträger«, wird sich gleich kaputtlachen, wenn Ernst Dieter Lueg das Foto zeigt, wo er, Lueg, vor dem Kriege beim Besuch Mussolinis bei den Krupp-Werken in Essen als Jubelkind auf des Duces Arm genommen wurde. Heute nimmt ihn niemand mehr auf den Arm. Es ist schwer, und es ist überflüssig, solchen Jux zu kommentieren. Jeder Zuschauer und Zuhörer von Einsicht wird sich über das alles freuen.

Ist das nun die politische Wirklichkeit im Bonner Bundeshaus? Für die Bonner Polit-Prominenz gilt, was auf den Fernsehschirmen von ihnen und über sie gebracht wird. Diese Leute vom Fernsehen sind die großen »Multiplikatoren«, Millionen und Abermillionen von Zuschauern sitzen in ihren Stühlen und schauen in die Polit-Arena. Brandt und Barzel, Helmut Schmidt, Scheel und Strauß in Aktion zu sehen ist wichtiger (und amüsanter und unterhaltsamer) als Krimi, Bundesliga oder Showgeschäft, auch wenn der Auftritt eines Politikers keineswegs ein intellektuelles Ereignis, sondern oft dummes Wahlgeschwätz ist.

Wie wichtig ist es für jeden Abgeordneten, auch nur für eine oder mehrere Sekunden »ins Bild« zu kommen und über die Fernsehscheibe zu huschen. Wie wichtig kann der Kameraschwenk von einigen Sekunden für einen Abgeordneten sein! Der ganze Wahlkreis erzählt es wahrscheinlich: Unser MdB war gestern im Fernsehen. Und wenn er nur in zufällig allegorischer Manier auf die Mattscheibe geriet, mag das realistisch oder unrealistisch sein, viele, viele Abgeordnete sind »fernsehgeil«, wie es einer der Herren von der TV-Zunft frank und frei erklärte.

Spielt sich der politische Denkprozeß, der bei Neuwahlen in Gang gesetzt werden soll, nicht unter völlig falschen Voraussetzungen ab? Sitzen nicht bei den Parteien Abend für Abend Leute mit der Stoppuhr vor den Fernsehschirmen, um die Sekunden zu notieren, die die eigene Partei diesmal wieder zu kurz gekommen ist? Wieder war das Programm von heute nicht ausgewogen.

Bonner Fernsehreporter sind nicht geringzuschätzen. Nach dem Wahlkampfgesetz, daß sie Millionen-Multiplikatoren sind, muß man ihnen tatsächlich eine Placierung ganz vorne auf der Szene geben. Sie üben Macht aus, sie haben Wirkung. Guten Tag, Herr Ruge, Reiche, Trampe, Nowottny und Lueg, egal, wo wir euch begegnen. *(Oktober 1972)*

Staatsbesuche

Ein Kaiser und fünf Könige

Wir Republikaner können ruhig darüber sprechen und dazu bekennen: Kaiser und Könige kamen in zwei Jahrzehnten an den Rhein und haben Gemütsbewegungen mancherlei Art ausgelöst. Die Bundesrepublik hat sie alle sanktioniert, die Monarchen großen und kleinen Kalibers, die zu ihr kamen.

Was man sonst nicht so eindrücklich vorgeführt bekommt, Monarchen, sogar absolute Monarchen im letzten Drittel des zwanzigsten Jahrhunderts, hat die rheinische Residenz erleben können. In den Jahren 1971 und 1972 werden nicht weniger als sechs weitere Monarchenpaare mit der ganzen Prachtentfaltung, die diesen Ereignissen innewohnt, hierzulande Staatsbesuche machen.

Zum ersten Staatsbesuch kommen heute der König der Belgier, Baudouin Leopold Albert Karl Axel Maria Gustav Graf von Hemegau und Königin Fabiola de Mora y Aragon in die Bundesrepublik. Im Spätherbst folgen vom 11. bis 13. Oktober Japans Tenno, der Kaiser Hirohito und die Kaiserin, vom 26. bis 29. Oktober Königin Juliana der Niederlande und Prinz Bernhard, im Jahre 1972 – noch ohne feste Termine – die skandinavischen Monarchen Gustav VI. Adolf von Schweden, Frederik IX. von Dänemark und Olaf V. von Norwegen, um die Staatsbesuche des Bundespräsidenten zu erwidern.

Es helfen hier keine Interpretierungskünste, aber die künftigen Staatsbesuche beginnen sich ins Skandalöse auszuweiten, insofern nämlich, als man die Staatsgäste, es ist Behelf in des Wortes dürftigstem Sinn, nur in jenem Flachbau unterbringt, den man den Kanzlerbungalow nennt. Es ist die Wohnung der ehemaligen Bundeskanzler Erhard und Kiesinger im Garten des Palais Schaumburg.

Der König und die Königin der Belgier werden nicht in Schlafgemächern, sondern, wie sie nach des Architekten Bezeichnung heißen, in Schlafzellen übernachten, eingehüllt in eine Aura des Modernen. Wo die weiteren Staatsbesuche, die den Heinemanns ins Haus stehen, untergebracht werden, steht noch nicht fest. Schon aus Sicherheitsgründen sind wahrscheinlich die Hotels Königshof, Steigenberger und Tulpenfeld ungeeignet.

Einundachtzig Staatsbesuche waren bisher in der Bundesrepublik. Der erste Monarch, der zum Staatsbesuch nach Bonn kam, war 1954 Kaiser Haile Selassie von Äthiopien, der mit großem Bahnhof, Baldachinen, Teppichen, Fahnen unter beifallklatschender Menge nach Bonn kam, und zwar auf dem Bonner Bahnhof, der sich erst in diesen Tagen »Hauptbahnhof« nennen darf. Bei dieser Gelegenheit wurde auch über die Rangfolge in der Staatsspitze entschieden. Wer ist nach dem ersten Mann im Staate, dem Bundespräsidenten, der zweite Mann? Bundeskanzler Adenauer hatte sich auf dem Bahnhof unmittelbar neben Bundespräsident Heuss gestellt. Bundestagsvizepräsident Carlo Schmid, der für den verstorbenen Hermann Ehlers den Bundestag vertrat, versuchte Adenauer mit diesem Satz fortzudrängen: »Herr Bundeskanzler, da gehören Sie nicht hin. Auf dem Platz stand bei uns in der Schwadron immer der Paukenschimmel.« Ohne ein Wort zu sagen, blieb Adenauer stehen. Die Rangfolge in der Staatshierarchie war seitdem praktisch entschieden.

Ein weiterer Monarch war 1955 der Schah von Persien, der mit der Kaiserin Soraya, zwölf Jahre später, 1967, mit der Kaiserin Farah Diba zum zweitenmal an den Rhein kam, begleitet vom Spektakel der Soraya-Blätter, die noch heute praktisch-seelische »Lebens- und Orientierungshilfe« für unzählige Frauen leisten.

Es kamen in den fünfziger Jahren zum Staatsbesuch noch König Paul und Königin Friederike von Griechenland. Es kamen noch – 1963 – der afghanische König Mohammed

Zahir Schah mit seiner Königin Homeira. Und es kamen noch König Bumiphol und seine schöne Sirikit aus Thailand und – 1964 – der König aus dem Himalaja-Königreich Nepal, Mahendra Bir Bikram Shah Deva, und Königin Ratna. Aus dem afrikanischen Maghreb kam noch König Hassan II. von Marokko und dann König Hussein I. von Jordanien. Die größte Gala aber gab es im Mai 1965 um Elizabeth II., von Gottes Gnaden Königin des Vereinigten Königreiches von Großbritannien und Nordirland und ihren anderen Reichen und Territorien, Haupt des Commonwealth, Verteidigerin des Glaubens.

Elizabeths Besuch war die größte Verzauberung, den die bundesrepublikanische Zeit sah. Da waren die 2000 Gäste bei de Gaulles Empfang nur ein Pappenstiel. Bei Elizabeth waren es in Schloß Brühl 2900. Die englische Königin wohnte noch im Kurhotel Petersberg. Daß die Einrichtungen von Gottes Gnaden so unvollkommen sein können wie die menschlichen Einrichtungen, hat man heute, nachdem das Petersberg-Hotel geschlossen ist, heraus.[16]

Zur Begleitung des belgischen Königspaares gehört ein größeres Gefolge. Im Kanzler-Bungalow sind außer dem Königspaar der Flügeladjutant des Königs, der gleichzeitig Chef des Generalstabes des belgischen Heeres ist, Generalleutnant Georges Vivario, und – gleichfalls Flügeladjutant – der Oberstleutnant Raymond de Heusch, ferner zwei Zofen und ein Diener untergebracht. Im nahegelegenen Palmenhaus der Villa Hammerschmidt, der einstigen Gärtnerwohnung, einer Dependance des Bundespräsidialamtes, sind der Großmarschall des belgischen Hofes, André Schoeller, die Hofdame der Königin, Frau Rudy Pauwels, der Begleitarzt Dr. Pierre van Rossum und der Oberstleutnant Marc Baijot untergebracht.

Der Großteil des Gefolges schließlich mit dem Ministerpräsidenten Gaston Eyskens und dem Außenminister Pierre Harmel, dem Kabinettschef des Ministerpräsidenten, Jan Grauls, dem Zeremonienmeister des belgischen Hofes, Baron de Posch, dem Kabinettschef des Außenministers,

Paul Noterdaeme, dem Kabinettsrat des Königs, Claude de Valkeneer, ferner Carlos De Wever vom Amt des Großmarschalls des Hofes, vom Donnerstag an der Botschafter Vicomte Etienne Davignon, politischer Generaldirektor des belgischen Außenministeriums, und viele andere werden im Hotel am Tulpenfeld ihre Bleibe haben. Zum Ehrendienst, dem König und der Königin von deutscher Seite zugeteilt, gehören der ehemalige Ministerialdirektor und Botschafter Dr. Georg Federer und Frau, ferner der Bundeswehr-Generalmajor Joachim Oster und der Oberstabsarzt Dr. Carl Friedrich Weyers.

Zum Anschauungsunterricht für Staatsempfänge gehören Flugzeuge der deutschen Luftwaffe, die das Flugzeug des Königs der Belgier vom Überfliegen der deutschen Grenze an eskortieren. Cutaway und Zylinder hat Gustav Heinemann als Empfangsanzug auf dem Flughafen gestrichen (dafür dunkler Anzug), den roten Teppich und 21 Schuß der Salutbatterie nicht. Um 11 Uhr heute morgen soll das Flugzeug in Wahn landen. Die große Gala beginnt heute abend im Schloß Augustusburg in Brühl. Die Rheinländer werden bei den belgischen Nachbarn gerne etwas Applaus los, denn sie sind halbe Verwandte, obwohl die Belgier in der ersten Hälfte dieses Jahrhunderts einiges Schlimme von den Deutschen ertragen haben. Aber so nachträgerisch sind die Belgier auch wieder nicht. *(April 1971)*

Wenn der Papst Schloß Brühl betritt

Wer sich des Schlosses Augustusburg in Brühl annimmt, ist auf die Literatur angewiesen, und sie besagt (in einem Buch des Professors Richard Klapheck, gewidmet im Jahre 1928 »dem Vorsitzenden des Provinzialausschusses der Rheinprovinz und der Provinzialkommission für die Denkmalpflege, Herrn Dr. Konrad Adenauer, Oberbürgermeister der Stadt Köln«) dies: daß Brühl die Hauptresidenz der Kölner Kurfürsten war. Hier waltete, im 18. Jahrhundert, Clemes

August (1700 bis 1761), als Erzbischof geistlicher, als Inhaber der Macht auch weltlicher Herrscher. Er sei populär und beliebt gewesen bei seinen Rheinländern, sagten die älteren Forscher, doch die jüngeren haben hinterlassen (Walter Bader und Max Braubach in »Aus Schloß Augustusburg zu Brühl und Falkenlust«, 1961), daß sie etwas anderes herausbekamen. Klapheck hatte noch des Kurfürsten Sinn für die Kunst, aber auch für elegante Hofgesellschaften und Gartenfeste, für Jagd, Falknerei und Reiherbeize festgehalten, allerdings auch die vielen Schulden, außerdem den Sinn nach Subsidien, nach französischen Louisdors und kaiserlichen Florins. Hingegen sprachen Bader und Braubach von einer »unbedenklichen Vermengung des Weltlichen mit dem Kirchlichen«. Vom Lust- und Jagdschloß Augustusburg wird »wenig Erbauliches, um so mehr Unmoralisches und Schokkierendes notiert« (Bader). Zu den hohen Schulden, über die nachzudenken Serenissimus allen Anlaß gehabt hätte, gibt es Braubachs Nachweis, daß Soldaten in Godesberg-Plittersdorf desertierten, weil sie keinen Sold bekommen hatten.

Im Jahre 1961, als das Land Nordrhein-Westfalen mit einer Ausstellung zu Clemens Augusts 200. Todestag zwei Konvolute herausbrachte, griff ein Nachfahr an der Spitze mindestens eines Teiles der weltlichen Territorien, Dr. Franz Meyers, Ministerpräsident in Düsseldorf, »mit Genugtuung und Freude« den Gedanken auf, den Kirchenfürsten und Landesherrn, den Bauherrn und Mäzen, »eine der glanzvollsten Persönlichkeiten, die je das politische Schicksal des westdeutschen Raums bestimmt haben«, Clemens August, zu ehren, den »Erzbischof zu Köln, des Heiligen Römischen Reiches durch Italien Erzkanzler und Kurfürst, Geborener Legat des hl. Apostolischen Stuhls zu Rom, Administrator des Hochmeistertums in Preußen, Meister des Deutschen Ordens in Deutschen und Welschen Landen, Bischof zu Hildesheim, Paderborn, Münster und Osnabrück, in Ober- und Niederbayern, auch der Obern Pfalz, in Westfalen und zu Engern Herzog usw.«

Und Monsignore Joseph Hoster, Museumsdirektor zu

Köln, brachte diesen Überschwang ins Vorwort: »Clemens August besaß die Fähigkeit umfassender Phantasie für den Bereich des Luxus und der Pracht. Er realisierte kraft dieser seiner Begabung ein brillantes und eigenständiges Lebensvolumen. In feinnerviger Sensibilität wußte er es zu goutieren. Seine Zeitgenossen, die rechneten – seine Nachfahren, die ihn kritisierten, haben ihm diese Entfaltung als katastrophale Verschwendungssucht und sinnlose Geldausgeberei angerechnet. Aber die glühende Farbigkeit seines Lebens, sein ausgebreiteter Luxus bedeuteten ihm einen notwendigen Prachtornat für die Repräsentation seiner Person und seiner Ämter. Sein Luxus war seine standesgemäße Selbstdarstellung.«

Casanova übrigens, venezianischer Abenteurer im 18. Jahrhundert, Frauenheld, hatte im Jahre 1760 – er kam von Holland – in Schloß Brühl am Hofe des Kurfürsten »ein üppiges Abenteuer, es gelang ihm die Verführung einer Dame, der Bürgermeisterin von Köln«.

Die Geschichte vom Papstbesuch wird genügend feine Ironie bereithalten. Wenn zum Beispiel am Samstag, dem 15. November, Bundespräsident Karl Carstens als Gastgeber im Schloß Brühl den Papst Johannes Paul II. begrüßt, wird da eine etwas eigentümliche Atmosphäre im Hause sein. Denn da werden unter den Offiziellen lauter Lutheraner stehen. Mit Carstens und dem Außenminister Genscher, beide lutherisch getauft und konfirmiert, wird der Papst eine halbe bis dreiviertel Stunde sprechen; dann wird der Protokollchef Graf Finckenstein, ein Lutheraner, den Papst in einen anderen der vier Cuvillier-Räume zu Bundeskanzler Schmidt geleiten, zu einem Lutheraner, mit dem ebenfalls ein Gespräch von einer halben bis dreiviertel Stunde vorgesehen ist. Doch wird niemand von ihnen wagen, den Namen Luther in den Mund zu nehmen. *(November 1980)*

Man kann dahingestellt sein lassen, ob Breschnew und Schmidt sich daran erinnern, daß sie sich vor vierzig Jahren, 1941, als Soldaten gegenübergelegen hatten. Das war vor Leningrad. Der Deutsche, noch nicht ganz dreiundzwanzig, war Leutnant in einer leichten Flakabteilung. Der Russe, zwölf Jahre älter, war Oberst und Politoffizier der Roten Armee. Das Kapitel Leningrad haben Schmidt und Breschnew schon vor einigen Jahren abgehandelt. Bonn konnte den Gast aus Moskau noch nicht im Gästehaus auf dem Petersberg unterbringen, obwohl das Hotel dort inzwischen vom Bund gekauft wurde. Hier wohnte Breschnew im Mai 1973 bei seinem ersten Bonner Besuch. Jetzt ist er wieder im 35 Kilometer von Bonn entfernten Schloß Gymnich untergebracht. Vom Petersberg herunter hatte er 1973 seine halsbrecherische Fahrt mit dem Vierhundertfünfziger SLC gemacht. Der Generalsekretär saß am Steuer, dem Firmenfahrer neben ihm wurde schlecht, der Wagen überstand es nicht ohne Schaden. Er war das Staatsgeschenk des Bundeskanzlers Brandt.

Auf Schloß Gymnich wohnte Breschnew, »Generalsekretär des Zentralkomitees der Kommunistischen Partei der Sowjetunion und Vorsitzender des Präsidiums des Obersten Sowjets der Union der Sozialistischen Sowjetrepubliken«, wie er sich genau tituliert, schon im Mai 1978, als er zum zweiten Mal in Bonn war. Damals eilte Breschnew, anders als noch 1973, den Reportern nicht mehr entgegen, um sich ihrer Mikrophone zu bedienen; er war schon zu dieser Zeit erkennbar gealtert.

Das sowjetische Protokoll hat wissen lassen, daß Breschnew zur Nachtruhe viele Kissen benötige. Das deutsche Protokoll mit dem Grafen Finckenstein als Dirigenten bemüht sich: Die Kissen sind zur Stelle. In dem breiten Bett in klassizistischer Form, das Badezimmer nebenan mit echt goldenen Beschlägen, übernachteten Tito, König Olaf von Norwegen, Kaiser Hirohito von Japan, Indira Gandhi, die amerikanischen Präsidenten Ford und Carter und Präsident Sadat.

Das Wasserschloß Gymnich, gelegen auf den Feldern der Niederrheinischen Tiefebene, verbindet Bonn mit der Welt. Die Sicherheit hat Vorrang. Auch eine siebenstellige Summe für Absperrmaßnahmen kann den Finanzminister Matthöfer nicht stören. *(November 1981)*

Köpfe

Der Alte und der Kommunist

Dies ist sein Steckbrief: Heinz Renner, am 6. Januar 1892 in Lützenburg im Kreis Bernkastel, einer kleinen evangelischen Enklave an der katholischen Mosel, geboren; sein Vater war dort Lehrer an der Volksschule und Organist der Dorfkirche. Sohn Heinz trat den Blasebalg. Schon mit 18 Jahren, wie er sagte, träumte er im nahen Saargebiet mit jungen idealistischen Straßburger Studenten den Traum vom Glück der Menschheit, wie es Marx, Engels und Bebel verhießen. Die unerbittliche Entwicklung müßte einmal zum Sieg der Arbeiterklasse über die »Ausbeuter« führen. 1910 trat er der SPD bei. Der Erste Weltkrieg war für den Vizefeldwebel Renner nach schwerer Verwundung 1917 schon beendet. Nach dem Kriege in Essen Vorsitzender des Internationalen Bundes der Opfer des Krieges und der Arbeit, dann USPD, Spartakusbund, KPD, Stadtverordneter in Essen, Abgeordneter des Rheinischen Provinziallandtages, wo er den Zentrumsabgeordneten Adenauer kennenlernte. 1933 Emigration, zuerst ins Saargebiet, dann nach Paris, Konspiration für die KPD. Nach Kriegsbeginn dreieinhalb Jahre Konzentrationslager und Gefängnis in Südfrankreich, 1943 Übergabe an die deutsche Gestapo. Untersuchungsgefangener in Saarbrükken und Landau, im März 1945 Transport zu Fuß zur Hauptverhandlung zum Volksgerichtshof nach Potsdam wegen Hochverrats, unterwegs im Zuchthaus Ludwigsburg von den Franzosen befreit. 1946 Oberbürgermeister in Essen, 1946 Sozial-, 1947 Verkehrsminister von Nordrhein-Westfalen. Bei einem der ersten Empfänge des Bundespräsidenten Heuss in der Godesberger Redoute traf Renner mit dem Kardinal Frings zusammen. »Wissen Sie noch«, sagte Renner zur Eminenz, »als ich 1947 als Verkehrsminister den Wagen für Sie beschlagnahmte und den Sprit besorgte?«

Im Dezember 1949 geschah es in der Bundestagsfraktion der CDU/CSU. Einige Abgeordnete machten Bundeskanzler Adenauer den Vorwurf, zwar in respektierlicher, aber deutlicher Weise, er möchte sein Verhältnis zu Herrn Renner ändern, dem Sprecher der kommunistischen Fraktion im Bundestag (der Vorsitzende der Fraktion, Max Reimann, war nur gelegentlich im Bundestag zu sehen), es müsse zu Mißdeutungen Anlaß geben. Man wünsche, daß er, Adenauer, sich etwas von Renner distanziere. Adenauer antwortete kurz und präzise, er suche sich die Leute, die ihm sympathisch seien, einstweilen noch selber aus.

Ihre Zuneigung zueinander entsprang einer eindeutigen Quelle: Sie brachten von zu Hause aus Humor mit, waren beide reinblütige Rheinländer, der eine, Adenauer, aus dem alten Kölner Bürgertum kommend, der andere, Renner, zählte Generationen von Moselwinzern zu seinen Vorfahren. Sie pflegten sich mit Handschlag zu begrüßen, der erste Satz ihrer Unterhaltung war meist schon eine freundliche Stichelei, und beim zweiten Satz war deutlich zu hören: Alter Freund, wie willst du mich jetzt wieder übers Ohr hauen? Selbst das Unversöhnliche überbrückten sie. Renner war im Bundestag für alle oder so gut wie alle – für wen das nicht zutrifft, für den sei es nicht gesagt – eine der menschlich sympathischsten Erscheinungen. Er machte im Plenum die meisten Zwischenrufe, die meist in ein unverständliches Monologisieren übergingen, und er hat die meisten Ordnungsrufe aller Abgeordneten einstecken müssen. Das Rednerpodium war seine Welt. Er kannte sämtliche Kniffe und Schliche der Geschäftsordnung, Hieb und Stich saßen bei ihm, und keine noch so große Turbulenz, keine noch so massive Unterbrechung brachten ihn aus der Fassung. Schon sein zerfurchtes Gesicht lieferte einen brauchbaren Anhaltspunkt: er sah auf den ersten Blick aus wie ein Bösewicht. Mimik und Gestik, ein verstecktes oder höhnisches Lächeln, die lauernden Blicke, die er in die gegnerischen Reihen schickte, die lebhafte und leidenschaftliche Sprache, das Pathos – das alles ließ den Volkstribunen erkennen. Das Mienenspiel verriet den Fanatiker, aber er konnte glänzend argumentieren. Es waren zwar die Posaunen Moskaus, aber es waren auch die Posaunen von Jericho, die erklangen, wenn er sprach. Renner war der Tüchtigste und Begabteste der 15köpfigen Kommunistenfraktion. Die Fraktion hatte keine Dummköpfe und Schlafmützen. Er war jeder Situation gewachsen, für jedes Töpfchen hatte er ein Deckelchen, den parlamentarischen Katechismus beherrschte er wie kaum einer.

Während des Parlamentarischen Rates trafen sich im Kloster St. Augustin bei Bonn die katholischen Bischöfe mit Kardinal Frings an der Spitze. Renner sprach tags darauf im Hauptausschuß des Parlamentarischen Rates zu irgendeiner Sache. Plötzlich gewahrte er Konrad Adenauer, der gerade zur Tür des Sitzungssaales hereinkam. Eine giftige Tarantel schien Renner gestochen zu haben: »Wo waren Sie gestern, Herr Konrad Adenauer?« rief ihm Renner entgegen. »Ich?« entgegnete Adenauer, und er bemerkte sofort, worauf Renner hinauswollte, »ich war in St. Augustin, Herr Renner, ich hab' mir neue Instruktionen beim Kardinal geholt.«

Auf Zwischenrufe Renners hatte Adenauer den Einfall, zu sagen: »Herr Renner, wenn Sie mal dran kämen, würden Sie mich doch aufhängen.« »Aufhängen?« konterte Renner, »ich würde Sie zu Tode kitzeln.« Kurz, aber energisch und höhnisch zufassend, sagte der damalige Oppositionsführer von der SPD, Kurt Schumacher, in seiner schulmeisterlich dressierenden Art zum Zwischenrufer Renner: »Hier sind Sie kein edler Renner, mein Herr, hier sind Sie ein kleines Panjepferdchen.« Carlo Schmid erlebte Renners Zuruf: »Sie angelernter Sozialist.«

Als Renner nach einem langen Magenkrebsleiden beerdigt wurde, es war am 1. Februar 1964 auf dem Ehrenfriedhof in Essen, glaubte die politische Polizei drei Teilnehmer an der Trauerfeier als kommunistische »Mitläufer« entlarvt zu haben.

haben. Sie hießen Gustav und Hilda Heinemann und Heinemanns Anwaltssozius Diether Posser. Heinemann, der fünf Jahre später Bundespräsident wurde, war 1946 unter dem von den Amerikanern eingesetzten Oberbürgermeister Renner Bürgermeister in Essen gewesen; sie hatten oft Skat miteinander gespielt. Nach dem Verbot der KPD 1956 hatte Posser, der später lange Jahre Bundesrats-, Justiz- und Finanzminister von Nordrhein-Westfalen war, Renner als Anwalt beraten. Posser berichtet: »Renner gab seit dem 15. 10. 1956 – seit 1953 gehörte er dem Bundestag nicht mehr an – den Informationsdienst über Sozialfragen und Wirtschaftspolitik in Bonn heraus. Am 23. 9. 1958 wurde er auf Grund eines Haftbefehls inhaftiert. Ich habe ihn am 25. 9. 1958 in der Justizvollzugsanstalt Düsseldorf aufgesucht und sofort einen Haftprüfungstermin beantragt, der auch am Sonntag, dem 27. 9. 1958, um 9 Uhr beim Amtsgericht Essen – Renner war am Tage zuvor in die Esserner Haftanstalt überführt worden – stattfand. Der Richter hob den Haftbefehl unter Auflagen auf. Der Vorwurf lautete Rädelsführerschaft in einer verfassungsfeindlichen Partei seit dem 1. 9. 1951(!) und Verstoß gegen das Verbotsurteil des Bundesverfassungsgerichts vom 17. 8. 1956. Im Februar 1960 wurde Renner die vom 5. 2. 1960 datierte Anklageschrift (62 Seiten) des Generalbundesanwalts beim Bundesgerichtshof – II StE 1/60 – zugestellt. Zu einer Verhandlung gegen Renner ist es nicht mehr gekommen, vor allem, weil das Bundesverfassungsgericht auf eine von uns eingelegte Verfassungsbeschwerde gegen ein Urteil des Landgerichts Lüneburg vom 13. 11. 1956 den § 90a Abs. 1 und 3, soweit er Parteien betraf, wegen Verfassungswidrigkeit für nichtig erklärt hatte. Es war das einzige Mal, daß das Bundesverfassungsgericht eine Strafnorm, die angewandt worden ist, für nichtig erklärte. Die Entscheidung ist veröffentlicht in Band 12 der amtlichen Sammlung der Entscheidungen des Bundesverfassungsgerichts, Seiten 296 bis 308. Auf Grund dieses Urteils wurden dann mehrere Wiederaufnahmeverfahren durchgeführt und Entschädigungszahlungen geleistet. Dieses Urteil war der wesentliche Grund, weshalb das Verfahren gegen Renner nicht abgeschlossen wurde. Der Vorwurf des Verstoßes gegen das Verbotsurteil vom 17. 8. 1956 wurde für sich allein als nicht so schwerwiegend angesehen; zudem erkrankte Renner ziemlich ernst und weilte auch zu einer längeren Kur in der Sowjetunion; was auf meinen Antrag hin Gericht und Staatsanwaltschaft genehmigten. Er war auf der Krim am Schwarzen Meer.« Soweit Dr. Posser in seiner Erinnerung.

Anfang der sechziger Jahre ging es Renner wirtschaftlich sehr schlecht. Sein Antrag auf Haftentschädigung für im Dritten Reich erlittene Unbill war von den Wiedergutmachungsbehörden abgelehnt worden. Durch einen Mittelsmann hatte er das Adenauer wissen lassen. Nach einigen Wochen offenbarte Renner dem Chronisten diskret: »Was glauben Sie? Sechstausend Mark Haftentschädigung hat mir der Alte besorgt.« Und dann fügte der um die Weltrevolution Betrogene hinzu: »Ich glaube, er kommt doch noch in den Himmel.«

Noch einmal Dr. Posser: »Ein eindrucksvoller Beweis, welch hohes persönliches Ansehen Renner genoß, wurde in der Trauerfeier selbst deutlich. Ein Trauerredner verlas die Beileidstelegramme und -briefe, die die Tochter des Verstorbenen erreicht hatten. Ich habe noch in Erinnerung Telegramme bzw. Briefe von Konrad Adenauer, Carlo Schmid und Georg August Zinn sowie ein längeres Kondolenzschreiben des Ruhrbischofs Hengsbach.«

Die Bonner Kollektivverurteilung der Kommunisten von Adenauer über Schumacher bis Dehler und Heuss ließ trotzdem Adenauer über sich selbst hinauswachsen. Beide, Adenauer und Renner, respektierten sich nicht nur und waren sich, der eine dem anderen, sympathisch, sondern – in Gottes Namen denn – sie waren Menschen geblieben.

Torturen auf Staatskosten

Wenn Bundespräsident Lübke und Frau Wilhelmine am 18. Februar von ihren letzten Staatsbesuchen aus Schwarzafrika, nämlich von der Elfenbeinküste, aus Niger und Tschad, zurückkehren, werden sie eines nicht in ihrem Gepäck haben: neue Orden. Die wurden ihnen nämlich bereits durch die Staatsoberhäupter jener Staaten verliehen, die zu Staatsbesuchen in Bonn waren. Lübke hat ein Sortiment von 51 Orden, davon wurden ihm zehn als Bundeslandwirtschaftsminister und weitere 41 Sonderstufen des Großkreuzes als Bundespräsident verliehen. Frau Wilhelmine Lübke ist mit 26 Großkreuzen dekoriert. Lübkes und Frau Lübkes hohe Ordenszahl ist aus den vielen Staatsbesuchen zu erklären, die sie in alle Welt machten. Der Verkehr von Staatszelebritäten untereinander ist ohne Orden nicht denkbar. Auch wenn das manchem liebenswürdigem Spott begegnet: es gehört zur Übung, daß sich Staatsoberhäupter gegenseitig auszeichnen. Die Ehre auf der Brust, durch bunte Schärpen, Kreuze und Sterne dargestellt, erhielten Bundeskanzler Adenauer mit 43, Bundeskanzler Erhard mit 39 und Bundeskanzler Kiesinger inzwischen mit 12 Orden.

Lübke hat während seiner jetzt fast zehnjährigen Amtszeit 36 Länder besucht, davon waren 30 Staatsbesuche; Besuche in die USA zur Beerdigung Kennedys, nach Kenia, Marokko, Thailand und Malaysia und zur Weltausstellung in Kanada galten nicht als Staatsbesuche. Die ersten Staatsbesuche 1961 gingen nach Frankreich und in die Schweiz. Aber schon im nächsten Jahr standen neben Österreich je drei Länder aus Schwarzafrika (Liberia, Guinea und Senegal) und aus Asien (Pakistan, Thailand und Indien) auf dem Programm. Später ging es dann weiter vom fernen Japan bis zum fernen Chile. Dieser zweite Bundespräsident hielt viel von der sogenannten »Reise-Diplomatie«, zumal in Entwicklungsländern, wo er zwar manchen Scheck und manche Kreditzusage loswurde, aber doch auch – wie die gesamte Diplomatie bestätigt – gute Figur machte.

Das Schmucklose seiner Auftritte wurde trotz der Konvention diplomatischer Formen überall angenehm vermerkt. Das höchste Staatsamt und die Person des Inhabers haben zu Hause einige schmerzliche Stöße erlitten. Man sollte das nicht im Sinne von Beschönigungen und Färbungen darzustellen versuchen, aber von seinen Auslandsreisen hat er doch einigen ideellen Gewinn für die Bundesrepublik mit heimgebracht. Sie haben stark zum Prestige unseres deutschen Staates beigetragen. Kein Abschlußkommuniqué nach einer Auslandsreise, in dem nicht das Selbstbestimmungsrecht auch des deutschen Volkes fixiert worden wäre.

Die endgültig letzte Reise vor seinem Ausscheiden aus dem Amt ging nach Äquatorialafrika. Reisen in diese Gegenden sind oft eine mörderische Tortur. Die Elfenbeinküste, die erste Station der jetzigen Reise, hat feucht-heißes Klima, Niger und Tschad, beide im Inneren Afrikas gelegene Republiken, haben kontinental-tropisches Klima, d.h. tagsüber brütend-heiß, nachts gefährlich abkühlend. Die Vorstellung ist beklemmend, daß sich dort die beiden Lübkes, er mit bald 75, sie mit 84 Jahren, Strapazen ohnegleichen unterwerfen. Das Reisen auf Staatskosten, wie man es abwertend gerne nennt, ist in Wirklichkeit eine heroische Tat dieser beiden Alten. In jedem der beiden zentralafrikanischen, sehr armen Länder je fünf Tage zu bleiben, ist für Mitteleuropäer eine Tortur für die Gesundheit.

Das Schema bei solchen Fünf-Tage-Staatsbesuchen hat sich unter Lübke schon fast herausgebildet: Empfang und tags darauf Gegeneinladung des deutschen Gastes, Besuch von kulturellen, sozialen und wirtschaftlichen Zentren des Landes, die vom Aufstreben und den Mühen dieser Länder künden, Gespräche der deutschen Delegation mit den fremden Regierungsvertretern. Überall haben auch ostdeutsche Vertreter schon Fuß gefaßt, wenn auch scheinbar nur mit Handelsdelegationen. Hier nun gibt das westdeutsche Staatsoberhaupt die deutsche Visitenkarte ab. Es ist kein Zufall, daß als Vertreter des Außenministers der Bundesminister für wirtschaftliche Zusammenarbeit, zuerst Scheel, dann Wischnewski, jetzt Eppler, mitreisten. Lübke gibt buchstäblich keinen Pfenning ohne Genehmigung der Bundesregierung aus.

Daß Lübke auch jeweils vor der deutschen »Kolonie« gutgemeinte Reden und Sentenzen hinterläßt – kein Land der Erde, wo es nicht Deutsche gibt – ist gewiß manchmal problematisch, aber man sollte schon die optimale Wirkung des weißhaarigen alten Herrn und seiner Frau nicht unterschätzen. Solches hat wohl auch im Irrationalen seine Erklärung. Steht da nicht ein braver Großvater vor ihnen? Keine Beschreibung eines Auftritts von Lübke in einem solchen Entwicklungsland kann den guten Eindruck wiedergeben, den er tatsächlich meist hinterläßt. Und noch eins ist erstaunliches Faktum: das hohe Alter von Frau Lübke, die am liebsten ihr Goodwill-Gewerbe im Umherziehen ausübte, ihr vertrauter Umgang mit Fremdsprachen macht viel aus. Beim ganzen Staatszeremoniell wirkt sie öfters frischer und geistig lebendiger als der Bundespräsident. Sie hat wohl die stärkste Energie. Als beim Halt des Sonderzuges draußen ein Gouverneur die deutschen Gäste begrüßen wollte, Lübke aber physisch außerstande war, noch Haltung anzunehmen, trieb Frau Lübke ihren Mann mit der Ermunterung aus dem Zug: »Heinrich, du kannst die Leute nicht stehen lassen.«

Es ist leicht und leider auch üblich geworden, die Leistungen Lübkes zu verkleinern. Vor allem sollte man für Frau Lübke gelegentlich ein Kompliment übrig haben. Es wird mißlingen, Lübke zu einem großen Staatsmann hinaufzustilisieren. Wenn der Bundespräsident jetzt aus Afrika zurückkehrt, werden die mitreisenden Beamten wieder Erholungsurlaub nötig haben. *(Februar 1969)*

Optimist wie Erhard

Theoretisch hat die sogenannte »Freiburger Schule« die »soziale Marktwirtschaft« ausgearbeitet. W. Eucken, Röpke, Rüstow, Hayek, Böhm und Miksch haben diese wirtschaftspolitische Lehre als »dritten Weg« zwischen Kapitalismus und Kollektivismus im Dienst marktwirtschaftlicher Ordnung angestrebt. Das Wort »Soziale Marktwirtschaft« erfand und prägte indessen der Professor der Volkswirtschaft, Soziologie, Geschichtsphilosoph und Staatstheoretiker Alfred Müller-Armack, der 1947 das Buch »Wirtschaftslenkung und Marktwirtschaft« herausbrachte. Praktiziert wurde die soziale Marktwirtschaft schließlich seit 1948/49 durch Ludwig Erhard, als sie das Kernstück des wirtschaftspolitischen Regierungsprogramms der Bundesrepublik wurde.

Der Professor Müller-Armack wurde 1952 (er hatte eben eine Berufung an die Universität Wien abgelehnt) als Ministerialdirektor Leiter der Wirtschaftspolitischen Abteilung im Bundeswirtschaftsministerium; er wurde sozusagen Ludwig Erhards »Generalstabschef«. 1958 wurde er, neben Ludger Westrick, zum Staatssekretär in Erhards Ministerium ernannt.

Früher hätte man Leute, die sich auf eine abgelegene Waldparzelle in der Eifel ein Wochenendhäuschen bauten, viel eher für arme Narren gehalten denn für besonders vernünftige Menschen. Es ist nicht Müller-Armacks Sache, viel Redens davon zu machen, daß er dort, in der nördlichen Eifel, nicht nur die Naturbetrachtungen, sondern eines der liebenswertesten Steckenpferde betreibt, die Sonntagsmalerei. Der Herr Staatssekretär, der Herr Professor, vor der Staffelei – es ist eine höchst merkwürdige, beschwingende Sache, den Pinsel zu führen. Man muß es sich von anderen Leuten erzählen lassen, wie er dazu zahllose heimliche Wege, Stege und Pfade der an manchen Stellen immer noch einsamen Eifel unter die Füße nimmt.

Aber Müller-Armack wandert doch als Gelehrter mehr auf dem Acker des Geistes, auf den Wegen, Stegen und Pfaden der Gelehrsamkeit. Sein internationaler Ruf ist groß. Seine Publikationen gehen in mehrere Dutzend. Hauptarbeitsgebiet sind Konjunkturforschung und Konjunkturpolitik, marktwirtschaftliche Theorie und Kultursoziologie. An größeren Büchern erschienen »Entwicklungsgesetz des Kapitalismus« (1931), »Genealogie der Wirtschaftsstile« (1939), »Wirtschaftslenkung und Marktwirtschaft« (1947), »Das Jahrhundert ohne Gott – Zur Kultursoziologie unserer Zeit« (1948), »Diagnose unserer Gegenwart« (1950). Als Wissenschaftler beschäftigt ihn auch das Verhältnis der Soziologie zur Anthropologie. Religionssoziologische Betrachtungen bringen ihn mit Klerikern beider Konfessionen in engen Kontakt.

Müller-Armack (die Mutter war eine geborene Armack) ist ein Kind der Stadt Essen, wo er am 28. Juni 1901 geboren wurde. Und er ist ein Mann der Mitte und des Zwischenraums, weder Rheinländer noch Westfale. Der Vater stammt von der Lahn, die Mutter aus der Mark Brandenburg. Durch die Fenster der Kindheit und der Jugend blicken die Schlote und Fördertürme des Kohlenpotts. Der Vater war Betriebsleiter bei den Kruppschen Konsumanstalten, »Kruppianer«, wie sie sich seit mehreren Generationen nennen. In dieser Stadt häuften sich, wie es später in Erik Regers »Union der festen Hand« sehr bildhaft beschrieben wurde, »die burgenhaften Fabrikfassaden in der Stadtmitte, die Villen in Barockmanufaktur und die Siedlungen im Schwarzwälder Puppenstil nach Westen hin und die proletarischen Mietskasernen nach Osten, wo das Dickicht aus gelbem Qualm unaufhörlich wogte und scharenweise die Zechentürme, wie Bakterien auf Gelatine, daraus hervorsprossen«.

Es lag damals, als Alfred Müller-Armack am Goethe-Gymnasium in Essen-Rüttenscheid das Abitur gemacht hatte, im Zuge der Zeit, wie er heute sagt, daß er Nationalökonomie studierte. Von 1919 bis 1923 war er in Gießen, Freiburg, München und Köln, 1923 promovierte er, 1926, als von Röpke zum gleichen Thema eine Arbeit erschien, habilitierte er sich in Köln mit einer Arbeit »Ökonomische Theorie der Konjunkturpolitik«. Der Fünfundzwanzigjährige war der jüngste Kölner Dozent. Station um Station ging es weiter: 1934 außerordentlicher Professor in Köln, 1938 Berufung an die Universität Münster, wo er sehr stark mit praktischen wirtschaftlichen Dingen befaßt wurde, 1940 ordentlicher Professor in

Münster, zugleich Leiter des Instituts für Wirtschafts- und Sozialwissenschaften und der Forschungsstelle für Siedlungs- und Wohnungswesen, dazu Begründer der Forschungsstelle für allgemeine und textile Marktwirtschaft in Münster. In jener Zeit lernte er den Leiter des Instituts für Wirtschaftsordnung der deutschen Fertigware in Nürnberg, Dr. Ludwig Erhard, kennen. Sie wurden Menschen des gleichen Vertrauens und der gleichen Hoffnungen. Heute sind sie eng befreundet.

1950 ging Müller-Armack wieder an die Kölner Universität zurück, und wieder, als er das Institut für Wirtschaftspolitik begründet hatte, kamen zahllose wissenschaftliche Arbeiten auf ihn zu: Schwerpunktuntersuchungen zur Wirtschaftspolitik, über soziale Marktwirtschaft, marktwirtschaftliche Auflockerung, Finanzierungsprobleme des Wohnungsbaues, Probleme der Konjunkturpolitik, Konsumentenpolitik, ökonomische Untersuchungen zur Frage der Gewinnbeteiligung und Probleme der Grundstoffmärkte. Auch ihm lag, wie Erhard, daran, Theorie und Praxis zusammenzubringen. Die Theorie mag langweilig sein, die Praxis der sozialen Marktwirtschaft aber spiegelt eines der großartigsten Abenteuer der modernen Wirtschaftsgeschichte wider.

Man kann der Phantasie ein wenig freien Lauf lassen. Wer Müller-Armacks Statur sieht, das breitflächige, etwas rustikale Gesicht, den Kopf zwei Zentimeter zu tief eingezogen, wer ihn dann auf einer Leiter an einer Bücherwand sähe, ihn anspräche, wie er seine Brille auf die Nasenspitze schöbe und die Blicke über den Brillenrand hinweg herunterschickte: Spitzwegs Bücherwurm stünde da. Er stammt, sagten wir, aus Essen. Der Menschentypus aus dieser Stadt gilt als wenig händlerisch und wenig spekulativ veranlagt. Wort für Wort hat das Gültigkeit; Müller-Armack ruht sehr fest in sich selbst. Er ist ein Mann des Ausgleichs, kein Polterer, kein Doktrinär, und ein Postulat bei ihm heißt wohl: Der Mensch ist gut. Vom Wesen her ist er, wie Erhard, Optimist.

(Mai 1959)

Von siebzehn Klassenkameraden Carlo Schmids im Stuttgarter Carlsgymnasium fielen dreizehn im Ersten Weltkrieg. Von den restlichen vieren ist nur er, Carlo Schmid, übriggeblieben. Nach einem runden Vierteljahrhundert Bonner Wirkens setzt er jetzt den Schlußpunkt. Er hatte seinen Leuten in Mannheim, wo er seit 1949 regelmäßig als Bundestagsabgeordneter gewählt worden war, 1969 gesagt, es sei das letzte Mal. Ein junger Arbeiter, Betriebsratsvorsitzender in Mannheim, von ihm gefördert, für den er jetzt in Mannheimer Wahlversammlungen werben werde, sei sein Nachfolger als Abgeordneter im Bonner Hohen Haus. Der Nachfolger könne nicht so gut Latein wie er, dafür aber eine Menge anderer Sachen, die er, Schmid, nicht könne. Wehmut?

Sollte er anknüpfen an Marcel Prousts »Suche nach der verlorenen Zeit«? Gewiß wäre er noch mal nach Bonn gegangen, wenn er auf der Landesliste einen Platz gefunden hätte. Jetzt aber komme der Bonner Schlußpunkt: in Orscheid bei Aegidienberg, hinterm Siebengebirge, von wo die Sicht zum Kölner Dom und zum Bayer-Kreuz in Leverkusen reiche, werde er seine Memoiren schreiben, nicht diktieren, sondern mit der Hand schreiben.

Rührend tritt das Bild dieses Bonner Barden zutage, der der Arithmetik nach, wie er selbst sagt, immer der zweite Mann war. Das begann schon 1949, als Heuss und nicht er Bundespräsident wurde. Ob er mit zunehmendem Alter skeptischer oder heiterer geworden sei, fragten wir ihn. Er bekenne, sagte der bis zu dessen Auflösung noch amtierende Vizepräsident des Bundestages, heute mit mehr Gelassenheit über Dinge sprechen zu können, die ihn vor zehn oder zwanzig Jahren noch geärgert hätten. Er habe zwar eine melancholische Anlage, aber sich selbst beschreiben könne er nicht.

»Mein Treueverhältnis zu meiner Partei«, sagt Schmid, »ist sehr elementar. Zu einem so eklatanten Bruch mit ihr wie bei anderen käme es nicht.« Die Partei bereite zwar Enttäuschungen, aber: »Ich werde sie nie verlassen.« Er, das Kind aus dem Großbürgertum, habe schon 1950 Ärger gehabt, als er in Hamburg gesagt habe, die Partei sei nicht seine geistige Heimat, »aber sie ist meine Familie«.

Er plaudert gern. Die Szene ist im Präsidentenzimmer im leeren Bundeshaus. Ganz zweifellos ist ein Quentchen Wehmut dabei. Aber er weiß, daß seine Zeit um ist. Dann knistern und wirbeln noch einmal ein paar elektrische Funken aus dem alten Carlo Schmid. Er sei zeitlebens ein Augenmensch gewesen, schon als Kind. Und schon ist er beim »Faust«, der Tragödie zweiter Teil, den er noch von vorne bis zum Schluß auswendig könne; dann rezitiert er Lynkeus, den Türmer: Zum Sehen geboren / zum Schauen bestellt / dem Turme geschworen / gefällt mir die Welt ... ihr glücklichen Augen / was je ihr gesehn / es sei, wie es wolle / es war doch so schön.

Ein Mann nimmt Abschied aus dem Hohen Hause, wo er fast ein Vierteljahrhundert einer der Beweger und eine nicht zu übersehende Figur war. Ob es bei der Glücksbilanz seines politischen Lebens ein Pluskonto gebe? Was denn Glück sei, fragt Carlo Schmid. Er habe es nicht erlebt, jetzt sei die Welt nicht vollkommen, und sie werde es auch nie werden. Und wenn er seine Bonner Erinnerungen und Bilder belebe? Er habe Freundschaften erfahren, zum Beispiel mit Willy Brandt, Eugen Gerstenmaier und er schrieben sich heute noch Briefe mit »Lieber Freund«. Und einen möchte er nicht in seinem Leben missen: Herbert Wehner. Auch er bekenne, Wehner früher für einen Rauhbautz gehalten zu haben. Er halte diesen Mann, »der noch leidensfähig« sei, für eine der stärksten moralischen Kräfte in Deutschland. Das alles müsse er sagen, wenn er nach einem Rapport über seine Bonner Jahre gefragt werde. Dieser Erdball werde nie mit einem glücklichen Geschlecht bevölkert sein. Der Schöpfer werde gar nicht daran gedacht haben, den Weltenplan ohne Fehler zu machen.

Carlo Schmid läßt noch einmal Revue passieren: seine Mutter sei »eine stolze Französin« gewesen. Als er mit vierzehn Jahren in Stuttgart aufs Gymnasium kam – sie kamen aus Frankreich, wo er in Perpignan geboren wurde –, gab es im Elternhaus zwei Götter: Tolstoi und Richard Wagner. Später entdeckte Sohn Carlo, daß sich der humanitäre, liberale Vater in seiner Begeisterung für Wagner bös geirrt habe. Leider habe er, Carlo Schmid, nie erfahren, was Geschwister seien; er war das einzige Kind. Vielleicht habe er deswegen späterhin schon mal Schwierigkeiten im Verkehr mit sich selbst gehabt; er hatte ein »gedrucktes« Verhältnis zu sich selber. Die Luft in seinem frühen Leben wehte französisch; deshalb sein ganzes Leben lang die Passion für alles Französische, die Neigung für die Schönheit der französischen Sprache und den lebendigen Geist dieser großartigen Kultur. Aber er war durchaus kein Franzose, obgleich man ihn im Carlsgymnasium »den Franzos'« nannte; es war abschätzig gemeint. Der Knabe Carlo geriet in den Alt-Wandervogel, härenes Gewand, Schillerkragen, Sandalen. Er wurde einer jener unruhigen Jünglingsnaturen, denen Hoher Meißner, Lebensreform, Aufstand gegen die Pfahlbürger Zauberworte waren. 1914 war er Kriegsfreiwilliger.

In gewissem Sinne waren einige mit dem Namen Schmid verknüpfte Tatbestände auf der Bonner Bühne Wegezeichen in der Politik. Er war als Vorsitzender des Hauptausschusses des Parlamentarischen Rates 1948 einer der Mitschöpfer des konstruktiven Mißtrauensvotums im Grundgesetz. Von ihm stammt ein Plan für eine Afrika-Entwicklungshilfe, dem amerikanischen Marshallplan ähnlich, nach dem Prinzip, so weit zu helfen, bis man sich selbst helfen könne. Und endlich war Carlo Schmid bei Adenauers Besuch in Moskau im Jahre 1955 in der Frage der Heimkehr der deutschen Kriegsgefangenen entscheidend beteiligt. Carlo Schmid war eine der großen Figuren Bonns. Er hat sich »um das Vaterland verdient gemacht«, wie er es beim Tode Hermann Ehlers' formuliert hatte. *(Oktober 1972)*

Man kann darüber verschiedener Meinung sein, wer der bedeutendste Kopf der Sozialdemokraten ist, ob Wehner, Brandt oder Erler. Viele meinen, Fritz Erler denke am klarsten. Im politischen Geschäft, in Taktik und Strategie, im Einfluß aufs politische Spiel ist wohl Herbert Wehner der profilierteste, an Anziehungskraft ist es Willy Brandt, aber an politischer Begabung – und das ist keine Minderung des Ansehens von Wehner und Brandt, von Ollenhauer und Carlo Schmid – steht Erler ihnen allen jedenfalls nicht nach. Er ist von großer Selbständigkeit des Urteils, und er ist mehr und mehr der außenpolitische Repräsentant geworden. Man wird ihn zu den brillanten Köpfen der deutschen Politik zu zählen haben.

Im Reich der Beredsamkeit ist er zu Hause wie nur wenige. Auf eine ganz eigentümliche Weise produziert er sich, freilich ohne das zu wissen, am Rednerpult. Seine Rede ist von großer Leidenschaft, und seine Worte können, wie es bei Stifter heißt, stärker als eine Wurfschleuder sein. Beim Reden wippt er fortwährend von der Ferse auf die Zehen und wieder zurück, der Oberkörper schwankt wie der Mastbaum eines Schiffes auf stürmischer See. Nicht dem Wort selber scheint die Gewalt innezuwohnen, sondern mehr dem Ton, der Stärke, der Modulation und der Geschliffenheit. Leider geht ihm der Humor und zum Teil auch der Witz ab; und wenn er sich des Witzes bedient, klingt das mehr nach dieser Art: Meine Damen und Herren, ich habe eben einen Witz gemacht. Er läßt den Zuhörer sich nicht an der glänzenden Schale des Witzes erfreuen, er bietet vielmehr unmittelbar den bitteren Kern der Wahrheit, die darunter verborgen ist.

Im August 1939 saß der Untersuchungsgefangene Erler, damals sechsundzwanzig Jahre alt, schon seit November 1938 wegen Vorbereitung zum Hochverrat in Haft, in einer Gemeinschaftszelle in der Zentrale der Gestapo in der Berliner Prinz-Albrecht-Straße. Zu den Zellengenossen gehörten

Historie zwischen Hochglanz und Verfall: Das 1860 von dem Bonner Loeschigk errichtete Palais Schaumburg (oben) diente bis 1976 dem Bundeskanzler als Regierungssitz (das mittlere Bild zeigt den großen Kabinettssaal). Das Hotel Petersberg im Siebengebirge steht vor dem Verfall. Zuletzt residierte hier noch Leonid Breschnew während seines Besuches im Mai 1973.

Wie es anfing: Ein Schild vor dem Bonner Bahnhof für die Sitzung des Parlamentarischen Rates am 23. Mai 1949. Einwohner Bonns verfolgen vor der Münsterkirche die Anfahrt von Parlamentariern zum Gottesdienst anläßlich der Eröffnungssitzung des Bundestages am 7. 9. 1949.

Die Arbeit kann beginnen: Letzte Lesung des Grundgesetzes im Parlamentarischen Rat am 7. 5. 1949. Das 1. Kabinett Adenauer 1949 (von links nach rechts): Fritz Schäffer, Thomas Dehler, Robert Lehr, Jakob Kaiser, Ludwig Erhard, Hans Schuberth, Hans-Christoph Seebohm, Franz Blücher (Vizekanzler), Eberhard Wildermuth. Fünf Kabinettsmitglieder fehlen.

Opposition auf Moll gestimmt: Die Wahl Willy Brandts zum vierten Kanzler der Bundesrepublik haben die Unionsspitzen lange nicht verdaut. Graf Lambsdorff (ganz rechts) klatscht dem Bundeskanzler Brandt Beifall. Das war 1973. 1982 war er einer der Initiatoren für die zweite Wende.

Lagebesprechung im engsten Kreis: Nach dem Rücktritt von Kanzler Willy Brandt trafen sich im Mai 1974 im Kanzlerbungalow (von links) Wolfgang Mischnick, Walter Scheel, Hans-Dietrich Genscher, Heinz Kühn, Helmut Schmidt und Herbert Wehner. Die Dresdener Mischnick und Wehner galten als Garanten der sozialliberalen Ära.

Mißtrauen im April: Erstmals in der Geschichte der Bundesrepublik startete eine Opposition ein konstruktives Mißtrauensvotum. Der Versuch schlug fehl. Noch ungewiß über den Wahlausgang, schreitet der alte und neue Kanzler zur Abstimmung. Der Kandidat Rainer Barzel (Bildmitte) kann die Niederlage kaum fassen.

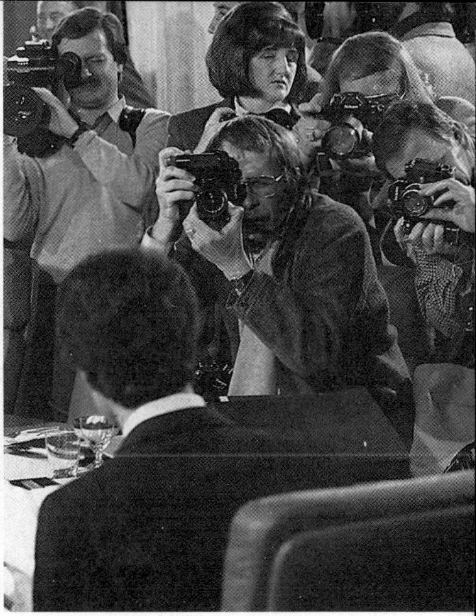

»Verhältnismäßig harmlose Narren«: Ständig von Kameraleuten und Journalisten umringt sind die Politiker (rechts im Kabinettssaal, links im Plenum). Das Pressezentrum im Tulpenfeld, Sitz der Bundespressekonferenz. Hier laden die Journalisten die Politiker ein. »Die Presse ist lästig, manchmal sogar sehr lästig.«

Abschied vom Alten: Am 25. April 1967 fand im Kölner Dom das Pontifikal-Requiem statt. Anwesend waren Staats- und Regierungschefs aus der ganzen Welt (u. a. Charles de Gaulle und Lyndon B. Johnson). Oben: Vor seinem Gartenhaus in Rhöndorf.

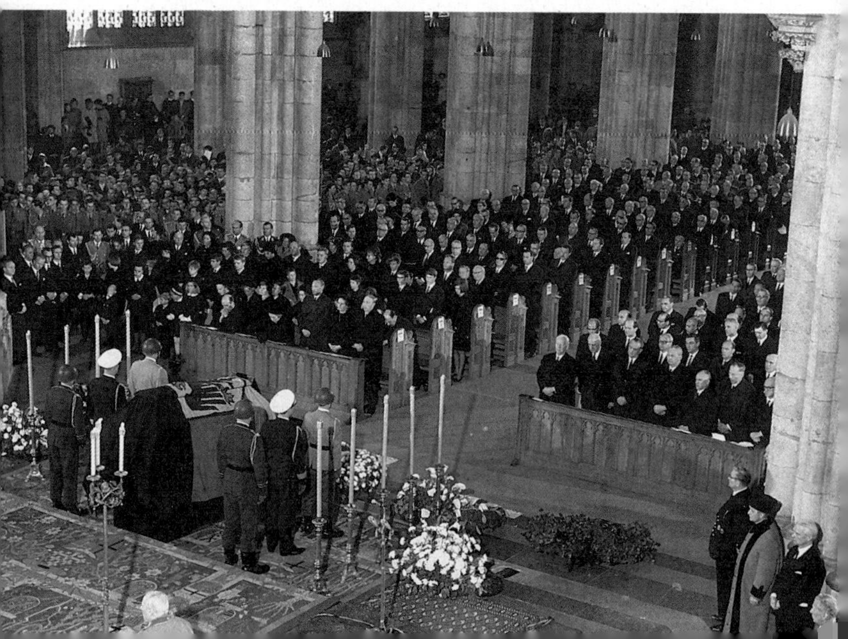

Trauer auch bei den Genossen: Abschied von Erich Ollenhauer nehmen (von links) Carlo Schmid, Martha Schanzenbach, Herbert Wehner, Willy Brandt, Fritz Erler und Alfred Nau. Bonn, Südfriedhof am 19. 12. 1963. *Besprechung im engen Kreis* (unten): Herbert Wehner, Carlo Schmid, Alex Möller und Helmut Schmidt.

Der große Stratege: Herbert Wehner konnte auch lachen. Er überreicht Professor Kantosowicz am 9. 8. 1969 den »Thomas-Dehler-Preis«. Beim SPD-Wahlparteitag im Juni 1980 setzte er mit Helmut Schmidt die Schwerpunkte auf Friedenssicherung, Ausbau der sozialen Sicherheit und Sicherung der Arbeitsplätze.

Partnerschaft wird großgeschrieben: Bei der Großen Koalition kam es viel auf das Zweigespann Schiller–Strauß an. »Plisch und Plum« zogen den Karren aus dem Dreck: der eine zuständig für Wirtschaft, der andere für Finanzen. Werden Kanzler Helmut Kohl und Präsident Richard von Weizsäcker auch so gut harmonieren?

Zwei grundverschiedene Präsidenten: Heinrich Lübke, hier zwischen de Gaulle und Lyndon B. Johnson, hat nach dem Krieg durch seine Auslandsreisen viel für das deutsche Ansehen in der Welt erreicht. Bundespräsident Gustav Heinemann war der erste Sozialdemokrat in diesem hohen Amt. Hier besucht er Königin Elizabeth II. (Oktober 1972).

Kontakt zum Volk: Sie waren wohl die populärsten Präsidenten. Theodor Heuss meinte zu Offizieren bei einem Manöver: »Nun siegt mal schön.« Walter Scheel bewies, daß Politik nicht nur ernst sein muß. Karl Carstens entdeckte als besonders publikumswirksamen Gag das Wandern.

Vor und nach dem Machtwechsel: Kiesinger galt als der schönste Erhard, den es je gab. Doch mit dem echten Ludwig Erhard teilte er das gleiche Schicksal: Beide amtierten nur wenige Jahre. Mehr als tausend Worte dokumentiert diese Szene den politischen Wechsel: Willy Brandt ehrte 1970 in Warschau die Opfer des polnischen Widerstandes gegen das NS-Regime.

Kontinuität nur im Vornamen: Bundeskanzler Helmut Schmidt regierte die Bundesrepublik fast neun Jahre. Unbestritten zählte er nach Adenauer zu den fähigsten Regierungschefs. Mit Helmut Kohl kehrte die Union an die Macht zurück. Ob der »Enkel Adenauers« an die Leistungen seines großen Vorbildes anknüpfen kann, wird die Geschichte erweisen.

Die Troika zerfällt: Sie prägten den Zusammenhalt der verschiedenen Strömungen innerhalb der SPD. Nicht immer waren sie gleicher Meinung, aber unter ihrer Regie erlebten die Sozialdemokraten den Höhepunkt ihrer traditionsreichen Geschichte.

einige inhaftierte SS-Leute, ein katholischer Pfarrer und der frühere Reichstagsabgeordnete Dr. Kurt Schumacher, der ihm hier nicht nur das Skatspiel beibrachte. Aber nahezu ein Jahr lang verbrachte Erler in strenger Einzelhaft; niemals hat er soviel lesen können wie in der schrecklichen Einsamkeit seiner Zelle. Am 15. September 1939 wurde er vom Zweiten Senat des Volksgerichtshofes Berlin zu zehn Jahren Zuchthaus verurteilt. Im Zuchthaus Brandenburg hat er Spielzeug geschnitzt; die Moorkultivierung im Emsland mit der Abmagerung zum Skelett hat ihn an den Rand des Todes gebracht. Nur die Solidarität der »Politischen« hat ihm das Leben gerettet. Noch heute fährt er in Hessen zuweilen über Straßen, die er mitgebaut hat. Als der Krieg zu Ende war, hatte er sieben Jahre Zuchthaus verbüßt. Der Gefangenentransport, dem er, der Berliner, am 6. April 1945 entsprang, war zufällig in Süddeutschland auf dem Wege nach Dachau, und dieser Zufall blieb nicht ohne Folgen. Eine Wehrmachtsstreife, die ihn gleich aufgriff, sah Erlers Wehrausschließungsschein aus dem Jahre 1939. »Mensch, so'n Ding möchte ich ooch haben«, war der Kommentar des Streifenführers, der ihn laufen ließ.

Im Kreisstädtchen Biberach an der Riß blieb er hängen, ging zunächst, da er fließend Französisch sprach, drei Wochen dem Bürgermeister als Dolmetscher zur Hand, dann wurde er von der französischen Besatzungsmacht als Landrat eingesetzt. Nach acht Monaten Landratstätigkeit sperrten ihn die Franzosen vier Monate in ein Internierungslager für Nationalsozialisten, weil er sich weigerte, desertierte deutsche Fremdenlegionäre an sie auszuliefern. Als er aus dieser Haft entlassen war, fand er ein Telegramm des Präsidenten des Direktoriums des Staatssekretariats von Südwürttemberg-Hohenzollern, eines neuen Duodez-Ländchens, vor. Der Präsident, mit dem ihn seitdem enge Freundschaft verbindet, holte ihn nach Tübingen und hieß Carlo Schmid. 1947 wurde Fritz Erler Landrat in Tuttlingen, 1949 kam er in den Bundestag. Im Bonner Parlament machte Erler schnell auf sich aufmerksam.

Im Ringen um die Neuformung seiner Partei hat man ihn in den langjährigen Auseinandersetzungen viele Male vernommen. Er gehört zu den »Reformisten«, die die Partei zu einer großen Volkspartei machen möchten. Nach der letzten Bundestagswahl sei es der Partei noch besser gelungen als im Wahlkampf, der Bevölkerung klarzumachen, daß die SPD eine vertrauenswürdige Kraft sei, der man das Schicksal dieses Staates auch anvertrauen könne.

Fritz Erler ist ein Arbeiterkind, am 14. Juli 1913 in Berlin geboren und in der Reichshauptstadt groß geworden. An der Königstädtischen Oberrealschule machte er 1932 das Abitur. Er bestand es, man glaubt es ihm aufs Wort, mit Auszeichnung. Schon als Schüler machte er sich in Arbeitersportvereinen, in der Sozialistischen Arbeiterjugend und als Vorsitzender der Sozialistischen Schülergemeinschaften für Groß-Berlin zu schaffen. Als Kind sozialdemokratischer Eltern empfing er die sozialistischen niederen Weihen. Und bange machen galt auch 1933 nicht, als das große Verhängnis hereinbrach. Der Beamtenanwärter für den gehobenen Dienst bei der Stadt Berlin war nicht bereit, sich gleichschalten zu lassen. Von 1935 bis 1938 war Erler Organisationsleiter der Reichsleitung von »Neu-Beginnen«, einer gegen die Nationalsozialisten gerichteten Organisation, deren Kampfschriften sich durch hohes Niveau auszeichneten. 1938 ging die Gruppe »hoch«, und wie Dr. Erich Kürschner, ein ehemaliger Anstaltspfarrer der Strafanstalt Tegel, Dr. Oskar Umrath und Kurt Schmidt wurde auch Erler zu zehn Jahren Zuchthaus verurteilt.[11]

(März 1962)

Ein Hauch von Ludwig Thoma

Der Filser Josef aus Mingharding, Bosd daselbst, durch das Ferdrauen des Folkes fiele Jare barlamendarrischer Abgeorneter im kenigl. bayrischen landag, ist längst tot. Aber der Franz Xaver Unertl aus Birnbach im niederbayerischen Rottal, Abgeordneter im Bundestag, Gastwirt und Viehkaufmann, wie im Bundestags-Handbuch nachzulesen ist, lebt und sucht seinen Ludwig Thoma, der ihm in der bayerischen Literatur ein Denkmal setzt.

Wacker hat sich der Unertl bald acht Jahre im Bundestag geschlagen. Er hat nicht gekniffen, wenn es um die bayerischen Belange ging. Bravourös hat er auf dem Rednerpodium des Bundestags für Bayern, die Gastwirte und den Viehhändlerstand gekämpft, immer in freier Rede und so, wie ihm der Schnabel gewachsen war. Bei einer Debatte über den Kühlschrank ließ er verlauten, was in einem Kühlschrank drin sein müsse; Bier müsse drin sein, eisgekühltes Bier sei ein erquickendes Getränk.

Der Abgeordnete Unertl hat den niederbayerischen Hopfensaft und die Weißwürscht im Bundestagsrestaurant eingeführt. Er sagt zum Parteifreund Strauß »Du, Franzerl«, zum Parteifreund Schäffer »Du, Fritz« und zum Stücklen »Du, Richard«. Nur den Herrn Bundeskanzler duzt er noch nicht. Mehr als sieben Jahre Bonn hat sich der Unertl bereits um die Nase geschlagen. Nun, man kann wohl nachlesen, was der Ludwig Thoma über den Filser geschrieben hat. Der Unertl ist kein Filser, aber die Anekdoten, die es vom Unertl gibt, sind von Filserschem Stoff. Der Unertl hat den Chronisten autorisiert, sie für die Nachwelt festzuhalten.

Als er 1953 zum erstenmal als Kandidat für den Bundestag vorgeschlagen wurde, bedurfte es nur noch des wohlwollenden Wortes gewisser geistlicher Herren. Der Unertl ist wohl ein treuer Sohn seiner Kirche, aber er überschlägt doch ganz gerne schon mal einen Kirchgang. Da machte es sich gut, daß er mit der Benediktinerabtei in Metten in seinem Wahlkreis ins Viehgeschäft kam. Beim Handel um ein Stück Rindvieh stand er mit dem Abt im Kuhstall. Wie durch Zufall zog er dabei sein Schneuztuch aus der Hosentasche, und wie durch Zufall zog er dabei einen Rosenkranz mit heraus, der zu Boden fiel.

Hier muß der Berichterstatter, der nicht engagiert ist, Böses zu verbreiten, um etwas Nachsicht bitten. Kein Anschlag auf irgendwelche Einrichtungen ist geplant. Das Rosarium, wie gesagt, fiel zu Boden, und der hochwürdigste Herr Abt bemerkte, daß der Unertl eins bei sich trug. Daß der Unertl etwas nachgeholfen hatte, bemerkte der hohe Herr nicht. Acht Tage darauf war Unertl Bundestagskandidat. Auf dem Lande, nicht wahr, sind die Sphären gelegentlich verwischt.

Und auch diese Anekdote vom Unertl ist verbürgt. Er besuchte in Birnbach den Gottesdienst. Der Oberniedermeier sah ihn ganz vorne stehen, die Augen im Meßbuch, er schien in den liturgischen Akt versunken. Plötzlich stutzte der Oberniedermeier. Denn der Unertl kritzelte etwas ins Meßbuch, und siehe da, es war gar kein Meßbuch, in das sich der Unertl so tief versenkt hatte, sondern sein Terminkalender, in schwarzes Leder gebunden, wie es sich für einen Abgeordneten gehört.

Aus dem Füllhorn des bayerischen Filserstoffes lugt auch der Herausgeber und Chefredakteur der »Passauer Neuen Presse«, der Doktor Hans Kapfinger, heraus, in Niederbayern ein mächtiger Mann, denn mittels seiner Druckerschwärze ist er ein großer Meinungsmacher unter dem Landvolke. Jüngst geschah es nun, daß er glaubte, dem Abgeordneten Unertl, seinem CSU-Parteifreunde, in der Zeitung mehrmals die Leviten lesen zu müssen; denn der Kapfinger, wie man hört, hätte wohl nichts dagegen, daß dem Unertl sein letztes Stündchen als MdB geschlagen hätte. Der Kapfinger lugt selber ganz gern in Richtung Bonn. »Du«, sagt ihm der Unertl, »ich wollte dir eigentlich eine Berichtigung schikken; du weißt, wegen der Artikel neulich.« Der Unertl legte eine kurze Kunstpause ein. Aber er habe dann gedacht, der Kapfinger ärgere sich so, und das könne er ihm nicht antun. Wieder kurze Pause. »Du bist so krank«, fuhr Unertl fort, »nein, das konnte ich dir nicht antun.« Wieso er krank sei? fragte der Kapfinger. »Für mich«, sagte der Unertl, und der makabre Satz mußte heraus, um den Kapfinger auch ganz tief zu treffen, »für mich hast du Krebs.« Auch das Erteilen von Denkzetteln will gelernt sein. Der Kapfinger hat weder Krebs, noch ist er krank, aber nun hatte ihm der Unertl doch den Zweifel gebracht.

Wieder bittet der Chronist, toleranten Sinnes, um Nachsicht. Er kann gelassen sagen, daß der Bundestag eine arme Institution wäre, wenn es diese heiteren bayerischen Farben nicht gäbe. Verachtet mir die bayerischen Bundestagsabgeordneten nicht, die durch das Ferdrauen des Folkes gewählt sind![12] *(November 1960)*

Der Chefdenker

Die CDU kann ihren Affen füttern. Der Erfolg ist deutlich sichtbar. Er läßt sich messen an den Fehlern ihrer Gegner, und nur daran. Nur daran? Dem Zugriff systematischen Denkens entzieht sich das. In den Nebelfeldern, in denen sich die Meinungen bilden, sitzt einer mit sehr wachem Verstand: Kurt Biedenkopf, der Generalsekretär der CDU.

Helmut Kohl, der Ministerpräsident von Rheinland-Pfalz, ist zwar der Parteivorsitzende der CDU, und er entwickelt sich mehr und mehr auch zum Fixpunkt der Partei; Karl Carstens, der Fraktionsvorsitzende im Bundestag, versucht noch etwas mehr durch die Dinge zu denken, anstatt über ihnen, anders gesagt, seine Beamtenherkunft ist noch erkennbar – Kurt Biedenkopf hingegen hat sich ganz klar zum Chefdenker der »konservativen« Partei entwickelt. Nachdem er vor einiger Zeit auch in der Monitor-Sendung des Fernsehens gegenüber den Inquisitoren Casdorff und Rohlinger erstklassige »Bildschirmqualität« erlangte – der Biedenkopfschen Eloquenz und seinem Intellekt waren die beiden Herren nicht gewachsen –, war die politische Karriere Biedenkopfs gesichert.

Allerdings registrieren die Demoskopen, daß Kurt Biedenkopf nur erst bei jedem zweiten Bürger bekannt ist. Aber die Troika Kohl-Carstens-Biedenkopf hat sich bereits zum Leitbild der Oppositionspartei entwickelt. Die »Linke« der CDU – die etablierten Sozialausschüsse – freilich fürchtet die herkömmliche Argumentation, die als »konservativ« abgestempelte Partei würde der SPD die Arbeitnehmerschaft nicht streitig machen können. Solange keine Loyalitätskrise in der CDU-Spitze zu sehen ist, wird es in der großen Oppositionspartei keine Führungskrise geben, wie sie am Ende von Adenauers Tagen und bei Ludwig Erhard offenkundig war.

Der Professor Kurt Biedenkopf glaubt, unabhängig in seinen Anschauungen zu sein, selbständig sowieso, und orientiert sich an zwei Dingen aus Jugend und Kindheit: als »Stift« in einer Lehrwerkstatt des Buna-Werkes bei Merseburg, als man wegen der Luftangriffe nur noch sporadisch zur Schule ging, hing das Schild über seinem Arbeitsplatz: »Eisen erzieht«, das eine tiefe Weisheit enthalten habe; schließlich sei ihm das Wort des Großvaters, zu dem er Beziehungen tiefen Einverständnisses gehabt habe, unauslöschlich in der Erinnerung. Er habe es ihm beigebracht: den einfachen Mann zu ehren. Dieser Großvater, vom Darmstädter Großherzog zum Titularprofessor ernannt, war Direktor der höheren landwirtschaftlichen Schule in Groß-Umstadt und dort, so der Enkel, eine Institution.

In der Studentenzeit orientierte er sich an Franz Böhm, der ihn zum politischen Denken und Nachdenken brachte, überhaupt den stärksten Einfluß auf ihn nahm, was die juristische Methode und die ordnungspolitische Denkweise betraf, schließlich an seinen glänzenden Lehrer Heinrich Kronstein, einen deutschen Juden, der als Emigrant aus den Staaten zurückgekommen und 1955 die Nachfolge Walter Hallsteins auf dessen Lehrstuhl in Frankfurt antrat und dessen wissenschaftlicher Assistent Biedenkopf wurde. Der Besucher hat nicht den Eindruck, als ob Biedenkopf sich abarbeitet an der Deklamation schwungvoller Sätze.

Mit Helmut Kohl gemeinsam hat er den Geburtsjahrgang 1930, die Geburtsstadt Ludwigshafen, den Besuch derselben Volksschule und die Tatsache, daß beide Katholiken evangelische Frauen aus Sachsen geheiratet haben.

Biedenkopf sei eine »unverkünstelte Natur«, so einer aus der Fraktion. Seit einem Dreivierteljahr versucht er jetzt die unausgetragenen Widersprüche in der Partei rundum zu drehen. Vom »linken Zeitgeist« hält er nichts. *(März 1974)*

Sein Wort an der Evangelischen Akademie in Tutzing vom »Wandel durch Annäherung« hatte seine Ergänzung durch das Wort von der »Politik der kleinen Schritte«. Er führte als Berliner Senatssprecher ebensogut den Spitznamen »Regierender Sprecher« wie im Auswärtigen Amt, in dem ihn Außenminister Brandt zum Leiter der Planungsabteilung machte, den etwas angestaubten Namen »Graue Eminenz«. Bundeskanzler Kiesinger hielt Bahr für »larmoyant«; die Moskauer Nachrichtenagentur »Tass« unterstellte ihm Anfang 1969, in Peking gewesen zu sein. Gewisse Zeitungen schossen Breitseiten gegen Bahr wegen eines angeblichen Besuches im Ostberliner Zentralkomitee der SED, Staatssekretär Carstens vom Bundeskanzleramt konnte auf eine Frage des FDP-Bundestagsabgeordneten Josef Ertl in der Fragestunde des Parlaments erklären, daß Bahr zuletzt 1946 beim Ostberliner ZK gewesen sei, um als Redakteur der »Neuen Zeitung« ein Interview mit Staatspräsident Wilhelm Pieck wahrzunehmen. Angebliche Tonbänder beim Bundesnachrichtendienst entpuppten sich als Platzpatronenmunition des kalten Krieges unter der Thriller-Stichmarke, wie sie einer prägte: »Egon und die Detektive«.

Er sitzt nun im Palais Schaumburg in Globkes Zimmer, an Globkes Tisch und in Globkes Sessel. Im Vorzimmer hängt der Springer-Kalender »Seid nett zueinander«, im Globke-Zimmer sieht man vier Impressionisten an der Wand, und eine Kennedy-Büste steht auf dem Tisch. Er betreibt hier das aufregendste aller Spiele: das politische Spiel. Seine politische Leidenschaft, die er hat, lädt und entspannt sich hinter der undurchdringlichen Wand seiner Stirn. Er ist nie von großer Leidenschaft, nie unbeherrscht, er ist ein Fischblütiger, aber er diskutiert gern. Er dient Brandt, und dieser kann sich, was Loyalität und Freundschaft anlangt, auf ihn verlassen. Er ist Brandts enger Vertrauter, als Staatssekretär Vertreter Horst Ehmkes im Amt. Ihn, Ehmke, den Chef des Bundeskanzleramtes, unterstützt er in allen Fragen der Außen-, Verteidigungs- und Deutschland-Politik. Denn Ehmke müsse alles wissen, könne aber nicht alles tun. Zu Brandt hat er eine gewisse Ähnlichkeit, was Kaltblütigkeit anlangt.

Die Deutschland-Politik liegt ihm am Herzen, mit einem banalen Satz gesagt: Sie ist seine Passion. Die Möglichkeit der Wandlung und Veränderung kalkuliert er immer mit ein. Adenauer, den er ein Jahrzehnt als Bonner Journalist erlebte, hält er selbstverständlich für einen bedeutenden Mann, aber dessen Politik, so sagt er, hielt er für falsch, die Methode, wie er sie machte, »für großartig«. Das Adenauersche Augenmaß, der Sinn für Realismus, sein Hakenschlagen, sein Denken um drei und vier Ecken herum, wie er all das in der Hand behielt und wie er Politik »machte« – das imponierte auch dem damaligen Rias-Kommentator Bahr.

Bahr wollte frühzeitig die Kennedy-Politik, die Strategie des Friedens, auf Deutschland übertragen. Die Ironie des Schicksals wollte es – so Bahr –, daß auch der gegenwärtige amerikanische Präsident Nixon seine Politik unter das Wort stellte: Von der Konfrontation zur Kooperation. Einen gravierenden Unterschied sieht Bahr nicht. Die Frage sei damals wie heute, ob Deutschland abseits stehen und eine Insel des kalten Krieges bleiben wolle. Auch die beiden deutschen Staaten müßten sich durch einen Wandel nähern; kurzum, man brauche eine Annäherung an die DDR.

Lange Zeit habe die Bundesrepublik den Eindruck gemacht, sie lege sich quer. Heute tue das die DDR. Früher war es zwar wünschbar, aber nicht »machbar« gewesen: keine Entspannung ohne Fortschritte in der deutschen Frage. Heute sagt Ost-Berlin: keine Entspannung ohne völkerrechtliche Anerkennung der DDR. Mit dem Westen hätten wir uns versöhnt, mit dem Osten werde es hohe Zeit, es zu tun.

Bahr möchte einmal wieder unbehindert durchs Brandenburger Tor in Berlin gehen können und in Ahlbeck auf Usedom und gar an der Frischen Nehrung baden; das sagt er ganz unvermittelt, dort habe er seine Urlaubserinnerungen aus der Kindheit liegen. Die Erinnerung spinnt Fäden; vielleicht ist manches Illusion. Vielleicht möchte sie einem weismachen, daß sie ein leitendes Band ist, das ohne Unterbrechung in die Vergangenheit zurückläuft. Er ist am 18. März 1922 in Treffurt, im thüringischen Kreise Mühlhausen, geboren, drei Kilometer hinter der Linie, an der jetzt der Bundesgrenzschutz Wache halte. Vater und Großvater waren Volksschullehrer. Die Vorfahren stammten aus Breslau und Posen. Er war einziges Kind. Die Erinnerung weilt gern dort, wo es gut war; sie kann schmeichlerisch und unerbittlich sein bis zur Grausamkeit. Und das war sie bei Bahr. Von 1928 bis 1938 wohnten die Eltern in Torgau an der Elbe, einer ehemaligen Festung, Garnison, Luthers Torgauer Artikel und die erste evangelische Kirche in Deutschland. Egon sang im Kirchenchor und kam zuerst hier, später in Berlin-Friedenau, aufs Gymnasium.

In der Sprache des Unmenschen hieß es dann plötzlich: Er sei nicht rein arisch: er hatte eine jüdische Großmutter. Der Vater lehnte es ab, sich scheiden zu lassen, kam bei der »Aktion Mitte« in ein Arbeitslager der »Organisation Todt«, war zuerst Fabrikarbeiter, später Munitionsschlepper. Nach dem Kriege wurde der Vater in Ost-Berlin Volksschulrektor und Dozent an der Humboldt-Universität; seit 1950 ist er in der Bundesrepublik und wohnt jetzt in Krefeld. Der Sohn konnte zwar 1940 sein Abitur machen, aber nicht studieren, sondern er kam als Stahlkocher zu Rheinmetall-Borsig. Die Ratschlüsse der Wehrmacht waren oft unerforschlich. 1942 wurde er als Soldat eingezogen, schaffte es bis zum Fahnenjunker-Unteroffizier, doch bei der Luftkriegsschule Kitzingen stellte man in der Wehrstammrolle jenen »Fehler« fest. Wegen »Einschleichens« in die Wehrmacht wollte man ihm den Prozeß machen; Offiziere retteten ihn. Unter Aberkennung seiner Beförderungen wurde er entlassen; als Dienstverpflichteter war er wieder bei Borsig bis zum bitteren Ende.

In Berlin erlebte Egon Bahr den Schlag Borschtschsuppe aus der Gulaschkanone bis zum »Frau, komm«. Aber er war nicht die Natur, bei der solche Eindrücke lebenslang die

Richtung von Gefühlen und Stimmungen festlegten. Bei der »Berliner Zeitung«, von den Sowjets ins Leben gerufen, wurde er Lokalreporter und mit einem Fahrrad versehen; Chefredakteur war Rudolf Herrnstadt, mit dem er bald Schwierigkeiten bekam. 1946 ging er zur »Allgemeinen Zeitung«, die, von den Amerikanern herausgegeben, zwei gleichberechtigte Chefredakteure hatte: Hans Habe und Hans Wallenberg. Sie ging bald in der »Neuen Zeitung« auf, und seitdem sei er, wie er ironisch anmerkt, »ein Knecht der Imperialisten und Monopolkapitalisten«.

Leidlich sicher sind nur solche Erinnerungen: Bis 1949 war er bei der »Neuen Zeitung« für Berlin, schließlich stellvertretender Chefredakteur; 1949 wurde er für den »Tagesspiegel« zuerst Korrespondent in Hamburg, dann in Bonn. Das mögen alles etwas zusammenhanglose Momentbilder sein, als Daten zeichnen sie seinen Weg. Kurze Zeit, 1950, war er Chefredakteur bei Rias, dem Rundfunk im amerikanischen Sektor, dann bis 1959 Kommentator und diplomatischer Korrespondent, wobei er viele internationale Konferenzen erlebte und von den Sowjets und Ost-Berlin mit dem Etikett des »kalten Kriegers« versehen wurde. Als Bonner Journalist fiel er dem Auswärtigen Amt auf, für das er 1959 für fünf Monate als Presseattaché nach Accra in Ghana ging. Anfang 1960 holte ihn der Regierende Bürgermeister Willy Brandt als Leiter des Presse- und Informationsamtes des Senats nach Berlin zurück.

Brandt waren Bahrs Kommentare aufgefallen. Seit jener Zeit nimmt Bahr, zuerst in Berlin, später, als Brandt Außenminister wurde, in Bonn eine vielbeachtete Position in der deutschen Außenpolitik ein. Die Ostpolitik wurde seitdem von ihm mit inspiriert. Manches abschätzige Wort mußte er erleben und muß es noch immer. Im Auswärtigen Amt, in der Planungsabteilung, nun im Olymp der außenpolitischen Sachkenner und Autoritäten, zuerst als Botschafter, bald als Ministerialdirektor, fand der arbeitswillige Geist eine große Aufgabe. Seinen Mitarbeitern sagte er: Vergeßt alles, was ihr gelernt habt, fangt an zu »spinnen«, denkt das Undenkbare, baut eine Zielvorstellung auf. Wie sieht Europa in zehn Jahren aus? Wie sollte es aussehen? Brandt hatte ihn 1967 zum Abschluß eines Handelsabkommens und zum Austausch von Handelsmissionen nach Prag geschickt, er nahm ihn mit nach Rumänien, und Mittwoch flog er als Delegationsleiter nach Moskau, um dort zum Thema Gewaltverzicht zu sondieren.

Egon Bahr ist ein kluger und geschmeidiger Mann. Er steht im Schatten von Brandt. Er hat wenig Freunde, viele Bekannte und sehr viele Feinde. Er weiß, wieviel Augen jetzt auf ihm ruhen und wieviel Blicke ihn in Moskau überwachen. Er weiß, daß er mit am Tisch des deutschen Schicksals sitzt, alle Widrigkeiten kalkuliert er ein. Er ist ambitioniert, er ist nicht eitel, und er ist kein Stümper. Auch weiß er, daß es ein gefährlicher Weg ist. In Moskau wird er der Zeitgeschichte begegnen, deutlicher und vermutlich nachhaltiger als bei früheren Anlässen.

(Januar 1970)

Mann ohne Feinde

Als in den fünfziger Jahren zum 70. Geburtstag Robert Boehringers, eines Basler Industriellen aus schwäbischem Stamm, von Freunden ein mehr als siebenhundert Seiten umfassendes Buch herausgebracht wurde, stand dort ein Beitrag zu lesen: »Vier Generationen Weizsäcker.« Der erste Satz lautete so: »Es wird zu den kulturgeschichtlichen Seltenheiten gehören, daß in einer Familie vier einander folgende Geschlechter auf gleicher Geisteshöhe stehen.« Inzwischen wäre dieser Satz auf die fünfte Generation auszudehnen. Denn zwei der jüngsten Weizsäckers, Söhne des Physikers Carl Friedrich, sind in jungen Jahren, der eine Biologe, der andere Nationalökonom, Hochschullehrer in Heidelberg geworden, beide übrigens engagierte SPD-Leute.

Richard Freiherr von Weizsäcker, von dem hier die Rede ist, gehört zur vierten Generation. Wenn er es auch nicht wie sein Bruder Carl Friedrich, der Physiker und Philosoph, sein Vater Ernst, der Diplomat, und sein Großvater Karl Heinrich, berühmter Theologe, dazu gebracht hat, Eingang im Brockhaus zu finden – doch es kann noch kommen.[13] Eindrucksvolle Beispiele von Genie- und Intelligenzproduktionen haben die Vererbungsforscher aus Schwaben und Sachsen-Thüringen überliefert. Die Weizsäckers sind Schwaben. Nicht weitab vom alten hohenlohischen, jetzt württembergischen Fürstenstädtchen Öhringen steht noch die Weizsäcker-Mühle der frühen Vorfahren. Und es gab zwei Stränge in der Familie, die Wissenschaftler und die Politiker.

Richard von Weizsäcker gehört seit dem Herbst 1969 der CDU/CSU-Fraktion des Bundestages an. Der rheinland-pfälzische Ministerpräsident Kohl, ein Mann des politischen Managements, brachte Weizsäcker an die Spitze der CDU-Landesliste. So wurden mit dem Präsidenten Hallstein, der ebenfalls evangelisch ist, im »schwarzen« Rheinland-Pfalz (das nun auch wieder nicht so schwarz ist, wie die Legende geht) gleich die verwöhntesten evangelischen Ansprüche befriedigt. Aber Weizsäcker hatte schon vorher, ebenfalls von Kohl entriert, eine spannende politische Episode erlebt. In der CDU/CSU hatte Kohl mit Bundeskanzler Kiesinger den Einfall, den damals achtundvierzigjährigen Weizsäcker als Kandidaten für das Amt des Bundespräsidenten gegen Gerhard Schröder ins Feld zu führen. Man hätte ihm in Bonn fast voraussagen können, daß das nicht gutgehen werde. Sein Handikap war: Er war damals weitgehend unbekannt. Aber schon damals wird sich Weizsäcker vermutlich auch die Erkenntnis aufgedrängt haben, daß politisch Lied ein garstig Lied sein muß. Der Bundeskanzler Kiesinger wollte nicht gern bei einem Bundespräsidenten Schröder zum Rapport erscheinen müssen.

Da stellte sich also im sechsten Bundestag ein Mann vor, dessen sympathisches Gesicht geradezu erfüllt schien von der freundlichen Sonne des »bon sens«, von dem sanften Licht der Konzilianz, von der noblen Haltung, die ein »guter

Stall« verleiht. In den CDU-Bundesvorstand wurde er im November 1969 mit 443 von 478 abgegebenen Stimmen, der höchsten Zahl überhaupt, die zwanzig Vorstandsmitglieder bekamen, gewählt. Feinde sieht der kluge Mann, der so sehr dem Moralischen, der Toleranz und der ausgleichenden Kraft anhängt, nirgendwo. Er wird sich vorsehen müssen.

Er ließ sich in den Bundestagsausschuß für innerdeutsche Beziehungen und als stellvertretendes Mitglied in den Auswärtigen Ausschuß delegieren. Im Bundestag war schon sein erster Auftritt ein guter Tag für ihn. In einer der ersten Sitzungen (am 5. November 1969), als fast ein weltanschaulicher Streit ausbrach, ob der jahrelang so genannte Bundestagsausschuß für gesamtdeutsche und Berliner Fragen die Bezeichnung »Ausschuß für innerdeutsche Beziehungen« bekommen sollte, hielt Weizsäcker eine glänzende Jungfernrede, die einzige, die mit »anhaltendem lebhaftem Beifall«, wenn auch nur von seiner Fraktion, bedacht wurde. Hier war auch eine rhetorische Entdeckung erfolgt.

Weizsäckers Parteivorsitzender Kiesinger und sein Fraktionsvorsitzender Barzel, die die Schärfe der Formulierung neuerdings mehr lieben als ihre Eleganz, kennen die Problematik der Formulierung zur Anerkennung der DDR. Aber auch Weizsäcker kennt sie. Dem Streit will er nicht aus dem Wege gehen: »Doch die Nichtanerkennung sollte man nicht dogmatisieren.« Er hatte schon einigen Ärger bei Parteifreunden, als er vor »Erfurt« einen Satz zu Papier brachte, der ihn etwas in Herbert Wehners Nähe rückte: »Unter bestimmten Bedingungen kann ich mir die Anerkennung der DDR vorstellen. Wenn zum Beispiel das Ergebnis völlig freier Wahlen der Bevölkerung der DDR so lauten würde, sie wollten einen eigenen, von uns völkerrechtlich anzuerkennenden Staat bilden, dann wäre nach meiner Meinung die sichere Folge davon, daß wir diese Anerkennung auch aussprechen sollten.« Hier sagt er knapp und wohl auch etwas sibyllinisch: »Ich bin entschieden gegen die völkerrechtliche Anerkennung der DDR, weil sie an der Lage der Menschen dort nichts ändern, allenfalls die Lage von Berlin verschlechtern kann. Aber Anerkennung beziehungsweise Nichtanerkennung sind nicht Ziel der Deutschland-Politik, sie können vernünftigerweise niemandes Ziele sein. Deshalb sollten wir uns über die Ziele streiten, nicht aber über die Anerkennung.«

Richard Freiherr von Weizsäcker wurde am 15. April 1920 in Stuttgart geboren. Die Vorfahren waren Müller, dann Hofkonditor, dann Hofprediger (in Öhringen). Der Vater war Diplomat; also verbrachten die Kinder ihre Jugend »im Umherziehen«, vorwiegend in Berlin und Bern. Die Reflexe der Zeit, vor allem der Kindheit und der Jugend, konnten einem feinfühligen Kinde nicht entgehen. Er fühlte sich in Berlin und nicht in Stuttgart zu Hause, kann »berlinern«, aber nicht »schwäbeln«. Das politische Berlin war stark prägend. Ein großes Plus und ein großes Minus von dauerndem Reiz lagen über den Jahren der Weimarer Republik und später des Dritten Reiches. Zuerst das Berliner Bismarck-Gymnasium, von 1933 bis 1937 das Städtische Gymnasium in Bern (wo der Vater Gesandter war), eine hervorragende Schule, wo viel für die Bildung des Charakters getan wurde, schließlich 1937 das Abitur – das sind die Stationen der Schule.

Der Vater »bemühte sich als Staatssekretär des Auswärtigen Amtes (1938/43) um Erhaltung, dann um Wiederherstellung des Friedens (1939/40), er ließ die britische Regierung vor Kriegsausbruch vor den aggressiven Absichten Hitlers warnen. 1943/45 war er Botschafter beim Vatikan. Das Internationale Militärtribunal in Nürnberg verurteilte ihn im Wilhelmstraßenprozeß 1948 zu sieben Jahren Haft; nach Haftherabsetzung der Strafe wurde er 1950 entlassen.« So steht es im Brockhaus, Churchill hat im britischen Unterhaus den Prozeß gegen Weizsäcker »als tödlichen Irrtum der amerikanischen Anklage bezeichnet«. McCloy hat den Vater entlassen.

Richard von Weizsäcker wurde vor dem Kriege Soldat im Potsdamer Infanterieregiment 9 (»Graf Neun«), nahm an den Polen- und Rußlandfeldzügen, zuletzt als Hauptmann und

Regimentsadjutant, teil, wurde mehrmals verwundet, und als Verwundeter entkam er 1945 zu Schiff nach Dänemark. Die Zeit war nun wie die politischen Entwicklungen unberechenbaren Sprüngen untertan. Weizsäcker begann 1945 als Arbeiter auf einer Hühnerfarm in Lindau (noch heute wohnt die Mutter am Bodensee). Den Verlauf seines Weges sah er weder als Phantasiebild noch in Wunschform vor sich. Er steuerte, um endlich ein Examen hinter sich zu bekommen, auf eine Juristenlaufbahn hin, und zwar in Göttingen, Oxford, Grenoble, Göttingen. Während des Studiums, noch nicht Referendar, stand er beim Nürnberger Prozeß dem Vater als Hilfsverteidiger zur Seite. 1950 machte er in Celle sein Referendar-, 1953 in Düsseldorf sein Assessorexamen, 1954 promovierte er mit der Arbeit »Der faktische Verein«.

Von 1950 bis 1958 war er Leiter der wirtschaftspolitischen Abteilung der Mannesmann-AG in Düsseldorf, bis 1962 Teilhaber des Bankhauses Waldthausen in Essen und Düsseldorf, bis 1966 geschäftsführender Gesellschafter der Firma C. H. Boehringer Sohn in Ingelheim. Hier hat man schwarz auf weiß die Bahn, die er einzuschlagen beabsichtigte; aber den gescheiten Mann lockte dann doch die Politik. Nachdem er 1955 der CDU beigetreten war, rückte sie Mitte der sechziger Jahre in den Vordergrund. Er war Mitglied der Synode der EKD und ihrer Kammer für öffentliche Verantwortung, einige Jahre Präsident des Deutschen Evangelischen Kirchentages, schließlich auch Mitglied im Zentralkomitee und Exekutivausschuß des Weltkirchenrates.

Für die politische Laufbahn, die ihm seit 1969 vorgezeichnet scheint, ist zwar Passion, vor allem aber sind Ellbogen erforderlich. »Spätlinge« müssen sich anstrengen. Nur selten hat die Geschichte Respekt vor großen Namen. *(Mai 1970)*

Bonner Stadtgeschichten

Das Offenherzige in Bonn

Im Beethovensaal der kurfürstlichen Redoute in Bad Godesberg sind im vergangenen Jahrzehnt Hunderte von diplomatischen Empfängen veranstaltet worden. Viel Glanz und Gala wurden gezeigt, und sowohl die »Gesellschaft« als auch die Bundeshauptstadt haben daraus viel bare Münze geschlagen. In jenem Saal nun, aus der Zeit des Ausgangs des Rokokos, standen in zwei Nischen zwei weiße lebensgroße Statuen, Frauengestalten; sie waren nackt und aus Marmor, und sie deuteten das Spiel der Enthüllungen an, zierlich-graziös, galant und spielerisch-frivol, wie es jener Zeit des 18. Jahrhunderts entsprach. Paßte der sinnlich-frivole Schein aus der Zeit des Höfischen noch in unsere sittlich-bürgerliche Wirklichkeit? Eines Tages, im Jahre 1950 oder 1951, nachdem man die beiden Nischen zunächst einige Monate verhängt hatte, entfernte man die Statuen; und statt ihrer sind seitdem in jenen beiden Nischen bei festlichen Anlässen Blumenarrangements zu sehen. Es spielt keine Rolle, wer sie beseitigen ließ. Theodor Heuss jedenfalls, der oft als Bundespräsident hier »Hof« zu halten hatte, war es nicht.

Spielt jetzt beim »Bonner Hof«, um es rundheraus zu fragen, das Erotische eine Rolle? Zehn Jahre Beobachtung lassen einige Temperaturmessungen zu. Die Anmerkung ist notwendig, daß die Chronique scandaleuse geradezu dürftig zu nennen ist, soweit sie Eros, den schönsten der Götter, betrifft. Kein Botschafter wird irgendwo mit einer Halbweltdame erwischt, weil es in Bonn keine Halbweltdamen gibt. Kein Schauspieler verführt eine Botschafterin, weil es keine Schauspieler gibt. Kein Professor macht Sensation und

Staub. Was zu hören ist, sind zuweilen die Affären kleiner Leute. Niemand liefert pikanten Pfeffer zum gesellschaftlichen Klatsch und Tratsch. Kein Peyrefitte kreuzt in Bonn auf.[14] Alle scheinen mehr oder weniger regierungstreue Kannegießer geworden zu sein. Zwar gibt es Bestechungsfälle, und die Justiz hat mehr als fünf Dutzend Staatsanwälte beschäftigt. Eine Korona von sogenannten Halbstarken erschreckt das Bonner Publikum gelegentlich ein wenig. Aber was ist das schon? Vielleicht erwähnt man noch jenen jüngeren Mann von hoher Gestalt und feiner Taille, dessen Gang zierlich und doch nicht ohne Gravität ist. Nicht ohne Entzücken sieht man ihn dahinschreiten; wie fein, wie weiß, wie weich ist alles an ihm. Gelegentlich begegnet er einem auf den Trottoiren der Koblenzer Straße.

Man hörte in diesen Tagen vom Ball des Herrn Außenministers mit eintausend, vom Presseball mit zweitausend Personen. Man sieht vor allem bei den Galafesten Damen, schöne, elegante Frauen. Wem der Sinn für Auffassung des Schönen und Anmutigen nicht ganz versagt ist, wird zugeben, daß man einige Superlative verwenden darf. Und jetzt nun das Stichwort: Die Büste der Damen und das Spiel mit ihren Reizen, das »Offenherzige« ihres Dekolletés. Erst jetzt geht einem auf, weshalb man im Beethovensaal der Godesberger Redoute die weißen Marmordamen entfernte und in die Dunkelkammer sperrte. Der Vulgärjournalismus unserer Tage hat nach Ausdrücken gesucht, die etwas deutlicher sind; er spricht nicht mehr von Büste, sondern von »Sex« und »Kurven«. Es darf gesagt werden, auch die Bonner Damenwelt ist in dieser Hinsicht nicht völlig phantasielos. Auch die Diplomatie hat sich der plastischen Formen bei den Damen erinnert.

Wie sich in Bonn bei festlichen Anlässen die Damen »offenbaren« und unbefangen öffentliches Bekenntnis ablegen von ihrer Fülle und natürlichen Artung, das ist schon wert, registriert zu werden. Wir wollen das Thema nicht zu weit treiben; aber selbst ein Mann wie der Bundesfamilienminister wird Busenlosigkeit nicht für Tugend halten wollen.[15] Es bleibt zu bemerken, daß skandinavische, britische, holländische, österreichische Damen sich auf dem Bonner Parkett am »offenherzigsten« zeigen; aber wir fürchten uns nicht, zu sagen, daß ihre deutschen Geschlechtsgenossinnen die schneidertechnischen Raffinements noch weiter treiben. Nämlich: die verschwenderischsten weiblichen Reize zeigen die deutschen Damen in voller Unbekümmertheit.

Merkwürdigerweise halten auch die Damen der Pyrenäenhalbinsel und ihre lateinamerikanischen Schwestern ein Dekolleté nicht für Sünde. Gerade sie, die Dunklen und Schwarzhaarigen, sind manchmal wie Blumen, die nicht anders können, als sich in ihren Reizen zu offenbaren, obwohl doch jahrhundertelang die plastischen Formen der Brust dem Schönheitsideal der Spanierin widersprachen. Die Französinnen in Bonn machen das Kapriziöse der Dekolletés nur mäßig mit.

Die schlichtesten und züchtigsten aller Diplomatenfrauen, sofern sie nicht aus der arabischen oder fernöstlichen Welt kommen, sind die Damen der sowjetrussischen Diplomaten. Die Kirche kann kaum konservativer über die »schamloseste aller Moden« denken. Die Russinnen sind zweifellos, wenn man einmal von Frau Smirnowa, der Gattin des Botschafters, absieht, die hausbackenen Diplomatendamen in Bonn. Die Russinnen, ebenso liebenswürdig wie kühl, wirken solide und gelegentlich fast provinziell; als ob ein gewisser Nachholbedarf bei ihnen bestünde.

Einen besonderen Schick und besondere Farbfanfaren in ihrer Festkleidung verraten alle asiatischen Damen; allerdings sind Hals, Schultern, Rücken und Brust verdeckt, und wenn nur durch hauchzarten Musselin. Vorurteilslos und modekühn sind einige Damen von der schwarzen Hautfarbe. Ihr Dekolleté drückt die Kraft der weiblichen Überzeugung, aber auch eine kräftige Demokratisierung aus.

Noch ein Wort zu den Amerikanerinnen: Mrs. Bruce, die Frau des amerikanischen Botschafters, zählt man, so heißt es jedenfalls, zu den zehn bestangezogenen Frauen der Welt. Und sie betört durch Schönheit. Aber eine übertrieben

»offenherzige« Art, Reize zu offenbaren, wie wir es aus amerikanischen Filmen kennen, würde sich kaum eine der vielen hundert Amerikanerinnen in Bonn trauen. »Kurven« etwas galant-frivol zu zeigen, ist nicht verpönt; aber man bemerkt bald, daß gewissermaßen eine höhere Form von puritanischem Zug in ihnen steckt. Eine Menge guter Mütter und Hausfrauen sind unter ihnen.

Ob das Thema über das »Offenherzige« auf dem Bonner Parkett gut ist oder schlecht, entscheide jeder selber. Eros spielt jedenfalls auch in Bonn eine Rolle, auch wenn sie dürftig scheint.

... und ein Leserbrief

Das »Offenherzige« in Bonn

Mir scheint, die Auslassungen des Herrn *Walter Henkels* in der FAZ vom 7. November sind ihm etwas zu »offenherzig« geraten. Viele Frauen werden mit mir dieses »Kapitel Kultur- und Sittengeschichte« als abgeschmackt empfunden haben. Hat die seriöse FAZ es nötig, solch einen Artikel zu bringen, um das Interesse ihrer Leser wachzuhalten? Was mögen unsere Brüder und Schwestern in der Ostzone für Gefühle haben, wenn sie in ihrer erneuten Bedrängnis den Artikel des Herrn Henkels in die Hände bekommen und von »dem Ball des Herrn Außenministers mit eintausend und vom Presseball mit zweitausend Personen« und vom Stichwort des Herrn Henkels: »die Büste der Damen und das Spiel mit ihren Reizen« lesen?

Esther-Maria von Coelln, Bad Godesberg *(November 1959)*

Demonstranten in der Hauptstadt

Es war kein Zufall, daß hohe Herren der Polizei aus Berlin, Hamburg, München, Frankfurt, Köln angereist waren, um den Umgang mit der Masse zu studieren. Die Bonner Polizei scheint ihren Gustave le Bon zu kennen. Etwas Verblüffendes wurde deutlich. Sosehr man sich auch anstrengte, man sah am Samstagmorgen im Inneren der Stadt Bonn vom Bahnhof bis zum Rheinviertel, vom Bundesinnenministerium im Norden bis zum Beginn der Bannmeile am Postministerium in der Adenauerallee keinen einzigen Polizisten, obwohl schon am frühen Morgen an die zweitausend meist jugendliche Leute mit etwa hundertfünfzig roten Fahnen demonstrierend durch die Innenstadt zogen. Der Auftritt des nordrhein-westfälischen Innenministers Willi Weyer inmitten dieser Menge war wohl heroischer Natur und sollte auch so ausgelegt werden; aber der Anblick des dicken und riesigen Mannes und das Fehlen aller Polizisten berichteten, daß das Wort Provokation hier unbrauchbar wurde. Außer zwei Bahnhofspolizisten auf den Bahnsteigen sahen die mit dem Sonderzug kurz vor acht Uhr morgens ankommenden achthundert Berliner nichts Uniformiertes.

Weyer und der Bonner Polizeipräsident Valentin Portz haben ihren Le Bon gelesen, obschon dessen Weisheiten schon vom Ende des vergangenen Jahrhunderts stammen: »Die Masse ist der Spielball aller äußeren Reize, deren unaufhörliche Schwankungen sie widerspiegelt. Die Antriebe, denen sie gehorcht, sind gebieterisch. Ihre Empfänglichkeit für Beeinflussungen ist groß. Die in ihrem Gemüt hervorgerufenen Bilder werden für Wirklichkeit gehalten, Gelehrte und Einfältige in einer Masse gleichen sich aus. Die Massen kennen weder Zweifel noch Ungewißheit und ergehen sich stets in Übertreibungen.«

Bonn ist eine kleine Stadt. Dieser Satz muß allerdings eine Einschränkung erfahren: Bonn ist eine große Hauptstadt. Die Bonner haben schon andere, den Zahlen nach sogar mächtigere Demonstrationen erlebt. 1959 waren es 60000 Bergleute, 35000 Kriegsbeschädigte und Kriegshinterbliebene 1963 und 60000 Heimatvertriebene 1956. Aber diesen Demonstrationen fehlte der revolutionäre Schwung, sie hatten gleichsam etwas Sammetpfotiges. Am Samstag sollten Bundesregierung und Parlament dagegen mit »revolutionären Trieben«

(Le Bon) konfrontiert werden. Etwa 30000 demonstrierten gegen die Notstandsgesetze.

Die Bonner Bürger betraten die Straße kaum; sie hatten bereits freitags eingekauft. Sie standen hinter den Gardinen, ziemlich erschrocken. Ein Goldschmied und ein Käseladen in der Poststraße hatten die Rolläden heruntergelassen. Die roten Fahnen, die die Berliner, meist Studenten, mitführten, waren wohl der Grund des Erschreckens. Auch unter den Bonner Studenten gibt es bärtige Männer, die Bonner haben sie längst toleriert. Aber die Berliner, übernächtigt aus ihrem Sonderzug kommend, kamen in einer Art Maskerade an, Western-Look, Mao-Look, zottige Brust, das Haupthaar ungeschoren, riesige oder ziselierte Bärte, Symbole der Männlichkeit. Die Frauen, meist Studentinnen, gaben sich schlampig, viel Kosmetik und wenig Seifeverbrauch.

Diese jungen Leute, viele intelligent, sosehr sie auch gegen das »Establishment« protestierten (vor 1933 ging es gegen »das System«), sosehr sie Obrigkeit und Autoritäten in Sprechchören herabzusetzen suchten, sie veralberten und mit Hunderten von Sprüchen eindeckten, sie hatten immerhin Spaß an der Freud'. Es wurde viel gelacht. Sie lachten über ihre eigenen Späße. Die Grenze zum karnevalistischen Treiben war oft erreicht. Sie gingen an die Bockwurststände – auch ein Revolutionär hat Hunger; sie gingen in die Cafés, rollten ihre roten Fahnen ein und stellten sie in einen Schirmständer. Wenn Rot an den Ampelanlagen kam, verhielten sie brav, wie es die Vorschrift verlangte. Die Stoffblümchen des Müttergenesungswerkes, die sie kauften und sich ansteckten, sagten auch einiges aus.

200 Oberschüler aus Hessen wurden angekarrt, um zu demonstrieren. Die Bonner und Godesberger Schüler hatten schulfrei, um zu verhindern, daß sie womöglich unter die Demonstranten gerieten. Von einer Straßenkabaretttruppe ertönten gewissermaßen in einem einzigen Atemzug die Internationale, das Deutschlandlied und vielstimmige Halleluja-Gesänge. Und wieder erschraken die Bonner Bürger.

Mit Bierernst schritt der Gießener Professor Ridder einher,

der nachher auf dem Rednerpodium auch die volltönenden Vokabeln fand. Den Bänkelsänger vor dem Bonner Bahnhöfchen hätte man gern ins Bahnhofsrestaurant mitgenommen, um mit ihm anzustoßen: auf ein wenig Selbstspott und ein wenig Selbstironie.

Genau für den Berliner Sonderzug waren ein paar Spruchbänder der Bonner Jungen Union bestimmt, postiert vor dem Bahnhof: »1100 durften, 17 Millionen durften nicht«, »Sonderzüge nach Bonn auch für Arbeiter und Studenten aus Leipzig, Jena und Ost-Berlin«.

Conrad Ahlers mit des Bundeskanzlers Referent Neusel, die auf die Menge zusteuerten, konnten von einem Straßenkabarett den Hohn auf den stellvertretenden Regierungssprecher hören. Der Bundesminister a.D. Ernst Lemmer diskutierte auf dem Münsterplatz mit jungen Leuten. Die CDU-Abgeordneten Rasner, Häfele, Bauer und Rollmann erregten keinen Anstoß. Dem bronzenen Beethoven auf dem Münsterplatz hatte man als revolutionäre Nachhilfe eine rote Fahne in die rechte Hand gedrückt. »Mitbürger, Kommilitonen, Kollegen, Genossen, Damen und Herren« wurden auf die eintretende Apokalypse hingewiesen, falls der Bundestag die Notstandsgesetze verabschieden sollte.

Den geringsten Beifall bekam bei der Kundgebung der etwas isolierte FDP-Bundestagsabgeordnete Wolfram Dorn, der sich die Assoziation zu den vielen roten und den wenigen schwarzrotgoldenen Fahnen nicht einmal anmerken ließ. In einem umgänglichen Deutsch sprach Heinrich Böll, stahlhart die Studentenredner. Wer wollte Böll widersprechen, der meinte, 1945 sei eine Zeitungslizenz mehr gewesen als im Mittelalter ein Herzogtum? Die Professorin Klara Faßbinder, eine 78jährige Dame: »Alle Geschlechtsgenossinnen sollen aufwachen.« Ridders Behauptung, daß »mit Adenauer das parlamentarische Geschehen definitiv zu Ende gegangen« sei, erregte dann doch einige Heiterkeit.

Großen Eindruck hat das Verhalten der Polizei gemacht. 4500 Polizeibeamte, darunter die Hundertschaften der kasernierten Bereitschaftspolizei aus Wuppertal, Bochum und

Linnich, hatten der nordrhein-westfälische Innenminister und Bonns Polizeipräsident in Bonn regelrecht versteckt, acht Wasserwerfer, je zwei aus Hessen und Rheinland-Pfalz ausgeliehen, standen unsichtbar in Garagen. Kein Bereitschaftspolizist trug eine Schußwaffe; die Pistolen der übrigen Polizisten wurden unter den Jacken getragen. Nur 188 uniformierte Polizisten, die die drei Marschsäulen in weißen Jacken und weißen Mützen begleiteten, und 52 Kriminalbeamte waren im »Einsatz«. Eine Reiterstaffel und eine Hundestaffel waren eingesetzt. Auf Wunsch Gunnar Mathiessens, eines Komiteemitgliedes, wurden die Beamten mit ihren Hunden von Weyer persönlich »aus dem Verkehr gezogen« und ein Absperrgitter beseitigt. Ob er ein Megaphon benutzen dürfe? So fragte ein Ordner. Weyer genehmigte sofort.

Etwa 150 Demonstranten rückten in der Adenauerallee gegen die Bannmeile vor. Ein Wagen des Organisationskomitees mit Lautsprecher fuhr heran: »Lassen Sie sich nicht provozieren, gehen Sie zum Teach-in in die Beethovenhalle. Wir haben Informationen, daß Rechtsradikale – ich betone: rechtsradikale Kreise – einen Zusammenstoß mit der Polizei provozieren wollen.« Der Trick erreichte es; die Demonstranten zogen ab.

Nach der Kundgebung rief Klaus Vack vom Organisationskomitee bei Polizeipräsident Portz an: Er danke für das faire Verhalten der Polizei. Portz: »Ich danke für das faire Verhalten der Demonstranten.« An diesem Dank brauchte nichts abgestrichen zu werden, als nach Mitternacht 1500 Demonstranten im weiten Bogen um die Bonner Bannmeile zwölf Kilometer weit zur französischen Botschaft nach Bad Godesberg zogen, wo sie ihre Solidarität mit den französischen Kommilitonen in Paris zum Ausdruck brachten. *(Mai 1968)*

1969, dem Beginn der sozialliberalen Regierungskoalition, unterschlug die bundeshauptstädtische Erinnerung von den fünfziger Jahren schon manches. Damals, in den »Fünfzigern«, war die Problematik der »Restauration« in aller Munde gewesen. Über Nacht geriet der Name einer Dame zuerst in die Zeitungen, dann in die Kabarettprogramme, unter deren Autorenschaft der feine Benimm in einem voluminösen Etikettebuch gelehrt wurde. Erica Pappritz hieß sie und war stellvertretende Leiterin des Protokolls im Auswärtigen Amt. Ein Jahrzehnt später, als Mittsiebzigerin, inzwischen längst pensioniert und zur Zwergin geworden, die man in Godesberg nur noch gelegentlich ihren Langhaardakkel ausführen sah, war ihr Buch zum Sinnbild der Epoche des deutschen Knaben Wirtschaftswunderhorn, der Wohlstands- und Wegwerfgesellschaft der Adenauer-Erhard-Ära geworden.

Frau Pappritz hatte erreicht, daß selbst in der demokratischen, republikanischen Gesellschaft die feinen Leute – inzwischen nannte man es Establishment – sich weitgehend nach ihrem Etikettebuch richtete. Theodor Heuss trug zum Schluß zum Frack keine Armbanduhr mehr (was Frau Pappritz untersagte), und selbst Herbert Wehner hatte sich das Möbel eines Fracks bauen lassen müssen. Der Schriftsteller Friedrich Sieburg hatte Anfang der fünfziger Jahre in seinem Buch »Die Lust am Untergang« geschrieben, vielleicht lasse es sich auch ohne feine Leute nicht übel leben, obwohl ein natürliches Erbteil an Umgangsformen und Sinn für Maß und Takt nicht zu verachten seien. Jeder Versuch, wieder so etwas wie gesellschaftliche Formen aufzurichten, sei – so Sieburg – zu unfreiwilliger Komik verurteilt. Wie hatte sich Sieburg geirrt. Das »Etikette-Buch« erreichte von 1957 bis 1970 mühelos zehn Auflagen.

Als Adenauer 1957 zum Treffen der EWG-Regierungschefs mit dem Nachtschnellzug nach Paris fuhr, wollte er unterwegs von uns mitreisenden Journalisten wissen, wer von den

Herren seiner Begleitung außer ihm noch lange Unterhosen trage (das war im Etikette-Buch als unfein charakterisiert), außerdem sagte Adenauer immer wieder völlig unmotiviert: »Oh, oh, oh, das ist aber interessant, oh, was Sie nicht sagen, bitte sprechen Sie doch weiter.«

Wir Mitreisenden wurden der Kenntnis teilhaftig, daß man solche Sätze einem Gesprächspartner sage, damit eine Unterhaltung nicht langweilig werde und einschlafe.

Und zu mir gewandt, der ich das Pappritz-Buch als erster verrissen hatte, sagte er im Eisenbahnabteil: »Sagen Sie mir gar nichts gegen Frau Pappritz.« *(1969)*

Zwischen Golda Meir und Ho Chi Minh

Eine Bonner Institution, eine Bonn-Berühmtheit und eine bundeshauptstädtische Denkwürdigkeit der Politik der fünfziger, sechziger und siebziger Jahre hält morgen, am Sonntag, dem 13. Oktober, offene Tür: Ria Maternus wird sechzig Jahre alt; weit berühmter als ihre Godesberger Kollegin Ännchen Schumacher, die »Lindenwirtin« der Studenten im ersten Drittel des Jahrhunderts (»Keinen Tropfen im Becher mehr«).

Gewisse Erscheinungsformen der politischen Kommunikation in der Bundeshauptstadt haben sich »Bei Ria« herausgebildet. Wie es auch zugehen kann in der Politik, nämlich friedlich, vertraulich, ruhig, das zeigt sich in ihrer berühmten Godesberger Gaststätte, ein Handtuch breit zwischen Bauten der Großbürgerzeit in der Poststraße. Ria, ein einzigartiges Stück rheinischer Bonhomie und rheinischen Frohsinns, hält jedem Ankömmling, der das zweite Mal ihr Lokal betritt, das schmackhafte Mündchen zur Begrüßung hin, von Berthold Beitz, Konrad Henkel und Heinz O. Vetter, vom Bundespräsidenten bis einstens Iwan D. Herstatt, bis hin zu den Botschaftern aller Hautfarben und den Universitätsprofessoren aller Kaliber. Nur bei Kohl (Ost) ist es noch nicht soweit gekommen; da weiß Ria, was sie dem Schmidt (Helmut) schuldig ist.

Metaphorisch, nur metaphorisch, beginnt eine unsichtbare Orgel zu spielen, wenn der jeweilige Bundeskanzler eintritt (und sie waren alle im Haus, von Adenauer bis Schmidt). Alle fünf haben hier ihr Bier, ihre Flasche Wein getrunken, haben hier gespeist. Ria ist hingerissen, wenn Bundespräsident Scheel erscheint. Diskret nimmt der Kriminalkommissar, Scheels ständiger Begleiter, in einer Ecke Platz, wo er alles im Blick behält. Zweimal wöchentlich, ständig nach Wahlkampagne und Kanzlerkandidatur aussehend, sitzt Helmut Kohl hinter seinem Moseltropfen.

Mit einem Aufwand von Diskretion streicht Ria Maternus um die Tische mit der hohen Prominenz, ganz leicht den Kopf neigend, keinen Zentimeter zuviel, wie das Verhältnis der Rheinländer zur Obrigkeit immer gewesen ist. Es gibt keinen Minister, der bei Ria nicht schon diniert, soupiert und gebechert hätte.

Ria darf auf diese einzigartige Weise an der Macht naschen. Im letzten Vierteljahrhundert waren unter anderem diese Gäste bei ihr: Truman, Eisenhower, Kennedy (John, Robert und Edward), Johnson und Nixon (als Vizepräsident), Mikojan, sogar de Gaulle im Zweireiher, Pompidou, Wilson, Heath, Kreisky, alle Bundespräsidenten und Bundeskanzler, Strauß, Höcherl, Barzel, Carstens, Stoltenberg, Genscher, Mischnick. Hier sitzen die feindlichen Brüder und preisen die Heilkraft eines solchen Beieinanderhockens. Der Geldadel von Rhein und Ruhr, der Adel von Ar und Halm schaut herein und bekommt sein Küßchen und sagt: »Ria, wie geht's?«

In die amerikanische Zeitschrift »Time« geriet Ria Maternus mit einem Sonderaufsatz zwischen Golda Meir und Ho Chi Minh. Im Deutschlandbuch »Anatomie eines Adlers« hat Ronald Searle sie mit dem Zeichenstift verewigt. Sie ist gleichermaßen populär, für das politische Geschäft nützlich, für Tratsch erfrischend, und die Politik wird mit besonderem Wohlwollen behandelt. Das Wohlwollen hält ihrer Abneigung gegen dieses Metier mindestens die Waage.

Niemand glaubt es: Ria Maternus ist eine »abgebrochene« Medizinerin mit fünf Semestern. Dann hatte sie es mit der Juristerei, begab sich in eine Advokatur, mit der es schiefging. Sie spielte das Leben immer aus dem Stegreif, bis sie das Lokal ihrer Mutter übernahm, bei deren Erwähnung ihr das Feuchte in die Augen kommt.

Die Eltern hatten jahrzehntelang den Gasthof »Chausseehaus« und den Gasthof »Zum Goldenen Karpfen« in Neuwied, mit der Nachbarschaft des Prinzen zu Wied, dessen Nachfahr sie am Sonntag neben dem Bundespräsidenten, dem Bundeskanzler und der Opposition erwartet. Ria Maternus speichert viele Erinnerungen. Eine der schönsten ist ihre sechsjährige Internatszeit bei den Franziskanerinnen auf der Rheininsel Nonnenwerth. Sie besucht die frommen Schwestern noch zuweilen. In den »Goldenen Karpfen« in Neuwied kam Kaiser Wilhelm II., als er noch Student in Bonn und Kronprinz war und mit Wied-Prinzen jagen ging. »Und dich«, sagte die inzwischen verstorbene achtzigjährige Mutter der Ria, »besucht kein Kaiser, sondern nur der Franz Josef Strauß.« *(Oktober 1974)*

Zwist um einen prominenten Sohn

Der Zündstoff zum Thema: »Hat Bonn seinen Beethoven verdient?« war buchstäblich gelegt. Am Vortage des Beethovenfestes, als in einer »Impressionale« der Deutsche Presseclub und die Stadt Bonn gemeinsam etwas Leben in die Bonner Bude bringen wollten, gab es die Bombendrohung, telefonisch angemeldet bei der Polizei, in einem Bonner Großkaufhaus. Mit Nachdruck wurde gezeigt, was die Rheinländer, die sonst gar nicht so sind, vermögen: mit der Bombe zu drohen. Nachdem die Bonner Innenstadt um den Münsterplatz durch die Polizei geräumt worden war, dann aber nichts passierte – anscheinend blinder Alarm, sagte der Polizeisprecher – konnte es losgehen.

Das Rheinische Landesmuseum hat es in einigen Anläufen

vermocht, viel Volks, verblüffend viele junge Leute, auf die Beine zu bringen und für das Museum zu interessieren. Es gab Würstchen, Buletten und Bier. Heute lockte, wie das Bonner Beispiel zeigte, das Museum sogar zur theatralischen Belebung. Fernsehmoderator Jürgen Lorenz (»Journalisten fragen – Politiker antworten«) moderierte den Jux, ob Bonn seinen Beethoven verdient habe.

Durch etwas Bierernst zeichnete sich Bonns Generalmusikdirektor Volker Wangenheim aus, der zwar Zündstoff legen wolle, wie er sagte, denn das diesjährige Beethovenfest sehe etwas anders aus. Bei ihm wurde das Beethovenfest »durchgeführt«, die Menschen »erfaßt«, der Beethoven »in den Raum gestellt«.

Rheinländer haben zwar Talent zum Empörer, selten aber zum Genie gehabt. War Bonn nur geographischer Zufall von Beethovens Geburt, souverän handhabten im Museum die Teilnehmer der Diskussionsrunde den Beethovenstoff. Es gebe nicht mal ein Beethovenkneipe, sagte Moderator Lorenz, obwohl Vater Beethoven ein Trinker gewesen sei. Seinen Beethoven werde sich Bonn nicht nehmen lassen, und Bonn habe seinen Beethoven verdient, explizierte Bonns Bürgermeister Steeger, der leider »von de schäl Sick«, also von Beuel stammt. Fragen über Fragen. Verdient Bonn an seinem Beethoven? Hat Bonn den Beethoven, den es verdient? Heimst es kulturellen Lorbeer mit ihm ein? Bonn hat seinen Beethoven, aber wäre Wien nicht seiner würdiger? Hat Beethoven denn Bonn verdient? Der Journalist Karl-Heinz Wocker aus London (gebürtiger Düsseldorfer), die Spötterei hat er von Heine gelernt, der den meisten Beifall der nahezu zweitausend Menschen bekam: Beethoven war ein Wiener Komponist, der in Bonn getauft wurde. Ob er in Bonn geboren sei, sei noch die Frage. Nur der Eintrag im Bonner Taufregister sei authentisch. Vielleicht sei er in Kevelaer geboren, wohin die Mutter zu einer Wallfahrt unterwegs war. Wien sei auf ihn nicht so angewiesen wie Bonn.

Dietmar Polaczek, Musikkritiker der Süddeutschen Zeitung, Österreicher, aber nicht in Österreich geboren: In Bonn denke man zu viel an das Beethoven-Marketing, man solle Beethoven mal ruhen lassen, er könne Beethoven nicht mehr hören (Buhrufe). Claus Henning Bachmann, Theater- und Musikkritiker aus Salzburg (gebürtiger Hamburger), Salzburger Kritikerpreis 1974: Bonn könne nichts dafür, daß Beethoven hier geboren sei. Der Presserat der österreichischen Botschaft in Bonn, Herbert Nedomansky (gebürtiger Wiener): Beethoven sei nach Wien gegangen, weil es ihn, den Weltbürger, in die damalige Welthauptstadt der Musik gezogen habe (starker Beifall).

Die nach solchen Bemerkungen zu Recht amüsierten Bonner, die fleißig applaudierten, wurden noch von dem Komponisten Hamel (München), dem am Samstag der Förderpreis des Bonner Beethovenfestes verliehen wurde, dem Direktor der Staatlichen Hochschule für Musik in Köln, Professor Siegfried Palm, dem Bildhauer F.G. Ris aus Oberpleis und dem Musikredakteur des Bonner Generalanzeigers, Hans G. Schürmann, mit mehr oder minder juxigen Betrachtungen gedacht: »Hat Bonn seinen Beethoven verdient? Warum immer dieser Bonner Minderwertigkeitskomplex?« fragte man.

Wie die Bombe im Großkaufhaus – auch der Zündstoff in der Frage, ob Bonn seinen Beethoven verdient habe, explodierte nicht. *(September 1974)*

Eine Ruine mit großer Geschichte

In der Bonner Poststraße 18, im Ersten Weltkrieg, wohnte der Student Joseph Goebbels aus Rheydt. Fünfmal ist er eingekommen um eine Studienbeihilfe bei einer katholischen Stipendienorganisation. (»Hiermit erlaube ich mir untertänigst, an den Diözesanausschuß des Albertus-Magnus-Vereins die ergebene Bitte um eine Studienbeihilfe für das Wintersemester 1917/18 zu richten ... [Ich] bin vollständig auf die Mildtätigkeit meiner katholischen Glaubensgenossen angewiesen. In tiefer Ergebenheit«.) Er war bereits (seit 1926)

NSDAP-Gauleiter von Berlin, Reichstagsabgeordneter (seit 1928) und Reichspropagandaleiter der NSDAP (seit 1929), als nach Klage und Versäumnisurteil 1930 die letzte Ratenzahlung von Goebbels für erhaltene Darlehen erfolgte.

Sie waren Schüler eines Godesberger Internats; es war vor dem Ersten Weltkrieg. Der eine war in Alexandrien (1894), der andere in Argentinien (1895) geboren. Sie wurden später beide Reichsminister, der eine nannte sich Stellvertreter des Führers und hieß Heß, der andere war Reichsbauernführer und hieß Darré. Ein Dritter war noch da, ein Robert Ley, beheimatet im nahen Gummersbach, der an jenem Godesberger Gymnasium kurze Zeit als Erzieher und Lehrer für Naturkunde tätig war.

Sie alle, Goebbels, Heß, Darré, Ley, später noch Göring, Gregor Strasser, Frick, Röhm und Himmler, kannten den Petersberg im Siebengebirge und hatten während ihrer Laufbahn mit ihm zu tun; schließlich Hitler, der neunundsechzigmal im Godesberger Rheinhotel abstieg, das die Werbeprospekte bald zum »Lieblingsaufenthalt des Führers« machten. Auch er war mehrmals auf dem Petersberg, der 1938 dann plötzlich eine historische Rolle bekam, als der britische Premier Arthur Neville Chamberlain hier Wohnung nahm: Sudetenkrise. Und wieder erhielt der Petersberg eine Rolle in der Geschichte, als die Rheinländer Anlaß bekamen, ihn »Monte Veto« zu nennen. Denn hier saßen von 1948 an eine Zeitlang drei Hohe Kommissare der Alliierten (McCloy, François-Poncet und Robertson), hier spielte am 21. September 1949 jene berühmte Szene, als Adenauer den drei Herren einige Minister seines ersten Kabinetts vorstellte – Blücher, Erhard, Schäffer, Kaiser und Dehler –, und er einen Zipfel des Teppichs erwischte, auf dem zu stehen er noch nicht berechtigt war.

Der Petersberg, ein Wahrzeichen der Bundeshauptstadt, wurde in den fünfziger, sechziger und siebziger Jahren der Fixpunkt für Staatsbesuche. Die Empfänge fanden zwar im Schloß Brühl, in der Bonner Beethovenhalle oder in der Godesberger Redoute, in den siebziger Jahren auch im

Schloß Gymnich statt, aber die meisten Gäste wohnten im »Kurhotel Petersberg«, einem Hotel der internationalen Sonderklasse.

1954 hatte die kleine Residenz am Rhein schon einige Staatsbesuche von ausländischen Regierungschefs mit dosiertem Schaugepränge hinter sich. Heute werden nur noch Visiten von Staatsoberhäuptern »Staatsbesuche« genannt. 1954 kam, von Heuss empfangen, Haile Selassie als erstes Staatsoberhaupt nach Bonn. Der zierliche, winddürre Monarch mit dem Apostelbart war 1973 noch einmal zum Staatsbesuch in Bonn, diesmal nicht auf dem Petersberg, sondern in Schloß Gymnich.

Auch der zweite Staatsbesuch eines Monarchen, des Schahs von Persien mit der Kaiserin Soraya, residierte auf dem Petersberg. Die Könige Paul von Griechenland mit der Königin Friederike, Bhumiphol mit der Königin Sirikit von Thailand und Ibn Saud von Saudi-Arabien wurden auf dem Petersberg einquartiert. Der König von Marokko und Nehru mit der Tochter Indira wohnten hier; Kaiser Hirohito mit der Kaiserin Nagako machten eine Rheintour bis zur Loreley. Der Präsident Bourgiba von Tunesien und die britische Königin und Prinz Philip hatten die Zimmer zur Rheinseite. Im Mai 1973 nahm der Generalsekretär der KPdSU, Leonid Breschnew, als letzter Staatsgast hier Wohnung. Anfang November 1977 soll er wieder an den Rhein kommen. Wo wird er diesmal wohnen? Das Protokoll hüllt sich in Schweigen. Melancholie liegt über dem Petersberg.

In der Lebensspanne des Hotels, das von 1912 bis 1914 von Peter Paul Mülhens, dem Haupt der Kölner 4711-Dynastie, gebaut, aber des Ersten Weltkrieges wegen erst Anfang der zwanziger Jahre als Hotel eröffnet wurde, hat sich manches historische Ereignis ergeben. Große dieser Welt haben im Zimmer 109 Schlaf gefunden. Alle Bundespräsidenten – Heuss, Lübke, Heinemann und neuerdings auch Scheel – haben die Bundesregierung gedrängt, den Petersberg zu erwerben, damit endlich Staatsbesuche angemessen untergebracht werden können. Die Besitzer, die 4711-Erben, die beiden Schwestern Maria Mehl-Mülhens vom Gestüt Röttgen und Luise Streve-Mülhens vom Wintermühlenhof bei Königswinter, schließlich deren Neffe, Ferdinand Mülhens, denen Hotel und das 106 Hektar große Waldgelände in Erbengemeinschaft gehören, sind bereit, das gesamte Areal an den Bund zu verkaufen. Doch alle Bundesfinanzminister, von Schäffer bis Apel, mit der Ausnahme merkwürdigerweise von Alex Möller, sagten: Nein, wir haben kein Geld. Der monströse Gebäudeklotz, im Hotelbetrieb 72 Zimmer, 117 Betten, 74 Bäder, 7 Salons, für das Personal 98 Zimmer mit 159 Betten und 8 Bädern, ist stillgelegt. Das Haus trifft seit dem Breschnew-Besuch 1973 die volle Härte des Gesetzes der Natur: es verwittert, verrottet und verkommt. Der Haupteingang ist mit Brettern zugenagelt. Es sieht traurig aus da oben.

Genau unterhalb des Petersberges, auf der anderen Rheinseite, in der Godesberger Deichmannsaue, liegt das Bundesministerium für Raumordnung, Bauwesen und Städtebau. Dort brütet man, gemeinsam mit dem Bundesfinanzministerium, dem Auswärtigen Amt, der Bundesbaudirektion, der Oberfinanzdirektion und der Stadtverwaltung Bonn über den Ausbau der Hauptstadt. In dieses Nachdenken ist der Petersberg einbezogen. Doch man richtet sich seit einem Vierteljahrhundert nach dem fiskalischen Denken des Bundesfinanzministers. Wird der Petersberg eine neue Ruine am Rhein?[16]

(September 1977)

Vermischtes

Die Diplomatie und der Fußball

Schon beim Beginn der ersten Spiele der Fußballweltmeisterschaft war klar, daß ein Ausscheiden aus der Meisterschaft nationales Ungemach nach sich ziehen mußte. Auch unsere Bonner Diplomatie mußte sich mit den Balltretern und dem Ausgang der Spiele befassen. Von Anfang an, als noch nichts danach aussah, empfand der britische Botschafter in Bonn, Sir Frank Roberts, eine Endspiel-Paarung England-Deutschland als ein Verhängnis. Alles, was der Deutschlandbesuch seiner Königin 1965 an Positivem, an ideellem Kapital eingebracht hatte, konnte ein einziges Fußballspiel wieder in die Binsen gehen lassen. Als die Deutschen ihre Niederlage dann doch mit Fassung ertrugen, Engländer und Deutsche sich beim Spiel fair benommen hatten, atmete der Botschafter auf. Die Schlacht um den Ball ist vorbei, vorbei auch die Angst der Diplomatie, das Klima auf lange Zeit verschlechtert zu sehen. Der Bundesfinanzminister Dahlgrün und der Vorsitzende des Außenpolitischen Arbeitskreises der CDU, Ernst Majonica, sagten augenzwinkernd: »Haben Sie denn nicht bemerkt, daß wir Herrn Schön gebeten hatten, die Engländer gewinnen zu lassen? England wird dadurch auf einen höheren Devisenausgleich verzichten.«

Die Spiele der deutschen Mannschaft gegen Argentinien und Uruguay, bei denen es nicht gerade pingelig zuging, haben im Auswärtigen Amt und im Entwicklungshilfsministerium in die dunkelsten Bezirke nationalistischer Überspanntheit geführt: Man solle als drakonische Strafe, so verlangten es Eingaben aus der Bevölkerung, die Entwicklungshilfe für die beiden Länder streichen. Die Flucht an den Wörthersee in Kärnten ergriff der Bundespressechef von Hase. Er befürchtete anfangs, sein Haus müsse wieder manche Millionen zusätzlich für Sympathiewerbung in bestimmten Ländern ausgeben. Aber von Hase ist noch einmal davongekommen. Als Neuerung diesmal: Man rief die Sowjetbotschaft in Rolandseck an und beschimpfte sie, weil der sowjetische Linienrichter im Endspiel das dritte Tor gesehen haben wollte. Presseattaché Wladimirow bestätigt, es habe mehrere solcher Anrufe gegeben, ob die Sowjetunion solche Fehlentscheidungen nötig habe. Man sieht, es gibt untrügliche Probleme des völkerverbindenden Sports.[17]

Der Sowjetbotschafter Semjon Zarapkin macht seine Antrittsbesuche. Er möchte, wie man bemerkt, wenigstens nach außen hin korrekte Beziehungen deutlich machen. Alle, die Zarapkin inzwischen kennengelernt haben, wissen zu berichten, daß er ein denkbar freundlicher Herr ist, der Sympathie erweckt. Altbundeskanzler Adenauer sagte mir nach Zarapkins Besuch bei ihm: »Der Herr Zarapkin war bei mir. Das ist ein angenehmer Mann. Der ist gar nicht so, wie er auf Bildern und im Fernsehen aussieht.« *(August 1966)*

Bonnfrontation

Wehner warf der Opposition vor: »Die Christenunion redet seit 2000 Jahren von Karsamstag und nicht von Karsonnabend.« – »Minister Ehmke hat inzwischen entschieden, daß, solange die heiße Spur zum Schreiber dieser Zeilen nicht entdeckt ist, überhaupt keine Pressekonferenzen stattfinden.« – Brandt zu Scheel: »Also, Walter, sei nicht traurig, so gut ist der Egon als Außenminister nun auch wieder nicht.« – Brandt: »Ich soll Geld von Dynamit-Nobel genommen haben?« – Ehmke zu Ahlers: »Was Landesverrat ist, bestimmen jetzt wir.« – Strauß, mit drei hübschen Dirndl am Arm: »Besser Dirndl am Arm als Wildkatzen am Führerschein.« – »Der Kanzler, mit Nachnamen Brandt, spielt gern mit Reförmchen im Sand. Mal war er erschrocken: der Sand war zu trocken und rann deshalb rasch aus der Hand.« – Über Rainer Barzel: »Er ist ein echter Fernseh-Christ: Streift die Kamera über seine linke Wange, so hält er auch die rechte hin.«

»Bonnfrontation« heißt der Presseball-Almanach, dem die Sprüche entnommen sind. An ihm läßt sich beweisen und bestätigen, daß den 350 Bonner Journalisten das Mundwerk nicht zu stopfen ist.

Der diesjährige Bundespresseball mit zweitausend Menschen, neun Musikkapellen, die sich Orchester nannten und deren Phonstärke garantiert Gesundheitsschädigungen hinterlassen hat, mit einer Tombola, einer Sängerin namens Daliah Lavi, die dem kranken Kanzler ein »Friedenslied« ans Bett schickte, einem Staatsoberhaupt, neun Bundesministern, neunzehn Staatssekretären – für Herrn Ehmke war Frau Ehmke gekommen –, einem Oppositionsführer, mehr als einem Dutzend Botschafter, Dutzenden Abgeordneten und zahllosen Edlen der Gesellschaft, als Establishment gebrandmarkt – das alles hat fast neun Stunden lang getanzt und der öffentlichen Lustbarkeit gefrönt. Die geistige Konstitution der auf Gelassenheit gestimmten Herzen und das Temperament der Damen sorgten für angenehme Atmosphäre.

Wunderbare Assoziationen waren möglich. Der Bundespräsident hatte sich, seiner Augen wegen, so wurde gesagt, auf die Empore verzogen, wo er vom Volk, das ihn sehen wollte, und den Quälgeistern der Fotografen kaum bemerkt wurde. Darin lag wohl der Zauber dieses Absentierens von dem vielen Volk, daß er gewissermaßen, wie es sich gehört, über dem Ganzen geisterte. Der Bundeskanzler hatte rechtzeitig etwas Bronchitis und Temperatur bekommen, die es ihm ersparten, womöglich mit der Spezies »Schreibtischtäter« konfrontiert zu werden. Der Innenminister Genscher, ganz Aktion »Trimm dich«, wäre vermutlich auch mit Drohungen von der Tanzfläche nicht wegzubekommen gewesen. Nicht der Justizminister Jahn, sondern Genscher besorgte die juristische Hilfestellung bei der Tombola; Genscher hier, Genscher da, Genscher mit dem starken Drang zu den Okularen aller Güteklassen und damit zur Profilpflege ist wirklich ein profunder Kerl. Augenzwinkern rief das mehr als halbstündige demonstrative Beieinanderhocken des Verteidigungsministers Schmidt mit dem Oppositionsführer Barzel hervor, das sofort die Quälgeister heranlockte. Frau Kriemhild Barzel in knallrotem, Frau Hannelore Schmidt in tiefschwarzem Abendkleid saßen ihren Männern gegenüber. Man wolle die »Bonnfrontation« abbauen, sagte Schmidt. Rainer Barzel hatte drei Stunden vorher in der Godesberger Stadthalle aus Anlaß der Wiederkehr des Tages der Oktoberrevolution in staatsmännischer Attitüde dem Sowjetbotschafter Falin die Hand gedrückt, und ausgerechnet Altkommunist Max Reimann war sein Vordermann beim Defilee gewesen. *(November 1971)*

Rheinische Romantik, aber etwas rustikal

Im ganzen gesehen sind Diplomaten, wenn sie feiern, friedlicher als normale Menschen; das macht wohl das abgetönte Milieu, in dem zu leben sie gehalten sind. Geht es um das Rustikale, wie es der Außenminister in seiner Einladung verheißen hatte, sieht man, wie ihre Tugend beschaffen ist. Zu einem Sommerfest »rustikalen« Zuschnitts hatten der Außenminister und Frau Mildred nach Grafenwerth, einer Bad Honnef vorgelagerten Rheininsel, das Diplomatische Korps eingeladen. Es war, für zweitausend Menschen, eine lupenreine rheinische Kirmes, die da vonstatten ging: Blasmusik einer Bayern-Kapelle, Karussells, Schießstände, »Hau den Lukas«, Nagelbude, Bierausschank, Würstchenbraterei, Fischbraterei, Frittenbuden, Spießbraten-Grill, Gulaschkanone mit Erbsensuppe, Speiseeisstände und allenthalben Ausschank von Kaffee und allen möglichen Alkoholika, riesiges Festzelt mit Tanzmusik und Tombola.

Die Diplomaten, man muß es sagen, sind besser als ihr Ruf. Und auch der Scheel ist es. Das wollen wir festhalten. Der

Wind, der hier gerne durchs Rheintal streicht, war gestoppt, der Regen gebremst, und die Elemente begannen erst um Mitternacht zu wirken: ein kräftiger Regen kam auf. Es war keine linde und sternenklare Sommernacht, wie sie die Leute der rheinischen Romantik hier erlebten, wo sich allerdings der Bonner Student Heinrich Heine »leider den Husten und den Schnupfen holte«, wie er hinterlassen hat. Den Sternen, dem Mond, den Glühwürmchen wurde keine Chance gegeben. Hoffentlich ist es der jungen, hübschen Botschafterin aus Schwarzafrika, mit der der Außenminister das zugige Pferdekarussell bestieg, nicht wie Heine ergangen.

Am »Hau den Lukas« versammelten sich die Pessimisten; wenn wir richtig hinschauten, sogar der Verteidigungsminister Schmidt und der Staatssekretär Sigismund von Braun. Die Aggressiven versammelten sich an den Kleinkaliberschießständen, die immer dicht umlagert waren. Der Zweisternegeneral Bernd von Freytag-Loringhoven erschien als Dreisternegeneral. Der UdSSR-Botschafter Bogomow sah wie immer so aus, als ob er drei West-Journalisten zum Frühstück vertilgt hätte. Die Großindustrie, vertreten durch den Duisburger Klöckner-Fürst Dr. Günter Henle, rotes Seidenfutter im schwarzen Umhang, sah stark nach einer momentanen Geldklemme aus.

Frau Etta und Gatte Karl, der Doppelminister, der neuerdings immer etwas aussieht wie ein verkrachter Theologiestudent, der zum Schulbuch-Verleger reüssierte, waren nicht da. Dafür kam der schnauzbärtige Parlamentarische Staatssekretär Karl Moersch, der in der vergangenen Woche in der Fragestunde des Bundestages besser abgeschnitten hatte, als alle Oppositionspolitiker es wahrhaben wollten, aus dem für Politiker aktuellsten aller Anlässe: Er mußte sich zeigen. Und Valentin Falin, neuer Sowjetbotschafter, ebenfalls etwas ins Fach Theologie weisend, schmales Gesicht und ganz Askese, schaffte am Schießstand mit der Kleinkaliberbüchse sogar einen Tiger, einen aus Papier und Stoff natürlich. Erfahrungen sind dazu da, daß man sie macht, wird er sich gesagt haben. Er besichtigte zusätzlich den Wohnwagen einer Schaustellerfamilie, der 120000 Mark gekostet hat.

Frau Scheel, im dunkelgrünen Salzburger Trachten-Look, hat die staatserhaltende Attitüde der Ministergattin, ebenfalls die Gattin des Wohnungsbauministers Lauritzen, die besonders schöne, packende, dunkle Augen hat. Der Außenminister kann glaubhaft versichern, daß die Augen von Heuss, Adenauer, Augstein und Wenger schon wohlgefällig auf ihm geruht haben, und das ist viel. Der Attaché Joachim Neukirch gewann in der Tombola das Automobil. Der »Götter, Gräber und Gelehrte«-Autor C. W. Ceram alias Kurt W. Marek, aus Amerika herbeigeeilt, ein Luftwaffenfreund des Außenministers aus stürmischen Tagen, trat mit der herausfordernden Bescheidenheit des Auflagenmillionärs auf.

Einige Damen schienen Hoffmannstropfen nötig zu haben, die ihnen der Nürnberger Professor René Schubert, der höchsten Bonner Herrschaften Begleitarzt auf Reisen, hätte verschreiben können. Das Überfallkommando und die Sanität mit dem Rettungswagen brauchten nicht zu erscheinen. Zu Werner Müllers Weisen wurde getanzt. Illusionist Marvelli, der über die gebieterische Macht der Zwangsvorstellung genauso verfügt wie über die Dame ohne Unterleib, ließ noch am ehesten deutlich werden, wie nahe Diplomatie und Illusion exemplarisch verwandt miteinander sind. Wenn wir uns irren, lassen wir uns belehren. Es war ein gelungenes Fest. Um Mitternacht allerdings gab es keine Erbsensuppe und keinen einzigen Rollmops mehr. So rustikal war's zugegangen. *(Juni 1971)*

Nicht immer güldene Worte

Dort, wo unsere Staatsoberen, mit Respekt zu sagen, schauspielern müssen, und zwar bei allen öffentlichen Auftritten, wo ausländische Gäste dabei sind, steht ein Mann oder eine Frau neben ihnen, näher noch als der Protokollchef: der Dolmetscher. Dolmetscher, die Interpreten von Hin- und Widerrede, könnten ausgezeichneten Stoff für das Schauspiel »Welttheater« geben. Denn, so sagen Hermann Kusterer, der Referatsleiter »Sprachendienst« im Auswärtigen Amt, und Chefdolmetscher Heinz Weber, beide Vortragende Legationsräte Erster Klasse und beide seit zwei Jahrzehnten in AA-Diensten: Staatsmänner unter vier Augen reden nicht immer güldene Worte.

Der AA-Sprachendienst hat 43 Bedienstete, 27 davon des höheren Dienstes. Reden können selten wörtlich übersetzt werden. Oft werden sie nur in verdünnter Lösung interpretiert und vom »Blech« gereinigt. Freilich müsse man dem Original gerecht werden, auch das Temperament des Redners müsse durchscheinen. Der Dolmetscher soll möglichst gelassen sein. Geziert oder »affig« dürfe er sich keinesfalls geben.

Am besten konnte man Adenauer und de Gaulle übersetzen. Adenauer sprach ruhig, klar und simpel, ohne zu versimpeln; ihn konnte man »wortgetreu« übersetzen. De Gaulle sprach einen sauberen Stil (Kusterer ist übrigens der Übersetzer der de Gaulle-»Memoiren der Hoffnung« ins Deutsche). Schlecht zu übersetzen waren Theodor Heuss und Ludwig Erhard; Heuss, weil er seine Rede in zuviel Schachtelsätze packte und zahlreiche Einschübe machte. Erhard redet zu »wolkig«. Bei Heinrich Lübke war es gelegentlich schwierig zu verstehen, was er meinte. Manchmal meinte er das Gegenteil von dem, was er sagte. Heinemanns Reden sind gut zu dolmetschen. In Gesprächen allerdings ist er wortkarg. Wenn er z.B. knapp resümiert: »Ja, ja, so kommt eins zum anderen«, dann muß der Dolmetscher versagen, und es bleibt ihm nichts als zu übersetzen: »Ja, ja, so ist der Lauf der Welt«. Der Dolmetscher versucht, etwas »Fleisch« an Heinemanns karges Wort zu bringen. Kiesingers Rede war schwierig, weil in der Diktion sehr anspruchsvoll. Er unterbrach oft den Dolmetscher unwirsch: »Das habe ich nicht gesagt.« Brandt ist sehr gut zu übersetzen, weil er gemessen spricht. Kiesinger, noch perfekter Brandt, beherrschen das

Französische, vor allem aber das Englische. Auch Gerhard Schröder und Rainer Barzel sind gut zu übersetzen. Nur wenn Schröder ins Vage ausweichen muß, wird es für den Dolmetscher schlimm. Barzel redet im Telegrammstil, zwar druckreif, aber die Schnelle »nachzuvollziehen« ist schwierig. Walter Scheel kommt am besten mit den Dolmetschern zu Rande, obwohl er nicht »leicht« ist, weil er eine differenzierte Ausdrucksweise hat. Strauß ist anspruchsvoll, aber sehr sprunghaft, Wehner für Dolmetscher ein hoffnungsloser Fall.

Als Gedankenstütze benutzt der Dolmetscher oft ein paar flüchtig hingeworfene Notizen, die keineswegs Stenogramm sind. Hieroglyphenartige Figuren und Männchen, Korrekturzeichen der Drucker und mathematische Symbole stehen dann in einer Bildschrift auf den Notizzetteln. Die »Spaltung Deutschlands« wird durch einen Kreis mit einem Querstrich, »Deutschland als Ganzes« mit einem Kreis und einem »D« darinnen, das Wort »Frieden« durch eine Friedenstaube, das Wort »Krieg« durch ein Kreuz (»über Kreuz«) dargestellt.

(August 1971)

Deutsch-Deutsche Besonderheiten

Ein Diplomat der Bundesrepublik und der Angehörige der DDR-Handelsdelegation trafen sich ungewollt in einem Hotelfahrstuhl in Stockholm. Man kannte sich vom Sehen, aber man grüßte sich nicht; man nahm sich nicht wahr. Es ging aufs Konto Hallstein-Doktrin.[18] Es war in der Ära Adenauer. Der Botschafter der Bundesrepublik und der DDR-Botschafter in Rumänien trafen sich bei einer Diplomatenjagd auf Hasen und Fasanen des rumänischen Staatsoberhauptes Maurer, der Gastgeber und Jagdherr war. Die beiden Deutschen, war es Zufall oder diskretes Arrangement, waren Nachbarschützen. Einmal beschossen der Bonner und der DDR-Botschafter gemeinsam einen Hasen. Der Deutsche (West) lüftete seinen Hut und rief zum Deutschen (Ost): »Das ist Ihr Hase!« Beide zusammen holten einen Fasan aus der Luft, und der Deutsche (Ost) rief zum Deutschen (West): »Das ist Ihr Fasan!« Es war in der Ära Kiesinger. Der Bonner Botschafter Steltzer machte, als er im Oktober 1972 in Kairo seine Antrittsvisite machte, bei seinem DDR-Kollegen, dem Botschafter Bierbach, einen Höflichkeitsbesuch. Es war in der Ära Brandt.

Das Prinzip der Hallstein-Doktrin war inzwischen zur Karikatur geworden. Zwischen den deutschen Diplomaten West und den deutschen Diplomaten Ost hat sich einiges geändert. Man ist sich nicht mehr Luft, man hat wieder die elementaren Vokabeln wenigstens des Grüßens eingeführt. Und sogar zum Handschlag und noch etwas mehr kommt es wieder.

Das Bonner Auswärtige Amt hat sich jetzt für seine Angehörigen auf Auslandsposten einiges einfallen lassen, wie man sich im Umgang miteinander in der internationalen Arena verhält. Im gesellschaftlichen Verkehr wird man sich oft in die Quere kommen und sich nicht ausweichen können und auch nicht wollen. Es gibt nunmehr einen Bonner Runderlaß: Die DDR-Diplomaten sind »im Einklang mit dem Grundvertrag« wie die Vertreter jedes anderen »gleichberechtigten, unabhängigen Staates« zu behandeln. Nur: Sie sind auch Deutsche. Familienleben braucht sich nicht daraus zu entwickeln, gewissermaßen: Der Krach in der Familie soll übertüncht werden. »Das künftige Nebeneinander beider Staaten wird auch beeinflußt durch das Verhalten gegenüber unseren Repräsentanten.« Unsere Leute sollen da wohl etwa geschärft aufpassen. Es soll möglichst reibungslos vonstatten gehen. »Öffentliche Austragung von Gegensätzen vermeiden.«

Wir sind noch immer, auch wenn das der Grundvertrag ignoriert, das Volk der Dichter und Denker, deshalb können unsere Leute Konzert- und Theateraufführungen der DDR besuchen. Umgekehrt können DDR-Diplomaten zu unseren Veranstaltungen eingeladen werden. Über Strafraum und Mittellinie hinaus: Auch Fußballspiele der anderen Seite können besucht werden, »um das Bewußtsein der nationalen Bindung deutlich werden zu lassen«.

Manche schaukelnden Hängebrücken werden natürlich betreten, wenn es im AA-Erlaß heißt, »man müsse behutsam vorgehen«. Aber: »Für die Praxis folgt, daß die Vertreter der DDR künftig in den protokollarischen und gesellschaftlichen Verkehr unserer Auslandsvertretungen einbezogen werden.« Das wäre auch gelacht. Wenn Bahr und Michael Kohl gemeinsam bei Ria Maternus in Godesberg Rehrücken essen, dann werden auch die beiden deutschen Botschafter, sagen wir in Indonesien oder Mexiko, sich gegenseitig zum Abendessen einladen dürfen. Aber bitte alles »behutsam«, einstweilen nur über Wetter, Dienstboten und Weinsorten reden. »Angehörige unserer Missionen können jetzt in amtlicher Eigenschaft mit Vertretern der DDR Gespräche führen und diese auch zu Gesprächen empfangen oder aufsuchen.«

Daß man in Katastrophenfällen, also bei medizinischen Fällen und bei dringenden Ausreisen, auch für DDR-Vertreter da ist, ist selbstverständlich. Aber überall: Takt, korrektes und ungezwungenes Auftreten und Einfühlungsvermögen, um »in das komplexe Verhältnis der beiden deutschen Staaten« Ordnung zu bringen. Und endlich: im amtlichen protokollarischen Verkehr ist die »Bundesrepublik Deutschland« mit ihrem vollen Namen zu bezeichnen. *(Februar 1973)*

Nichts als Empfänge

Beiläufig schaut man ins Bundeshausrestaurant; nicht ein einziger Gast. Mit dem Lift fährt man zum Dach des »Langen Eugen«: Ferienstimmung auf dem Rhein. Unten saust Vogel (Ennepetal) vorbei. Vorhin soll auch Kohl hier vorbeigerauscht sein; Juliane Weber, seine Sekretärin, fragt, ob man einen trinken möchte, es sei so drückend. Für Wetterfühlige ist dieser Bonner Talkessel zur Zeit nichts. Tag für Tag feuchte Luft.

Bonn ist in Aufbruchsstimmung. Die Schlüsselfiguren

Scheel, Schmidt, Genscher, Kohl, Carstens, Strauß, Brandt, Wehner nicht zu vergessen – sind dabei, sich abzusetzen. Dem Sprechverkehr zweier Polizeikommissariate hört man zu. Touristen umkreisen das Bundeshaus.

Es ist von Anfang an beschlossene Sache, daß man die vergangene Woche der Politiker tragischer nimmt, als sie es verdient. Das Wetter, ob politisch oder meteorologisch, wechselt hier mindestens alle zwölf Stunden. Oberbürgermeister Daniels tut das Menschenmögliche, indem er sagt, kurz nach achtzehn Uhr, er müsse noch zu drei Veranstaltungen. Am Morgen las man, daß er in Spanien ein Statement gegeben hatte.

Es ist Montag, der 27. Juni. Drei offizielle Mittagessen heute; Staatsminister von Dohnanyi für den Generalsekretär der OECD, van Lennep; Staatssekretär Hermes Abschiedsessen für den kolumbianischen Botschafter, Dr. Enrique Pardo Parra; Staatssekretär van Well Mittagessen im alten Bundeskanzleramt, dem Palais Schaumburg, für die drei Berlin-Schutzmächte Frankreich, Großbritannien, Vereinigte Staaten von Amerika. Das alles ist etwas von der Substanz des diplomatischen Metiers. Kein Tag wie jeder andere.

Am Abend Heurigenbüfett beim österreichischen Botschaftsrat Dr. Gerhard Rainer in Bad Godesberg. Der Botschaftsrat und Frau Dr. Annemarie geben sich die Ehre. Der österreichische Verteidigungsattaché, Brigadegeneral Otto Heller, sagt, daß er als Leutnant der deutschen Wehrmacht in Lübeck angefangen habe. Der SPD-Bundestagsabgeordnete Adolf Scheu (Wuppertal) und sein CDU-Kollege Friedrich-Adolf Jahn (Münster) hören zu. Der Dreiviertelmond schaut herunter.

Am Dienstag, dem 28. Juni: Der Staatssekretär im Auswärtigen Amt, van Well, gibt ein Mittagessen zum Abschied des Botschafters von Finnland, Björn-Olof Alholm: Leben Sie wohl, Ambassadeur! Staatssekretär Hermes gibt ein Essen für den Planungsminister von Mali, der hier ist, um Abkommen zu unterzeichnen. Der hessische Minister für Wirtschaft und Technik und der Bevollmächtigte des Landes Hessen beim Bund, der Justizminister Günther, haben gemeinsam mit dem Landkreis Kassel und der Handelskammer Kassel für 17.30 Uhr in die Vertretung Hessens eingeladen zu der Präsentation »Wirtschaft und Fremdenverkehr in Hessens grüner Nordspitze«. Innenminister Gries ist da und lächelt freidemokratisch. Es gibt Kulinarisches aus den wild- und fischreichen Waldlandschaften um Kassel.

Am Mittwoch, dem 29. Juni: Der Apostolische Nuntius, Erzbischof del Mestri, feiert in Godesberg den Staatsfeiertag des Heiligen Stuhls, den Peter-und-Paul-Tag, mit einem Empfang. In den amerikanischen Club Bad Godesberg hat der Geschäftsträger der Botschaft des Staates Israel, Gesandter Eitan Ruppin, eingeladen. Der Staatssekretär Hermes gibt ein Mittagessen für den Planungsminister von Mali. Staatssekretär van Well ein Mittagessen für den scheidenden Botschafter von Nigeria, Seine Exzellenz Shuaib Uthman Yolab. Am 30. Juni ist Staatssekretär Hermes wieder dran: Abschiedsessen für den Botschafter des Iran, Dr. Amir Aslan Afshar. Dieser Donnerstag hat es in sich. Helmut Kohl erscheint mit Mitarbeitern am Grabe Adenauers in Rhöndorf. Er hat doch nicht die Kommentare der Zeitungen in der Tasche? Es mag ihn beruhigen, auch der Alte bekam manchen bösen Kommentar.

Berühmte und weniger berühmte Partygänger treffen sich schon am Mittag »aus Anlaß der Bundesfeier« zum Willkomm in der neuen Schweizer Botschaftskanzlei zu einem »Vin d'honneur« in der Godesberger Gotenstraße; Gastgeber ist Botschafter Michael Gelzer. DDR-Botschafter Kohl bringt als einziger Gast Blumen mit. Fünf Generale stehen bei einer Lagebesprechung beieinander: der sowjetrussische, der chinesische, der österreichische, der schweizerische und der bundesrepublikanische. Der Bundesminister für Raumordnung, Bauwesen und Städtbau, Karl Ravens, empfängt zu seinem 50. Geburtstag in seinem Ministerium in der Godesberger Deichmannsaue, ebenfalls schon am Mittag. Der finnische Botschafter Alholm und Frau Anneli geben in ihrer Godesberger Residenz einen Abschiedsempfang, Junggeselle Graf Carl-Gustav Bielke, der königlich-schwedische Gesandte, tut das in der Godesberger Redoute. Ohne die leiseste Verzweiflung sausen die Gäste von einem Empfang zum anderen.

Die Lust der Partys ist von einer neuen Generation von Partygängern übernommen worden. Aber man kommt noch in großer und kleiner Garderobe; die Damen in langem Kleid oder in Hosen, Jeans sah man noch nicht. Männerklatsch ist oft interessanter und amüsanter als Damenklatsch. Da stehen sie beim »small-talken«, bei den aktuellen Problemen und den alten Verzählstückchen.

Die großen Töne spuckt Bonn an diesem Freitagabend beim Kanzler-Sommerfest im Stadttheater. »Hat die Welt noch Töne« heißt das Motto. Der Kanzler hält eine Rede, der Kanzler erzählt einen Witz, der Kanzler spielt Orgel, der Kanzler spricht Shakespeare, vielleicht Hamlets Monolog im 3. Akt, 1. Szene: Sein oder Nichtsein, das ist hier die Frage! Wir werden sehen. *(Juli 1977)*

Eines von vielen Kanzler-Festen

Während der Kanzler am Manuskript hing, die dort festgehaltenen Worte fröhlichen Charakter trugen, stand ein Stockwerk höher ein Mann und horchte auf des Kanzlers Begrüßungsrede: Der Bundesfinanzminister Hans Apel. Er und der Kanzler nennen sich gelegentlich Freunde. Das Selbstbewußtsein des einen und das des anderen war so stark angegriffen, daß sie sich auf dem Sommerfest des Kanzlers im Theater der Stadt Bonn buchstäblich aus dem Wege gingen. Ein Ereignis warf Schatten, das einige Stunden vorher noch die Bundesregierung und die Chefs der Länderregierungen bewegt hatte: Der Steuerstreit, der zugunsten der Länder ausgegangen war, Conrad Ahlers wußte es: Apel wolle dem Kanzler den »Krempel hinschmeißen«. Schmidt suche einen Nachfolger.

Ignorieren konnte der Kanzler, der hier die Macht und die

Herrlichkeit und die Richtlinienkompetenz personifizierte, indem er mit Frau Loki im Schlepp oder als Wellenbrecher durch die weiten Hallen des Theaters zog, weder Freund Apel noch die Länderfürsten Vogel (Mainz) und Stoltenberg (Kiel) – der von Schmidt als ein »entfesselter Föderalist« begrüßt wurde. Schmidt und Genscher, Friderichs, Ehrenberg, Maihofer, Leber und Ertl, die sich als eine Art von sozialliberaler Gilde ansahen, konnten hier die idealistische Konstruktion des Föderalismus durchschauen. Der Herr Bundespräsident, dem der Schwarm der Fotografen auf den Fersen war, schaute gütig auf die Föderalisten aller Kaliber. Auch Scheel begrüßte den Österreicher, Vetter Bruno Kreisky, den Schmidt in seiner Rede den Sonnenkönig vom Ballhausplatz genannt hatte und dem man sich sofort anvertrauen würde. Begrüßung durch Scheel auch des Belgiers Tindemans, der hier mit dem Dänen Jörgensen den Status des freundlichen Nachbarn hat, während der Schwede Olof Palme gründlich hinter der Maske seiner Rolle als Nichtmehrministerpräsident verborgen ist; es schmerzt ihn, nicht mehr Regierungschef zu sein. Schmidt ruft dem Genossen Palme zu: »Opposition ist die Kunst, etwas zu versprechen, was die Regierung nicht halten kann.« Wie wahr, hörte man Helmut Kohl aus dem fernen Berlin herüberrufen, wo er nicht abkömmlich war.

Auf diesen Kanzler-Sommerfesten, die jetzt acht Jahre alt sind, geschieht viel, und es geschieht nichts. Der Kanzler sagte zu den zweieinhalbtausend Gästen, die zum Teil von weit her kamen, man wäre schlecht beraten, nicht auch einmal festlich-fröhlich diese Republik zu repräsentieren, auch wenn es an die hunderttausend Mark koste. Es sei zwar immer von Staatskunst und Regierungskunst die Rede, auch von politischen Kunststücken, sonst aber, so scheine es, hätten Kunst und Politik viel zuwenig miteinander im Sinn. Er persönlich bedaure das sehr, »und zwar nicht nur als aktiver Orgelspieler«.

Und dann lief das Fest, neun Stunden lang, bis es wieder heller Tag war und der 1,50 Meter hohe Tiger aus Pappmaché aus dem Theaterfundus, der am Eingang die Zähne geleckt hatte, gestohlen und von einem Automobil entführt war. Das Showgeschäft blühte und floh gewissermaßen aus der Wirklichkeit ins Illusionäre. »Hat die Welt Töne« hieß das Festmagazin, und mit diesem Motto führte es zur Kritik an den Zuständen. Fünf Can-Can-Tänzerinnen mit Hexenmasken – eine angelte sich den Bundeskanzler – begannen mit dem Tanz. Sie wollten keine Bonner Horrorszene und auch keine Haushaltsdebatte vorführen, sondern endlich einmal – plärrte es im Playback – zwei Can-Can-Tänzerinnen mit Gartenzwergmasken – heile Welt erleben. Dann zwei Tänzerinnen in Kohl- und Strauß-Masken, Arm in Arm: sogar die Opposition verträgt sich gut und möchte auf der Bonner Bühne gern mal eine Rolle spielen. Tänzer und Tänzerinnen gingen vor Schmidt und Loki in den Schlußspagat. Durchs Spalier schritten der Kanzler und Frau auf die Bühne des Theaters, die Musik brach los, die Welt hatte Töne: Eröffnungstanz. Das Auge Schmidts, der in den Armen seiner Frau lag, suchte seinen Finanzminister, und es fand ihn nicht. Der trank ein Altbier, turtelte mit seiner Frau; zwei seiner Staatssekretäre, Hähser und Hiehle, schauten ihm zu. Apel ist zu deutlich hinter der Maske seiner Rolle, gekränkte Leberwurst zu sein, verborgen. Der Bundeskanzler und die Länderfürsten sind unglaublich mit seinen Milliarden umgegangen. Die Welt ist unbequem, Apel weiß es.

Und böse ist sie auch. Die Sicherheitsbeamten sind das Stammpublikum bei solchen Feten. Der Souverän, das Volk, war diesmal wieder in einer Auslese da. Feuerwehrmänner und Zeitungsherausgeber, Oberbürgermeister und 28 Staatssekretäre aus Bonn, Klaus Schütz und Ria Maternus, Carlo Schmid und Heinrich Lützeler, der Galerist Wünsche und der Fabrikant Verpoorten, Wirtschafts- und Gewerkschaftsbosse, sogenannte Persönlichkeiten und ein halbes Dutzend richtige Persönlichkeiten aus dem Bereich der evangelischen Kirche, keine aus dem katholischen Bereich, Künstler und Sportler. Aus der Welt der Töne waren eingeladen Schallplattenmacher und -verkäufer und Chorsänger,

Orgelbauer, Tontöpfer und Leute, die mit dem guten Ton zu tun hatten. Den originellen Einfällen waren keine Grenzen gesetzt, sogar ein Funkenmariechen aus Düren, das im Karneval den Spagat auf dem Kabinettstisch vollführt hatte. Robert Lemke und Alfred Biolek und Manfred Krug, der CDU-Fraktionssprecher Eduard Ackermann und Stingl-Nürnberg waren da. Es war ein Prunkschauspiel des Weltspektakels, von der Theater-Eingangshalle bis zur Haupt- und Seitenbühne und den Foyers mit Palmen, Plüsch und Potentaten. Das große Butterbüfett mit zwölf Sorten Butter und doppelt soviel Sorten Broten und das Süße des Konditorengewerbes mit einem riesigen Baumkuchen, den Hans-Dietrich Genscher anschneiden durfte, waren Knüller.

Eine kunterbunte Kollektion von Bildern, Farben, Gerüchen und vor allem Tönen – das war es. Es hat Spaß gemacht.

Aber, ehrlich, in einer lauen Sommernacht wäre ein Kanzlerfest im Park des Palais Schaumburg noch schöner gewesen. Diese Regierung hat nicht, wie die Opposition mit Recht darstellt, ein so enges Verhältnis zu den Himmlischen. Das bleibt nun mal bei der CDU/CSU. *(Juli 1977)*

Was Gesichter verraten

Unverhofft läuft einem das Thema über den Weg: Bonner Gesichter. Unsere führenden Politiker, wenn sie sich nicht beobachtet fühlen, haben alle einen grüblerischen Zug im Gesicht. Es ist keine Neuigkeit: Sie übernehmen sich physisch und psychisch alle. Innenleben und Streß sind ihnen ins Gesicht geschrieben. Das Naiv-Listenreiche, wie zum Beispiel bei dem Wirtschaftsminister Friderichs, das Staatsmännisch-Listenreiche wie bei Genscher, das Gerissene wie bei Hans Katzer, das Turmhohe, im Besitz der reinen Lehre zu sein, bei einigen Jusos, Werner Marx mit seinem ältlichen Knabengesicht, der Auge, Nase und Mund bewegt und am liebsten auch noch, wenn das ginge, die Ohren mitbewegte.

Sie bräuchten weiter keine Kostüme, um die inzwischen

zu parlamentarischen Staatssekretären aufgestiegenen Karl Moersch und Hans Matthöfer zu Scharfrichtern hinaufzustilisieren. Erich Mende, der seit Jahren zum Knoten seiner Krawatte greift und sich, bei tief depressivem Zug um die Mundwinkel, mit der flachen Hand unentwegt, wie auch Helmut Schmidt, das silberne Schläfenhaar streicht. Streß, Streß, nichts als Streß! Schließlich einer, dem der bohrende Zeigefinger in der Nase ein Markenzeichen geworden ist. Es ist nicht unseres Amtes, es breitzutreten.

Der Bundeskanzler Brandt ist kein heiterer Mann. Aber kein Hochmut von der Regierungsbank von oben herab kommt ins Plenum. Er setzt gerne eine Art von murrendem, selbstquälerischem Abwehrblick auf, die Fernsehkameras zeigen es deutlich. Brandts Aufmerksamkeit ist dem Oppositionsführer Barzel, wenn er redet, abgewandt. Barzel liegt ihm nicht.

Umgekehrt scheint Barzel gegenüber Brandt einige Neidgefühle zu haben. Es ist nicht ohne Reiz, zu beobachten, wenn beide einander anschauen. Gefühlsgegensätze prallen zusammen. Barzels Selbstbewußtsein hat stark gelitten. Er findet kaum noch Zeit, alle schlechten Nachrichten zu verdauen. Bei Barzel hat es eine elementare Verschiebung ins Skeptische gegeben. Die ständige publizistische Diskussion um seine Person hat ihn tief getroffen. Sein Gesicht ist nur noch Maske. Übrigens ist die Stimme belegt und sogar unsicher, auch wenn sie forsch scheint.

F. J. Strauß, sein Gegenspieler, ist inzwischen, Embonpoint, Nacken und Kinn verraten es, längst ein Pykniker geworden. Sein Unvermögen, so listig er auch sein kann, mit seiner Bemerkung über das Barzel-Desaster[9] hinter dem Berge zu halten, ist bekannt. Strauß' rhetorische Meisterleistungen und seine Formulierkunst – mit ihm und Helmut Schmidt nimmt es da keiner auf – sind geblieben. Auch sein Gesicht ist stark gealtert, es hat sich dabei nicht gerade veredelt.

Mit einer Mischung aus Mitgefühl und Entsetzen beobachtet man, wie sich Walter Scheel, der Außenminister, und Helmut Schmidt, der Finanzminister, mit den Ärzten herumschlagen. Beide Gesichter sind stark ausgeprägt worden. Beide haben sich physisch übernommen (aber nicht nur sie). Scheel, trotz mächtiger Nase, hat feinere Züge, Schmidt markantere, wenn nicht markigere bekommen. Wenn Scheels Gesicht in Ruhestellung ist, »hat man das Beispiel vom Versinken des Ausdrucks in eine tiefere Schicht« (ein Bonner Arzt). Beide gealtert, sind sie Männer von besonders deutlichem Profil.

Eine der erfreulichsten und wohl auch bedeutendsten Erscheinungen in der CDU ist der Professor Karl Carstens, mit einem guten Gesicht, dem eines völlig abgeht: die Ellbogen im politischen Geschäft. Hier wird auch das Unvermögen erkennbar, in die vorgeprägte Form eines Fraktionsmanagers zu schlüpfen. Richard von Weizsäcker, so merkwürdig das klingen mag, hat zu regelmäßige Züge. Eppler ist Sauertopf in Permanenz; Ehmke hat erkannt, daß das Genie auch nur ein Mensch ist. Bei Weizsäcker, Eppler und Ehmke hängen die leidenden Mundwinkel als bitterer Zug stets nach unten.

Die Subjektivität des Betrachters wird man hier in Rechnung stellen müssen. Sie erkennt auch in Kabinettsmitgliedern wie Leber, Arendt und Franke, alle drei Volksschüler, natürliche politische Begabungen mit derben Gesichtern, die sich nicht die Butter vom Brot nehmen lassen; auch Lauritzen ist ein Mann mit großem Urteilsvermögen.

Der Deutung von Gesichtern werden sich auf der Bundesratsbank Kühn, Kohl und Stoltenberg stellen. Ministerpräsident Kühn wird als Kandidat für das Bundespräsidentenamt genannt, übrigens neben Walter Scheel, den der CDU-Ministerpräsident Kohl zu favorisieren scheint. Kohl stellt sich alles als großes Spiel dar. In seinen Gesichtszügen kann man Spuren erforschen. Nicht die Fixigkeit, aber die schreckliche Geöltheit fehlt ihm ganz. Beim Nebenmann Stoltenberg fällt auf: Er hat den kleinsten Mund aller Politiker. Solange er nicht die Landtagswahl gewonnen habe, so ließ er in diesen Tagen in Bonn wissen, werde er nicht darüber reden, ob auch er den Hut in den Ring werfe.

Wenn sich der Beobachter fragt, was ihm im Götterhimmel der Politik am eindringlichsten auffällt: Gesichter. Sie spiegeln viele Neuigkeiten. *(März 1973)*

Erst mal in Zivil sehen

Sie kommen in der Uniform der Bundeswehr, einige tragen Ordensschnallen auf der linken Brustseite und sind Generale, einige tragen an dieser Stelle nichts. Die Herren der Luftwaffe sind im sogenannten Waffenrock von dunkelblauer Farbe, die Herren vom Heer in Röcken von taubengrauer Farbe. Die Luftwaffe hat weißes Haar, weißer geht's nicht, das Heer kann die beginnende Tragödie der Glatze nicht verbergen. Auch Generale tragen Aktentaschen. Auf einem Stehpult vor dem Zimmer 217 im Altbau des Bundeshauses liegen Anwesenheitslisten, dort, wo der Verteidigungsausschuß tagt.

Der Verteidigungsausschuß ist ein Gremium, das möglicherweise überfordert ist, wenn es bestimmte Fragen und Daten technischer Art beantworten soll. Eins aber kennen auch diese Zivilisten des Ausschusses, die Herren Abgeordneten, es sei denn, sie hätten es nur bis zum Flakhelfer gebracht oder sie seien noch jünger. Sie kennen alle den Krieg. Ein paar Kriegsversehrte sind unter den Ausschußmitgliedern – allein drei SPD-Abgeordnete, Bals, Pöhler und Wienand, tragen Beinprothesen –, auch zwei ehemalige Ritterkreuzträger sind darunter. In gewisser Weise können die Generale den Herren Abgeordneten also nichts vormachen. Es ist daraus zu schließen, daß die Worte Militär und Soldat keine Fremdworte für die Mitglieder des Verteidigungsausschusses sind.

Einzeln kommen die Herren, die hier die Hauptrollen zu spielen haben: der Verteidigungsminister von Hassel, blaß, Ärgernis um beide Mundwinkel, der Staatssekretär Gumbel, Mänzer Bub und kein Erzengel, auch dann noch, wenn er die

Kameramänner abzuwimmeln sucht. Dann kommt Herr Trettner. In die Anwesenheitsliste schreibt er: »Gen. a. D.«; gleich wird auch Herr Panitzki kommen, der »Gen.-Lt. a. D.« hineinschreibt. Soweit können wir also beruhigt sein. Es ergibt sich die loyale Pflicht für den Minister, den Herren die Hand zu drücken. Der Staatssekretär läßt es beim Wegsehen bewenden, weshalb die Annahme berechtigt ist, daß sich die Herren böse sind. Man scheut kein Mittel, darzutun, daß es nicht ganz stimme mit dem inneren Gefüge in der höchsten Spitze der Bundeswehr.

Konrad Adenauer hat 1953 gesagt: »Generale? Die will ich erst mal in Zivil sehen.« Herrn Trettner, nun in Zivil, könnte man für einen Pharmakologen, der auf dem Wege zum Finanzamt ist, Herrn Panitzki trotz dicker Hornbrille nicht für einen Hochschullehrer, sondern für einen Vertreter für Starfighter oder Automobile halten. Der dauernde Ruhestand und der Lebensabend stehen den Herren noch nicht auf der Stirn geschrieben. Aber das steht fest: des Glanzes der Uniform sind sie entkleidet; sie sind zwar nicht nackt, aber ein General in Zivil ist ein Mensch, der nur noch halb soviel Eindruck macht. *(September 1966)*

Kein Botschafter wie andere

Ein Ereignis besonderer Art traf gestern das bundeshauptstädtische Parkett. »Der Leiter der Ständigen Vertretung der Deutschen Demokratischen Republik, Dr. Michael Kohl, Außerordentlicher und Bevollmächtigter Botschafter, Minister, und Frau Renate Kohl« gaben sich auf gehämmertem Bütten, das goldene Hammer-und-Zirkel-Emblem mit dem Ährenkranz vornedrauf, die Ehre, zum ersten Cocktailempfang »aus Anlaß des 25. Jahrestages der Gründung der Deutschen Demokratischen Republik« in die Godesberger Stadthalle einzuladen. Von 12 bis 14 Uhr fand die Fete statt, eine problematische Zeit. Ost-Berlin wollte sich in Bonn vorstellen.

Aber etwas Ärgerliches lag offen zutage. Die DDR-Leute wurden von den Westdeutschen geschnitten. Die Stadthalle war mit drei Blumenkörben ausgeschmückt. Eine Fahne am Mast gab es bei der DDR-Vertretung in Bad Godesberg, in der Stadthalle gab es weder eine Fahne noch Bilder von Honecker oder Stoph. Die Stimmung war eine Mischung von Leichenbegängnis und Denkmalseinweihung.

Die CDU/CSU war durch niemand, die FDP durch einen Ausschußassistenten der Bundestagsfraktion vertreten, der Herrn Mischnick wegen eines Mittagessens entschuldigte. Von der SPD sah man die Abgeordneten Schmidt (Gellersen), Lenders und Hansen. Das Problem waren die Vertreter der Bundesregierung. Eine halbe Stunde nach Beginn betraten die beiden Egons, Bahr im hellen, Franke im gedeckten Anzug, den Stadthallensaal. Bahr wollte Franke Kohl vorstellen, doch sagte der, er kenne ihn. Der Bundeskanzler hatte offenbar einen Akt von Privatrache vor: Er hatte angeordnet, daß außer Bahr der Minister für innerdeutsche Beziehungen hingehe, obwohl die DDR-Vertretung hatte wissen lassen, juristisch sei Franke wohl unzuständig.

Die Minister Bahr und Franke sprachen keine Glückwünsche aus; trotzdem, so Bahr, gebe es die DDR und den Grundlagenvertrag. Frau Ranke-Heinemann und Rundfunkintendant von Bismarck sollten anhangsweise genannt werden. Bahr zum Stellvertreter Kohls nach vierzig Minuten Aufenthalt: Jetzt lade er seinen Kollegen Franke in ein chinesisches Restaurant ein, man habe Hunger.

Das einzig Verläßliche war sonst: Es wurde weniger gesächselt, als man vermutet hatte. Das deutsch-deutsche Klima war schwer faßbar. Man tat so als ob. Man zögerte nicht, es gleich zu notieren – eine Prise gegenseitiger Geheimnistuerei war der Szene beigemischt. War das für die Ostberliner eine Art Feindberührung mit den Bundesrepublikanern?

Das Kürzel »BRD« habe für sie keine Bewandtnis, sagte Minister Kohl, nachdem er bei den Begrüßungsworten von der »Deutschen Demokratischen Republik« und der »Bundesrepublik« (ohne »Deutschland«) gesprochen hatte. Das war allerdings letzten Donnerstag, als Kohl ein halbes Hundert westdeutscher und Ostblock-Journalisten zu einem Cocktail gebeten hatte. Das Kürzel »BRD«, sagte er, sei erstmals entstanden im gemeinsamen Kommuniqué bei dem Brandt-Besuch in Erfurt 1970. Eine Absicht habe nicht dahintergesteckt.

»Österreich steht der Bundesrepublik doch näher als die DDR«, sagte Werner Händlen, Korrespondent des DDR-Rundfunks in Bonn.

Wo man wohne, wurde DDR-Pressereferent Karwein von einem westdeutschen Rundfunkmann gefragt. Im Bonner Norden, in der neuen Auerberg-Siedlung, antwortete Karwein, unter Ausländern, lauter netten Leuten. Was das für Ausländer seien? fragte der Rundfunkmann. Nun, Bürger der Bundesrepublik, antwortete Karwein.

Wir haben, wenn nicht die Wörter, dann doch noch die Sprache gemeinsam, oder? Das könne man nur bedingt sagen, antwortete der Mann von der DDR-Vertretung mit einem Unterton von Ironie, denn die DDR richte sich nach dem Leipziger, die BRD nach dem Mannheimer Duden.

Der Kern solcher Nebenher-Gespräche ist hart. Mögen Walter Scheel und Helmut Schmidt sagen, kein Volkskammer-Beschluß könne die deutsche Nation beseitigen, die junge DDR-Mannschaft – Kohl nennt sie »Pioniere« –, die hier in Bad Godesberg, Kölner Straße 18, sich als »Botschaft« zu etablieren versucht, mag einer Selbsttäuschung anheimgefallen sein, aber jeder einzelne von den »Botschaftsräten«, »Botschaftssekretären« erster, zweiter, dritter Klasse und Attachés ist ein Prototyp der Hartgesottenen.

Sie sehen alle aus, als ob sie eine lange Schulung in bestimmten Denkformen hinter sich hätten. Wenn man den »Botschafter« und die »Botschaftsräte« so sieht, Kohl mit dem etwas groben Gesicht, das immer ein Lächeln um die Mundwinkel, aber eine depressive Stellung hat – dann spähen sie hinter jedem Wort her, was sie sagen.

Besonders bei Kohl ist der »abgedeckte« Blick auffallend.

Sein Gegenüber schaut er kritisch, aber in Angriffsstellung an. So beim Antrittsbesuch: Dem Bundesratspräsidenten Filbinger gegenübersitzend, fragte Kohl versteckt ironisch-süffisant, warum er, Filbinger, ihn gerade auf diesen Stuhl setze. Damit er die Uhr sehen könne? So sei es doch wohl gedacht. Filbinger, einem sonst gelösten Mann, rutschte die Kinnlade nach unten.

Im diplomatischen Gewerbe ist das Problem immer, ob man sich die Wahrheit sagen kann oder soll. Lügen haben kurze Beine. Und es ist wohl nur ein Zufall: auch Herr Kohl hat kurze Beine. Sein Blick findet selten einen Punkt, wo er haften bleibt. Niemand kann sich vorstellen, daß er Michael heißt; Michael – der Erzengel.

»Ich werde behandelt wie jeder andere Botschafter auch«, sagte Kohl. Doch zum diplomatischen Korps gibt es eine unüberbrückbare Lücke. »Botschafter«, sagt man im Bundeskanzleramt, sei bei Kohl »ein persönlicher Titel, der im amtlichen Verkehr keine Wirkung entfaltet. In Bonn wird Herr Minister Kohl nicht als Botschafter angesehen, denn es bestehen keine diplomatischen Beziehungen zur DDR.« Der Gruppenleiter im Bundeskanzleramt, Ministerialdirigent Stern, ist für Kohl der zuständige Mann.

Die Godesberger Vertretung, ein Neubau aus Glas, Beton und Eisen, mit mächtigen Funkmasten auf dem Dach, 35 Büroräume mit rund sechzig Bediensteten, wird von keiner »Kundschaft«, keinem Publikum betreten. Wäre er nicht so neu, müßte er mit einem Gebrechen behaftet sein. Das Gebäude sieht aus wie ein Gespensterhaus.

Das Klima zwischen Bundesrepublikanern und den »Brüdern und Schwestern«, zwischen denen »von drüben« und denen »von der anderen Seite« ist sublimiert, steht unter Luftspannung. Die Atmosphäre ist künstlich. Die Reise der Ostberliner nach Bonn, das ist eine Expedition in unerforschtes Land. Wie kann man fertig werden mit dem Dilemma, in dem sich die Westdeutschen und die Mitteldeutschen auf gemeinsamem Boden befinden? Wie kriegt man das Verhältnis und die Probleme in den Griff, damit nicht alles so nach gegenseitiger Verschwörung und Konspiration aussieht?

Eine gloriose Konstruktion hat man sich damals bei den Automobilen einfallen lassen. Die DDR-Vertretung führt nicht das »CD« an ihren Wagen, ist aber in die Diplomatenreihe der Kennzeichen-Nummern eingeordnet: Kohl führt die Autonummer 0-160-1.

Wahrnehmungen eigener Art machte man beim Nationalfeiertag der Volksrepublik China in der Godesberger Stadthalle am 1. Oktober. China-Botschafter Wang Shu begrüßte zum erstenmal beim Empfang Sowjetbotschafter Falin (früher ließen sich die Sowjets durch einen zweiten oder dritten Sekretär vertreten, umgekehrt auch die Chinesen bei den Sowjets), den Botschafter der Volksrepublik Polen, Piatkowski, und Kohl von der DDR.

Es ist ohne Zweifel etwas zugunsten des Satzes zu sagen, die Sachsen hätten ihren Witz behalten. Ein Sachse aus der Kohl-Vertretung erzählte den Witz: »Trifft es zu, daß die DDR mit Volldampf auf den Sozialismus zusteuert? Antwort von Radio Leipzig: Im Prinzip ja, aber neunzig Prozent des Dampfes brauchen wir fürs Tuten.« *(Oktober 1974)*

Haarige Probleme

Unlängst geschah dies: In Rouen in der Normandie ging das 6. deutsche Minensuchgeschwader mit zehn Pötten der Bundesmarine an Land. Bevor die Soldaten zum Landgang zu ihrer Jeanne d'Arc ausschwärmten, ließ der Kommodore verlauten, wer schulterlange Haare habe, dem empfehle er, sich vorher zum Friseur zu begeben, sonst werde es nichts mit seiner Jeanne d'Arc und er komme nicht von Bord. War das ein Befehl, oder war das kein Befehl? Die blauen Jungs in Rouen, so meldete der Geschwaderkommodore nachher nach oben, hätten nicht den besten Eindruck bei den Franzosen hinterlassen, ein Erfolg sei es nur bedingt gewesen, die Franzosen hätten Anstoß an der Haar- und Barttracht der

Soldaten genommen.

Und unlängst, bei einer Kommandeurstagung in Bad Nenndorf, kam die Haartracht, seit 1969 gewissermaßen ein heißes Eisen in der Truppe, wieder aufs Tapet. Beim Barte des alten Kaisers Wilhelm und den langen Haaren des Großen Kurfürsten, des Alten Fritz, Napoleons, Yorks, Scharnhorsts, Zietens und Clausewitzens, so ungefähr meinte der anwesende Verteidigungsminister Schmidt, er möchte vom Thema nichts mehr hören, sonst werde er gleich hier den Saal ausstaffieren lassen mit den Bildern dieser Herren, die alle große Soldaten gewesen seien und alle lange Haare getragen hätten. Langhaarige waren das Urbild und das Vorbild des Soldaten.

Noch ein nicht zu widerlegendes Argument von Schmidt: Kurzhaarige deutsche Soldaten hätten noch keine Kriege gewonnen, der Alte Fritz hätte seine Kriege mit Langhaarigen gewonnen. Und nun – so Schmidt – warte er auf den Augenblick, wo der erste Bundeswehrgeneral mit langen Haaren und Bart komme, dann sei das Problem gelöst; die Bärte wären weg; denn welcher Rekrut möchte wie ein General aussehen. In Bad Nenndorf flüsterte man es, aber man konnte sich noch nicht durch Augenschein vergewissern: Es gebe den ersten Bundeswehrgeneral mit Bart.

Die berühmten Grundsätze über Haar- und Barttracht von 1967, von Schmidts Vorgänger postuliert: »Haar- und Barttracht müssen so gewählt werden, daß sie das saubere und gepflegte Erscheinungsbild des Soldaten nicht beeinträchtigen«, bis zu Schmidts beiden Ergänzungserlassen von 1971, daß »die Bundeswehr in ihrem Erscheinungsbild die Entwicklung des allgemeinen Geschmacks nicht unberücksichtigt lassen« könne, um dann den erzenen Satz den Kompanieführern an die Hand zu geben: »Haare und Bart müssen sauber und gepflegt sein.« Gleichzeitig wurde das Haarnetz, oliv-grün, 59 Pfennig, befohlen. »Das Haarnetz ist von den Soldaten, dessen Haare über den oberen Rand des Uniform- und Hemdkragens herabfallen, bei jedem Dienst ohne Rücksicht auf die jeweilige Tätigkeit zu tragen.«

Bei »jedem Dienst«, so moniert Wehrbeauftragter Fritz-Rudolf Schultz den Ministererlaß in seinem Jahresbericht, den die Bundestagsabgeordneten Anfang dieser Woche in ihren Fächern fanden, gehöre das Haarnetz von Dienstbeginn bis Dienstende zum Anzug, »also auch im Speiseraum, am Schreibtisch, in der Telefonvermittlung, in der Arrestzelle ebenso wie beim Spießbratenessen im Gelände«. 258 Eingaben, die sich nur mit langen Haaren befaßten, hat Schultz im Laufe des Jahres bekommen.

Das Ministerium hat inzwischen angeordnet: In der Arrestzelle kein Haarnetz. Behelfsweise wurde zwischenzeitlich das Tragen von Sporthauben und Mückenschleiern befohlen. Dies, so der Wehrbeauftragte, bot ein Erscheinungsbild, das für Humor und Heiterkeit nur noch wenig Anlaß bot. In der Marine gab es den Befehl: kurzer Haarschnitt, da die Wasserbestände an Bord eine hinreichende Pflege langen Haares nicht erlaubten. In einer Division wurden Langhaarige auf einer Stube zusammengezogen und wegen der Pflege der Haare früher als die Kameraden geweckt. Beim Bonner Wachbataillon sind nur Fassonschnitt mit 2 cm über dem Kragen und nur ein Oberlippenbart zulässig.

Von den Erscheinungen, die über die Welt hereingebrochen sind, ist die Haartracht eine der skurrilsten. Daß sie dem Wechsel der Mode unterliegt, will Schmidt den älteren Semestern unter den Offizieren deutlich machen, allerdings ist sie in der Truppe auch ein ständiger Unruheherd. Schmidt meint, nur ältere Menschen könnten hier aber ernsthaft ein Problem sehen. Die Bundeswehr habe es nicht nötig, die Gestaltungsfreiheit junger Menschen unnötig einzuengen. Die älteren Semester, die weder langes Haar, noch Vollbart oder Schnauzbart tragen, sehen für die Jungen wahrscheinlich wie guterhaltene, sitzengebliebene Greise aus.

(März 1972)

Alles genau geregelt

Jedes Jahr am 1. Oktober schreitet ein Amtsgehilfe in den Ministerien von Büro zu Büro und bringt an den Fensterbänken eine im Geräteverzeichnis als »Friesdecke« bezeichnete dunkelgrüne oder dunkelrote Decke an. Die Friesdecke soll den Durchzug durch die Fensterritzen und so bei dem dahintersitzenden Beamten Hexenschüsse oder Rheuma verhüten.

Eine gewisse Melancholie, vermengt mit etwas Schadenfreude, befällt die Beamten, wenn sie daran denken, daß sie nach dem 1. Oktober plötzlich von dieser Weltbühne abberufen würden. Sie denken dabei nicht an ihre Pensionierung, sondern an das viel Radikalere, nämlich den Tod. Nach dem 1. Oktober, im Winterhalbjahr, dürften nach den schon vier Jahre alten Richtlinien des Bundesfinanzministers, für alle Ministerien verbindlich die Kosten eines Kranzes 30 bis 40 Mark und nicht, wie im Sommer, 20 bis 30 Mark betragen. In klassischem Deutsch, in behördenoriginaler sprachlicher Neuschöpfung, heißt es im Erlaß: »Dieser Spielraum wird die Verwaltung in die Lage versetzen, unter Beachtung der gebotenen Sparsamkeit Kränze mit Schleife in einer der Ehrung des Toten angemessenen Ausführung zu beschaffen.«

Die Anteilnahme des Staates am Tode seiner Diener ist progressiv. Eine Stenotypistin von der Kanzlei, wenn sie sich Freund Hein anvertrauen und sich für immer empfehlen sollte, würde sich mit einem Blumenbukett begnügen müssen. Die Kranzschleife beim Amtmann ist schmaler als beim Ministerialrat, diese wieder schmaler als beim Ministerialdirektor. Ein Bundesbediensteter wird seine »treue Pflichterfüllung« in der Anzeige einer Bonner Tageszeitung, zweispaltig, 80 Millimeter hoch, bestätigt bekommen.

In der Hierarchie des Beamtenapparates zeichnet der Minister Schriftstücke mit einem grünen Stift, der Staatssekretär mit einem roten, der Abteilungsleiter (Ministerialdirektor) mit einem blauen, der Unterabteilungsleiter (Ministerialdirigent) mit einem braunen Stift. Alles, was darunter ist, also vom Referatsleiter (Ministerialrat) abwärts, darf keinen Buntstift benutzen. Der Referatsleiter darf sich auch noch keinen Dienstwagen bei der Fahrbereitschaft bestellen, der ihn morgens zum Büro und abends wieder nach Hause bringt. Das steht nur den Herren vom Ministerialdirigenten an aufwärts zu. Der Referatsleiter, also der Ministerialrat, hat auch noch kein Vorzimmer mit einem Vorzimmerfräulein – das gibt es erst vom Unterabteilungsleiter an –, er muß ferner das Telefon noch selbst bedienen.

Die höheren Chargen zeichnen sich noch durch etwas komfortablere Dienstzimmer aus. Vom Ministerialdirigenten an aufwärts stehen den Herren helle Büromöbel zu, die niedrigeren Ränge haben dunkle. Sie sind billiger. Die Zimmerausstattung eines Ministerialrats darf 1200 Mark kosten. Dies ist genau in Richtlinien festgesetzt. Sie bestehen aus einem Schreibtisch, einem gepolsterten Schreibtischsessel, zwei gepolsterten Besucherstühlen, einem Aktenbock, einem kombinierten Akten- und Kleiderschrank, einem runden Tisch, zwei gepolsterten Stühlen und, wie es in den »Grundsätzen über die Beschaffung und Verwaltung von Dienstgerät« heißt, »Sonstigem«: Tischlampe, Papierkorb, Fenstervorhänge.

Jeder Bundesbedienstete bekommt wöchentlich ein Handtuch, rotgestreift als bundeseigen zu erkennen, außerdem alle zwei Monate ein Stück Seife. Die höheren Beamten bekommen als Schreibunterlage eine Glasplatte, die niedrigeren Ränge grünes Linoleum, 60 mal 40 Zentimeter. Eine bestimmte Anzahl Bilder mit dem Kopf des Staatsoberhauptes – im Wechselrahmen – hat jede Bundesbehörde. Im Verteidigungsministerium lächelt Theodor Heuss auf die Offiziere, und das Lächeln könnte ganz gut heißen: Nun siegt mal schön! Das Geräteverzeichnis, in jedem Büro sichtbar aufgehängt, erinnert in seiner Akkuratesse fatal an eine preußische Mannschaftsstube. Tatsächlich entstammt ein Teil der Hausverwalter in den Ministerien noch der alten preußischen Militärverwaltung, Unteroffiziere alter Art mit dem Zivilversorgungsschein.

Wo sie wirken, herrscht Ordnung und Zucht. Zum Beispiel

ein Hauserlaß: »Es mehren sich die Fälle, daß Angehörige des Hauses beim Betreten und Verlassen des Ministeriums den Weg durch die Ein- beziehungsweise Ausfahrt nehmen, wenn die Schranken geöffnet sind, oder bei geschlossenen Schranken diese anheben, um darunter hinwegzugehen. Ich weise nochmals ausdrücklich darauf hin, daß Fußgänger den Mitteleingang zu benutzen haben.« Oder ein anderer Hauserlaß für Zucht und Ordnung: »Es wird Klage darüber geführt, daß aus offenstehenden Fenstern des Ministeriums häufig Abfälle und glühende Tabakreste geworfen werden. Dieses Verfahren erscheint für Angehörige eines Ministeriums nicht würdig und hinterläßt bei Besuchern einen schlechten Eindruck.« Oder: »Angehörigen von Bundesministerien ist es verboten, in öffentlichen Verkehrsmitteln (Straßenbahnen, Autobussen) Akten zu lesen.« Mitfahrende sollen nicht mitlesen und Kenntnis von vertraulichen Angelegenheiten erhalten. Ferner: »Es wird daran erinnert, daß andere als Papierabfälle, zum Beispiel Flaschen, Obstreste, Blumen usw., nicht in die Papierkörbe geworfen werden dürfen. Die Reinemachefrauen sind angewiesen, Verstöße gegen diese Anordnung zu melden.« Oder: »Bei allem Verständnis für das Bestreben, seinen Arbeitsplatz freundlich zu gestalten, bitte ich darauf zu achten, daß jede Beschädigung von Einrichtungsgegenständen und bei aufgehängten Blumen von Wänden durch zu starkes Gießen der Pflanzen oder das Fehlen von Untersätzen vermieden wird.« *(Oktober 1958)*

Doch nicht out: Der Cut

Im Kaiserreich hatten Zylinderhut und Bratenrock eine wichtige Funktion, wenn ein Reichskanzler die auf seinen Vorschlag vom Kaiser ernannten Minister (die damals noch Staatssekretäre hießen) dem Reichstag vorstellte. In der Weimarer Republik wich man auf den Cutaway bei Ministerernennungen aus. Im Dritten Reich trugen Reichsminister ohnehin Uniform, und in der Bundesrepublik gab es bei solchen Anlässen zunächst wieder den »Cut«, also den Cutaway.

Seit der ersten Regierung Brandt/Scheel im Jahre 1969, dann bei der zweiten Regierung Brandt/Scheel 1972 kamen die meisten noch im Cut, einige der Bundesminister zu Ernennung und Vereidigung aber bereits im schwarzen Anzug. Das Kabinett Schmidt/Genscher brach nun jüngst ganz mit der Tradition – wie Giscard d'Estaing in Frankreich –, packte die Gelegenheit beim Schopf, kam nur im schwarzen Anzug, der Cut war tot. Der Cut wäre ohnehin eine Arabeske gewesen. Mit der Tradition, die den Cut vielleicht zu legitimieren vermöchte, hat Helmut Schmidt aufgeräumt. Er möchte, sagte er, den Ministern, die aus Arbeiterhäusern kämen – Arendt, Leber, Ravens, Rohde, Franke, Gscheidle, Matthöfer zum Beispiel – ersparen, in geliehenen Cutaways auftreten zu müssen. Mit Heinemann war das im übrigen abgesprochen.

Das neue Kabinett lockt zu einer soziologischen Betrachtung. Woher kommen die Minister? Die Nichtakademiker – in der Mehrzahl Volksschüler – haben die Akademiker überrundet. Es ist eine erstaunliche Feststellung, daß niemand von »reichen« Eltern abstammt. Bundeskanzler Schmidt ist Lehrersohn, der Großvater »kam noch ganz von unten«, er war Hamburger Hafenarbeiter. Der Lehrerstand hat schon immer eindrucksvolle Beispiele von Begabungen hervorgebracht.

Die FDP-Bundesminister sind alle Akademiker, Außenminister Genscher, Innenminister Maihofer und Wirtschaftsminister Friderichs Juristen, Landwirtschaftsminister Ertl Oberlandwirtschaftsrat. Ihre Väter waren Jurist und Syndikus bei Genscher, Stadtinspektor bei Maihofer, Arzt bei Friderichs und Bauer bei Ertl (mit einem 25 Hektar großen Hof in Oberschleißheim bei München).

Aus der Welt der kleinen Leute kommen der Arbeitsminister Arendt, der wie der Vater Bergmann im Ruhrgebiet war – der Vater starb an der berüchtigten Staublungenkrankheit des Bergmanns –, der Verteidigungsminister Leber, der wie der Vater Maurer war, der Verkehrsminister Ravens, dessen Vater Zigarrenmacher, später Eisenbahnarbeiter in der Bremer Gegend war, der Minister für Bildung und Wissenschaft, Rohde, ein gelernter Journalist, der Vater war Schweißer in einer Fabrik, Egon Franke, gelernter Kunsttischler, Minister für innerdeutsche Beziehungen, dessen Vater fremden Kindern das Klavierspielen beibrachte, Postminister Gscheidle, Ingenieur, der Vater technischer Bundesbahnamtmann, Hans Matthöfer, Minister für Forschung und Technologie, der Vater Fabrikarbeiter, erwarb – wie Rohde und Gscheidle – auf dem zweiten Bildungswege die Hochschulreife.

Das akademische Element ist unter den SPD-Kabinettsmitgliedern geringer. Bundeskanzler Schmidt ist Diplomvolkswirt, Justizminister Vogel, der immer wie ein Primus aussieht, ist Sohn eines Universitätsprofessors, Dr. phil. Katharina Focke ist Tochter eines bedeutenden Publizisten, Entwicklungshilfeminister Gerhard Eppler, Studienrat, sechs Geschwister, ist auch Sohn eines Studienrats, der wiederum von einem Bekleidungsverwalter der königlich-württembergischen Armee abstammt, Finanzminister Dr. rer. pol. Apel ist Sohn eines Hamburger Prokuristen in einer Einzelhandelsfirma.

Wenn man die Großväter noch hinzunimmt, der Aufstieg von ländlich-bäuerlichen zu städtisch-bürgerlichen Menschen – dazu zählen auch die Bundespräsidenten Heinemann und Scheel –, dann hat man in allen Fällen, wie es in der Soziologie ausgedrückt wird, die »Lebensläufe in aufsteigender Linie«. Bei den SPD-Kabinettsmitgliedern hat man in den meisten Fällen den typischen Werdegang des Arbeiterkindes. Jedenfalls macht diese kleine Soziologie deutlich, daß sie fast alle aus mittelständischen Schichten kommen, aus dem Bürgertum, dem Kleinbürgertum und der Arbeiterschaft. Von der Herkunft her sind sie meist Leute »aus kleinen Verhältnissen«, wo der Aufstieg überall aus der Masse des Volkes durch besondere Tüchtigkeit glückte. *(Juni 1974)*

P.S. Der Cut kam doch wieder. Helmut Kohl trug ihn bei seiner Ernennung zum 6. Bundeskanzler im Oktober 1982.

Das Gerücht erhält sich hartnäckig in der Bundeshauptstadt, Sowjetbotschafter Zarapkin suche Tuchfühlung mit den Deutschen. Man sucht Gesprächspartner. Vor Ostern waren etliche Politiker in der Botschafterresidenz bei Zarapkin in Rolandseck zum Essen, nun auch hatte der Presseattaché Bogomolow Journalisten zum erstenmal seit des Botschafters Smirnow Fortgang zum Cocktail in die UdSSR-Botschaft eingeladen. Anlaß: Verabschiedung des »Prawda«-Korrespondenten Michailow und Ankunft seines Nachfolgers Eugen Grigorjew. Michailow war Wohnungsnachbar des Außenministers Brandt am Kiefernweg auf dem Venusberg. Grigorjew, der nicht identisch ist mit dem früheren »Botschaftsrat« und Geheimdienstler Sergej Grigorewitsch Grigorjew, zieht in dieselbe Wohnung. Aber auch Eugen Grigorjew ist ein alter Bekannter in Bonn; er hat mehrere Jahre die Moskauer Gewerkschaftszeitung »Trud« als Korrespondent in Bonn vertreten. Der Wechsel ist eine Fußnote wert: Redakteure des »Spiegel«, der kürzlich mit interessanten Spionage-Details aus der Rolandsecker Sowjetbotschaft aufwarten konnte, und der Springer-Blätter waren nicht anwesend. Nur sechs Sowjetkorrespondenten sind in der Bundeshauptstadt akkreditiert, zwei von der Agentur »Tass« und je einer von der »Prawda«, der »Iswestija«, des Moskauer Rundfunks und der »Ekonomitscheskaja gazeta«. Die russischen Journalisten leben von den übrigen Zeitungskorrespondenten weitgehend isoliert. Ihr Leben in Bonn ist, wie auch bei den Sowjetdiplomaten, ein Kreuzungsprodukt von Vorsicht und Mißtrauen.

Jetzt nun der Cocktail in der Botschaft: Der erste, der einen grüßt, ist Lenin. Er hängt an der Wand links im Eingangssalon. Und wenn man weiß, daß er einmal die Ehe als bürgerliche Angelegenheit gebrandmarkt hat, wundert man sich, wie sehr bürgerlich die jungen sowjetischen Frauen wirken, die zwischen den Gastgebern stehen.

Die Gastgeber, etwa vierzig Diplomaten, meist unter vierzig, stehen herum, mehr Fruchtsaft trinkend als Wodka und Krimsekt. Sie sehen alle aus, als ob Mißtrauen mit entsprechend strengen Blicken eine der wenigen Möglichkeiten sei, der Diplomatie Ausdruck zu geben. Und einige sehen aus, als ob sie am liebsten, wie Grillparzer, mit der eigenen Leiche gehen würden. Wieviel von ihnen sind Geheimdienstler?

Nur die Sowjetjournalisten sind muntere Knaben, Grigorjew vor allem und der Kollege vom Moskauer Rundfunk. Parteichef Breschnew und Staatsoberhaupt Podgorny schauen aus Bilderrahmen zu, in denen man noch Bulganin, Malenkow und Chruschtschow gesehen hat.

Im Salon linkerhand steht Frau Zarapkina. Sie läßt sich einen Handkuß gefallen, hat zwei Kinder und ist schon »Babuschka«, also Großmutter; sie erzählt es unbefangen. Mit dem Charme der Botschafterfrauen hat es eine eigentümliche Bewandtnis; der Smirnowa, ihrer Vorgängerin, steht sie nicht nach. Sie hat brünettes Haar und braune Augen und spricht ein besseres Deutsch als ihr Mann, der sich lieber auf Französisch oder Englisch unterhält. Sie besucht gern Theater, war schon in Köln, Düsseldorf, Frankfurt, Stuttgart und München zu Aufführungen, das Klima im Rheintal sei nicht das bekömmlichste, und es würde Zeit, daß die Stadt Godesberg die Baugenehmigung für die neue Botschaft erteilt. »Wir kommen neben die Jesuiten«, sagte sie kräftig, aber in Kammertonstärke.

Plötzlich erscheint auch der Botschafter. Niemand braucht das Gefühl zu haben, gleich unter Zarapkins Räder zu kommen. Der Mann mit der breiten Sattelnase und den großen Ohren ist angeblich der Schwarm zahlloser Bonner Frauen, wie Bonns Elsa Maxwell, die Buchautorin Ingelore Winter in ihrem neuen Opus »Bonn in Frack und Schärpe« bewundernd schreibt. Aber Zarapkin braucht sich nicht zu fürchten vor Frau Ingelore.

Die Cocktailparty nimmt ihren Lauf, erfahren tut man nichts. Peinliche Fragen nach der ČSSR, China, Ussuri, Berlin und Budapest werden nicht gestellt oder nicht ausreichend beantwortet. Der Botschafter lächelt, seine Frau lächelt, die Diplomaten haben steinere Gesichter.

Wer sie besucht, die Sowjetmenschen in Rolandseck, bemerkt ihr zurückhaltendes Wesen, das anscheinend aus der Furcht vor einer Infektion mit »westlichen« und »bürgerlichen« Gewohnheiten kommt. Die Männer, soweit das ein Beobachter beurteilen kann, geben ein Bild des guten Ehemannes ab und des guten Familienvaters. Niemand ist so konservativ und »bürgerlich« wie diese Kinder der proletarischen Revolution. Was früher bei uns bürgerliche Moral hieß, heißt jetzt sowjetische Moral. Es wäre anscheinend undenkbar, wenn einer der Männer einmal einen Seitensprung machte. Einer, der vor einigen Jahren erwischt wurde, wurde sofort nach Rußland zurückversetzt. Die Familie ist eine der großen stabilisierenden Mächte in der Sowjetgesellschaft. Diese Russen, die sich so bieder, bürgerlich, manchmal spießbürgerlich geben, beginnen sich in der bürgerlichen Welt zu assimilieren. In der Bundeshauptstadt gehen sie weitgehend unter, aber wenn sie auf der Straße auftauchen, meist in Bad Godesberg, wo viele wohnen, dann schielen die kosmopolitischen Bundeshauptstädter doch mit einem Auge: Aha, die Russen! *(April 1969)*

Genialer Künstler der Vereinfachung

Es ist ein Band mit weißem, glänzendem Umschlagpapier. Er sieht schön, fast hinreißend aus in seiner Einfachheit plus Armut plus Zweckmäßigkeit. Die Ästhetik der industriellen Fabrikation wird im Programmheft des Düsseldorfer 18. CDU-Parteitages deutlich. Jedermann bekommt es überreicht.

Nein, Bildung ist nicht ausgestorben. Was 25 Prominente der CDU, von Eduard Adorno bis Heinrich Windelen, in einer Befragungsaktion zum besten geben, Weltkinder Rainer Barzel und Helmut Kohl in der Mitten, ist erregend genug. Ein langgehegter Wunsch des Parteivolkes ist nun in

Erfüllung gegangen; es weiß nun, mit wem sie's halten und treiben.

Rainer Barzel wollte als Kind Professor werden, und sein Lieblingsschriftsteller ist nicht Günter Grass, nein, wie denn auch; sein Lieblingsschriftsteller ist Platon, der griechische Philosoph. Man kann es sich gut vorstellen: Trüge Barzel den platonischen Bart, er wäre eine platonische Kopie. Seltsam, daß man das mit solcher Bestimmtheit sagen kann. Denn schwankt die Bedeutung der Idee bei Rainer Barzel nicht auch zwischen Allgemeinvorstellung und Vorstellung a priori, wie beim alten Platon? Barzel schätzt die Beatmusik und den Eislauf, das ist sein größtes Hobby, dem er regelmäßig obliegt. Ob er für Mini, Midi oder Maxi sei? »Schönen Frauen«, sagt der Weitgereiste, der seine Frau mit »Puppe« anredet, »steht alles. Zweckmäßig wäre es, im Sommer Mini, im Winter Midi zu tragen.«

Helmut Kohl, der Förster werden wollte, für Mini ist und beim Hobby »Weintrinken« angibt, liest Zuckmayer und Bruce Marshall. Und Heinrich Köppler: »Eigentlich habe ich keinen Lieblingsschriftsteller. Wenn sie jedoch so fragen, würde ich Heinrich Böll nennen.« Aber ist das nicht, als ob man eine offene CDU-Wunde mit Kochsalzlösung behandelte? Als Schüler war Köppler »anti-autoritär«; er kommt nur selten zum »Go-cart«, seinem Lieblingssport. Ernst Müller-Hermann wollte Bahnhofsvorsteher (»Hochheber«) werden. Man sieht, wie er beim Lieblingsschriftsteller mit abgespreizten Fingern schreibt: »William S. Schlamm«.

Gustav Niermann war vor zehn Jahren zuletzt im Kino, Helga Wex, auf dem Foto der Eindruck des Beinahetragischen, obwohl sie ein ganz munteres Ding ist, hat als Lieblingsfarbe Blau und ist für Mini. Richard von Weizsäcker tut es nicht unter Shakespeare, ist merkwürdigerweise für Kardinalsrot, für Maxi, für Schach und Ikonen. Der kleine Moritz Diddi Rollmann ist ebenfalls für Maxi, Dürrenmatt und Bücherlesen. Kurt Schmücker, ebenfalls Dürrenmatt, Mini und Lokomotivführer. Hans Katzers Lieblingsfarbe ist selbstverständlich »Rot«, von Hassels »Zinnoberrot«. Er war, konservativ von Geblüt, »anfänglich kein Freund des Mini; inzwischen habe ich mich nicht nur mit dem Mini ausgesöhnt, sondern finde es eine hübsche Mode, vorausgesetzt, das Mädchen paßt hinein. Maxi und Midi: schrecklich.«

Von Konrad Adenauer heißt es: »Wir sind wieder en jutes Stück vorwärts gekommen«, oder: »Die Lage war noch nie so ernst.« Änne Brauksiepe über ihn: »Seine für den einfachen Menschen einfache Formulierung komplizierter Zusammenhänge und sein Humor beeinflussen mich bis heute.« Alfred Dregger: »Adenauer war ein Mann, der große Gedanken einfach zu sagen wußte.« Jürgen Echternach: »Seine Standhaftigkeit und Zielstrebigkeit sind beispielhaft.« Wilfried Hasselmann: »Genialer Künstler der Vereinfachung.« Helmut Kohl: »Seine Selbstdisziplin.« Kraske: »Seine Zielstrebigkeit«, Helmut Lemke: »Seine Souveränität«, Müller-Hermann: »Blieb seiner Sache immer treu«, Gustav Niermann: »Bestimmtheit und Gradlinigkeit«, Kurt Schmücker: »Stetigkeit«, Schwarz-Schilling: »Beharrlichkeit«, Windelen: »Zäh und unbeirrt.« Riesengroß schaut der Alte von der Wand auf seine Epigonen, nicht ohne ihnen auf dem Düsseldorfer Parteitag einen alten Lapidarsatz ins Gedächtnis zu rufen: »Die Situation ist da.«

Sachte konnte man in der Düsseldorfer Kongreßhalle, die drei Tage nach schlimmen Küchendüften stank, einige Kulissen an die richtige Stelle rücken: Die Lieblingsfarben bei der CDU-Prominenz sind offenbar Rot, Tomatenrot, Zinnoberrot oder Kardinalsrot. Und Blau. Nur Barzel: »Weiß nicht.« Eduard Adorno bekennt sich als »recht guter« Schüler; sonst sind sie in der Schule, es steht nicht gut bei der CDU, alle »mittelmäßig« gewesen. Die Sache muß Kreise ziehen.

Keine Schadenfreude: Erich Mende saß so einsam da. Alle Viertelstunden strich er, im äußeren Habit neuerdings immer etwas Direktor bei Sarrasani, mit beiden Handballen über die schönen weißen Bartkoteletten. *(Januar 1971)*

Zuerst fallen einem die Herren in den dunklen Anzügen auf, wobei man auch bei genauem Hinschauen nicht sagen kann, ob die Anzugfarbe schwarz oder dunkelblau ist. An der Paspelierung der Kragen sieht man indessen, daß diese Anzüge Uniformen sind. Die Uniformen sind von düsterem Ernst. Mittels methodischer Denkarbeit hat man herausgefunden, daß das wohl die dem Bundesrat gemäße, unauffällige Uniformierung sein müsse. Da die Herren zu ihrer dunklen Uniform weiße Handschuhe tragen und etwas vom Gehabe von Unteroffizieren alter Art an sich haben, ist klar, was diese Herren, die Amtsgehilfen, sind: Instanz. Die Instanz steht an den Eingangstüren.

Kurz vor zehn treffen im Plenarsaal des Bundesrats im Bundeshaus die ersten Mitglieder des Bundesrats ein. Es ist ein Freitag. Freitags hat der Antipode des Bundestages, der Bundesrat, seine Plenarsitzungen. Die Instanz an den Türen widmet den Länderchefs leichte Separatverbeugungen, Herrn Ehard, Herrn Kopf, Herrn Zinn, Herrn von Hassel; fast komplette Grundstellung bei Bundesratspräsident Meyers. Meyers, sonnengebräunt, in etwas burschikoser Gangart, sieht aus, als ob er kühne und weitreichende Gedanken trage, die er gleich, wenn er die Sitzung eröffnet hat, von sich zu geben gedenke. Hier ein Gruß, dort ein Händedruck. Auf den Tribünen sitzen fünfunddreißig Assessoren der Bundesfinanzakademie Siegburg, daneben eine Gruppe Journalisten aus Oberfranken. Brandt, Berlins »Regierender«, eben eingetreten, hat auf seinem Sitz Platz genommen. Die Aufmerksamkeit der Tribünen für seine Person hat bereits nachgelassen, bevor er sich hinsetzt.

Der Präsident sitzt vor der Breitwand, auf der zuoberst der Bundesadler hängt, ähnlich wie ihn die Heraldiker der Wilhelmischen Zeit darstellten, etwas gerupft also; kein Vergleich mit dem dicken idealisierten und stilisierten Vogel im Plenarsaal des Bundestages. Unter dem Bundesadler, nebeneinander, die Wappen der elf Länder der Bundesrepublik in dieser Reihenfolge: Baden-Württemberg, Bayern, Berlin, Bremen, Hamburg, Hessen, Niedersachsen, Nordrhein-Westfalen, Rheinland-Pfalz, Saarland, Schleswig-Holstein.

Rechts vom Präsidenten sitzt der Bundestagsdirektor Pfitzer, der beim Präsidium die Fäden zieht, ein korrekter, selbstsicherer und stets fideler Beamter, der die Angewohnheit hat, die meisten Dinge diskret zu sagen, weil er sie vielleicht für Dienstgeheimnisse hält. Direkt am Fuße der Breitwand, unter den Länderwappen und hinter dem Präsidenten, der auf leicht angehobenem Podest thront, sitzen die Sekretäre der Ausschüsse des Bundesrats, Büchsenspanner genannt, Ministerialräte, Regierungsdirektoren, Oberregierungsräte und Regierungsräte, rechts und links davon noch einige höhere Beamte der Bundesregierung. Hier ist die Anmerkung einzuschalten, daß es ein einzigartiges Phänomen in Bonn ist, daß der Beamtenapparat des Bundesrates sich in einem Jahrzehnt so gut wie nicht vergrößert hat, während bei allen anderen Bundesbehörden Parkinsons Gesetz eklatant ist.

Eben haben in einer Bankreihe rechts vom Präsidium in gelassener Größe der Bundesernährungsminister Schwarz und die Staatssekretäre van Scherpenberg und Anders Platz genommen. Die schreckhafte Vision, daß sie sich nach dem Karlsruher Fernsehurteil gegenüber dem Bundesrat, den Ländervertretern, etwas kleiner vorkämen, ist nirgendwo zu bemerken.[19] Links vom Präsidium, von einem Beamten attachiert, sitzt nebst zwei Stenographen der Vertreter des Bundesministers für Bundesratsangelegenheiten, der Ministerialdirektor Dr. Renatus Weber.

Im Plenarsaal des Bundesrats ist, trotz warmer Holzwände, wenn sich der Betrachter nicht irrt, feierliche Kälte und fast schweigsame Andacht. Ganz im Hintergrund, kaschiert, so daß sie unbemerkt bleibt, steht die Orgel, auf der ein Organist die christlichen Morgenfeiern des Bundestages musikalisch begleitet. Der Saal, modernen Stils, hat in seiner Reserviertheit etwas Hochherrschaftliches an sich. Die Südseite ist eine schöne, riesige Glasfläche. Der Präsident hat von seinem

Sitz die Kuppen von Petersberg, Nonnenstromberg und Löwenburg im Siebengebirge im Blick.

Unrast wird in diesem Saal nicht fabriziert. Auf den Gesichtern der »Länderfürsten«, der Herren Ministerpräsidenten, auch ihrer Minister, ist Verantwortungsbewußtsein ausgedrückt. Dieser Bundesrat ist eins der seltsamsten Parlamente der Welt; es wird nämlich nicht diskutiert, sondern Manuskripte, von Beamten verfaßt, werden von Ministern verlesen. Man kann hier nach fast zwölfjähriger Erfahrung die Wahrscheinlichkeitsrechnung anstellen, wann es in diesem Auditorium einmal zu einer aufgelockerten Heiterkeit kommt. Das war bisher nur selten der Fall: einmal, als vor Jahr und Tag der damalige Düsseldorfer Innenminister Meyers, der identisch ist mit dem heutigen Bundesratspräsidenten, eine Replik gegen den Perfektionismus der Verordnungsmacher hielt, eine Speiseeisverordnung betreffend, die zwischen Eiscremeeis, Cremeeis, Fruchteis, Rahmeis, Sahneeis, Milchspeiseeis, Eiscreme, Einfachcremeeis, Einfacheis und Kunstspeiseeis unterschied; und ein zweites Mal, als der Berliner Bevollmächtigte, Senator Klein, vom Präsidenten als »Herr Oberjäger« apostrophiert, vor einiger Zeit über Jagd- und Schonzeiten bei Wild referierte, aus der Waidmannssprache den Begriff des Wortes »Schmalreh« behandelte und den waidmännischen Laien plausibel machte, daß es sich um Rehfräuleins handele, also um Rehe, die noch keine Kitzen führten. Aber selbst dabei wurden im stenographischen Protokoll der Oberjäger und die Heiterkeit unterschlagen. So streng sind beim Bundesrat die Bräuche, Wortprotokolle werden beim Bundesrat mehr redigiert als beim Bundestag.

Große Töne gibt es im Bundesrat nicht; sie imponieren auch nicht. Erster Vorleser der heutigen Sitzung ist der bayerische Ministerpräsident Ehard; es folgen noch, die Augen alle auf dem Manuskript, der nordrhein-westfälische Innenminister Dufhues, der Bundesminister Schwarz und Bayerns Innenminister Goppel. Vierzehn Tagesordnungspunkte sind erledigt. Vor dem tüchtigen Fachwissen, dargeboten von

Ministern, zu Papier gebracht von Räten, darf man Respekt haben. Selbst die Sprechzettel des Präsidenten sind bis zum letzten Komma von den Ausschußsekretären schriftlich vorbereitet. Um 11.05 Uhr liest der Bundesratspräsident Dr. Meyers vom Manuskript ab: »Ich schließe die Sitzung des Bundesrats.« An den Türen stehen die »Instanzen«, schwarze Kleidung, weiße Handschuhe, ganz Pietät und Takt, und verbeugen sich leicht vor den Landesfürsten, die langsam entschreiten. *(Mai 1961)*

Die Landesfürsten

Es gibt in der Bundeshauptstadt die beglaubigten Missionschefs ausländischer Staaten, die in besonderer Audienz dem Staatsoberhaupt ihr Kreditiv, ihr Beglaubigungsschreiben, überreichen, die alle Rechte der Exterritorialität haben, nicht der deutschen Gerichtsbarkeit unterworfen sind und deren Wohnungen und Wagen unverletzlich sind; Steuern brauchen sie nicht zu zahlen. Es sind die »echten« Missionschefs – Botschafter, Gesandte, Geschäftsträger –, die das Diplomatische Korps bilden.

Und es gibt in der Bundeshauptstadt die charakterisierten »Botschafter«, die nicht vom Bundespräsidenten in Mission empfangen werden, kein Beglaubigungsschreiben überreichen, nicht exterritorial sind, Steuern bezahlen müssen, die das Korps der Bevollmächtigten der Länder beim Bund bilden. Die einen, die echten Diplomaten, vertreten ausländische Staaten, die anderen inländische Staaten, das heißt die elf Bundesländer Baden-Württemberg, Bayern, Berlin, Bremen, Hamburg, Hessen, Niedersachsen, Nordrhein-Westfalen, Rheinland-Pfalz, Saarland, Schleswig-Holstein. Der Unterschied zwischen den echten und den charakterisierten Botschaftern ist zwar beträchtlich, aber das Länderbevollmächtigten-Korps erfährt doch manche Wonnen der Repräsentation und Reputation der echten Diplomaten.

Niemand wird den Ländern eine eigene unmittelbare Vertretung in Bonn streitig machen, ganz im Gegenteil; sie haben sich in der Bonner Staatsapparatur ganz schön eingerichtet, vervollkommnet und in ihren Aufgaben verfeinert. Architektonisch besonders schöne Häuser haben sich die Länder Nordrhein-Westfalen und Bayern errichtet. Etwas biedermännisch-provinziell wirkt das niedersächsische, etwas hausbacken-provinziell im Äußeren – aber auch nur im Äußeren – das baden-württembergische Haus. Aber die neuzeitliche Raumkunst der Innenarchitekten hat bei den Baden-Württembergern eine sehr schöne Gestaltung im Innern zuwege gebracht und alles mit entzückendem Meublement ausstaffiert. Die übrigen Ländervertretungen haben meist jene Villen und Kästen gekauft, wie sie das Großbürgertum vor dem Ersten Weltkrieg in Pensionärsstädten wie Bonn etwas pomphaft zu bauen pflegte.

Das Wort von den gesellschaftlichen Pflichten, die ein Länderbevollmächtigter in einer Hauptstadt habe, hatte dazu geführt, daß anfänglich etwas mehr in »Repräsentation« getan wurde, als einem charakterisierten »Botschafter« wohl zustand. Hier und da wurde so etwas wie ein gepflegter »Salon« aufgemacht mit Dichter- und Schauspieler-Lesungen. Der Phantasie war viel Spielraum gelassen. Vor Jahr und Tag lud eine Ländervertretung zum Beispiel einige hundert Gäste ein, ließ das prächtige Haus und das noch prächtigere kalte Büfett bewundern, und eine Schauspielerin rezitierte aus der Weltliteratur zum Thema »Politik und Liebe«. Ganz richtig: Politik und Liebe. Konnte man mehr tun, als die »Botschaft« zu dem originellen Einfall beglückwünschen? Aber das alles hat sich längst eingependelt, kein Land gibt sich mehr üppig, der »Stil« hat sich angepaßt. Niemand beanstandet, wenn Nordrhein-Westfalen oder Niedersachsen oder Hamburg seine Bundestagsabgeordneten zu einem Umtrunk oder Bayern in seine bayerische Bierstube, Baden-Württemberg in seine Schwarzwaldstube (die gleichzeitig atomsicherer Keller ist) einladen. Es ist ganz nützlich, wenn ein Länderbevollmächtigter Bundesminister, Journalisten, Abgeordnete, ausländische Diplomaten zusammen und unter einen Hut bringt. Es wird immer seinem Land nützen. *(April 1961)*

Die Kanzler

Sein Tagewerk

Genau fünfundzwanzig Jahre alt ist das Haus Rhöndorf, Zennigsweg 8a. Es liegt an einem sehr steil abfallenden Hang des »Faulen Berges«, wie der Name der Gemarkung lautet. Sonderbar gemischt aus Zurückgezogenheit und Vorwitz, liegt das Haus zwischen engbrüstigen Blumenbeeten mit Rosen und Stauden und zahlreichen terrassenförmig übereinandergebauten Steinmäuerchen, wie wir sie aus den steilen Lagen rheinischer Weinberge kennen. Achtundfünfzig Treppenstufen führen vom Zennigsweg serpentinenartig bis zur Haustür. Der Blick des Besuchers tastet schnell über die ungewöhnliche Akkuratesse des Steilgartens, wo er ein Bassin mit der Figur eines kleinen Bären, eine steinerne Frühlingsgöttin, Mitbringsel aus Cadenabbia, über einem Torbogen eine Kölner Madonna, ferner zwei japanische Leuchter, im vorigen Jahr aus Tokio mitgebracht, entdeckt. In einem Zwinger ist Cäsar, ein Rottweiler Rüde, und etwas oberhalb eine Holzbude mit einem Auslauf, in der zwanzig Leghorn-Hühner ihre Pflicht tun, für den Hausherrn Frischeier zu produzieren.

Zahlreiche Nachbarn schauen ins Anwesen, ob sie wollen oder nicht; ein Kölner Bäckermeister, eine Astrologin, ein Journalist darunter. Eine Bastmatte soll die Sicht von draußen auf einen neuangelegten Bocciaplatz sperren. Oft, bei schönem Wetter fast Abend für Abend, ist hier der Hausherr bis gegen 23 Uhr mit seinem Sohn, dem Kaplan, beim Bocciaspiel. Die Bahn wird von Neonlicht hell erleuchtet. Für das Spiel bei Regen und Schnee wurde für den Hausherrn ein Gummicape angeschafft. Falls der Sohn einmal theoretische

Erörterungen über ein Spiel anstellt oder sonst etwas erzählen will, ist der lapidare Standardsatz des Hausherrn: »Los, Paul, red nicht soviel, du bist dran.«

Rundum vom Haus geht der Blick nach Norden zum Drachenfels, der zum Greifen nahe ist, und nach Westen auf die Dächer von Rhöndorf, das eine häßliche katholische Pfarrkirche hat, wilhelminische Backsteingotik; es tut einem leid, daß die Kirche St. Mariä Heimsuchung heißt. Jeden Sonntag um zehn Uhr besucht der Hausherr das Hochamt in dieser Kirche. Er kommt zu Fuß. In der Kirche ist kein Honoratiorengestühl, vielmehr ist das Ende einer Bank in der Mitte für ihn reserviert. So hat er Tuchfühlung mit den Leuten, die Leute mit ihm. Keine Verordnung verbietet der Neugier den Besuch dieses Gottesdienstes. Die Kirche ist immer zum Bersten voll, besonders im Sommer, wenn Kurgäste und Touristen, viele Ausländer darunter, sich drängen. Vor der Kirche kommt es zu Ovationen und Händeklatschen. Die alten Rhöndorfer sagen aus Gewohnheit »Herr Doktor« zu ihm.

Vom Wohnzimmer und vom Arbeitszimmer, das ein Stockwerk höher liegt, geht der Blick nach Süden ins offene Rheintal. Die Nähe wird in Fernen entrückt, und die Ferne scheint nah. Die Ferne sind die Laacher Berge der Eifel. Er sieht zum Sowjetbotschafter Smirnow nach Rolandswerth hinüber, glänzend das Wasserbett des Rheins dazwischen. Phantastische Gestalten fabriziert oft der Nebel, wie aus Filigran darüber der Rolandsbogen, linkerhand die Westerwaldberge. Wie Kinderspielzeug rutscht die Eisenbahn auf beiden Rheinseiten dahin, bei Westwind donnert sie. Honnef, Unkel, Erpel, rechterhand Bad Godesberg-Mehlem – wieviel Menschenwerk das alles und wieviel Schönheit der Landschaft dazu.

Morgens in der Frühe, kurz nach sechs Uhr, wird das Haus Zennigsweg 8a lebendig. Der einzige noch im Hause lebende Sohn Konrad Adenauers, der Kaplan Dr. rer. pol. Paul Adenauer, 1,92 m groß, dem im vergangenen Jahr anläßlich eines Rombesuches vom Papst der Titel »Monsignore« verliehen wurde, »Überzähliger Geheimkämmerer«, wie er selbst sagt, steht auf. Nicht selten hört er den Vater bereits in seinem Arbeitszimmer, denn er hat einen leichten Schlaf, dem er oft mit Schlaftabletten nachhelfen muß, besonders nach anstrengenden und aufregenden Tagen. Inzwischen sind die Wirtschafterin und die beiden Hausangestellten auf den Beinen. Der Kaplan ist hauptamtlich in der sozialen Bildungsarbeit als Dozent am Katholisch-Sozialen Institut der Erzdiözese Köln in Honnef tätig, dem einzigen Institut der Kirche, wo junge Arbeiter ein ganzes Jahr lang ausgebildet werden; in Kürze finden Pastoraltage statt: »Begegnung mit dem Arbeiter von heute und seiner Welt.« Kaplan Paul Adenauer ist daneben Hilfsgeistlicher an der Pfarre St. Pantaleon in Unkel, wohin er jeden Morgen gegen sieben Uhr mit dem Volkswagen fährt. Bis gegen acht Uhr verbringt Konrad Adenauer meist im Arbeitszimmer, und zwar – der Einbruch in die Intimsphäre sei erlaubt – in Schlafanzug und Morgenrock. Um sieben Uhr eine erste Tasse Tee oder Kaffee. Kurz nach sieben Uhr hat er bereits den »Nachrichtenspiegel« des Bundespresseamts in den Händen, der die wichtigen und neuen Weltnachrichten enthält; das »Morgengebet«, wie es bei den Fachleuten heißt. Nach acht Uhr kommt die Privatsekretärin, Frau Köster, zum Diktat. Zwei Tageszeitungen liest er zu Hause; eine Bonner Lokalzeitung und – es sei uns erlaubt, es so auszudrücken – eine Frankfurter Zeitung. Im Dienstzimmer in Bonn findet er später acht weitere Tageszeitungen, die er überfliegt.

Aus dem Augenschein des Besuches sei noch überliefert, zur modernen Kunst hat Konrad Adenauer offenbar weder eine geistige Beziehung noch ein Verhältnis; dafür aber, wie die Wände aller Zimmer zeigen, zur alten sakralen Kunst. Da wir hier seinen Tageslauf genau zu beschreiben versuchen, ist die Bemerkung notwendig: Er hat etwas gegen zugige, offenstehende Türen im Haus, gegen unnütz brennendes Licht und gegen den Fernsehapparat in den Wohnräumen. Ein Fernsehgerät, hauptsächlich von den Hausangestellten benutzt, befindet sich auf einem Gang zur Küche. Nicht selten läßt er in der Wohnung die Möbel umstellen und die Bilder an eine andere Stelle hängen. Im Umkreis des Angeschauten fallen noch etliche alte Stand-, Wand- und Tischuhren auf. Bilder und Deutungen fallen einem ohne Unterlaß zu. Der frischen Luft wegen ist ständig ein Fenster im Arbeitszimmer geöffnet. Kaplan Paul Adenauer sagt zum Besucher: »Vater ist ein Frischluftfanatiker.« Der jüngste Sohn, Georg, Rechtsreferendar, der mit Frau und Sohn am Rhöndorfer Frankenweg 46 wohnt, kommt zum Abendbrot, wenn Bruder Paul nicht zu Hause ist. Außerdem ist die Familie Georg Adenauer und eine der Adenauer-Töchter mit Mann und Kindern abwechselnd an jedem Sonntag in Rhöndorf.

Hinter alldem, was das Auge wahrnimmt, steht ein deutliches Element: Das Bürgerliche steht hinter allem auf, und überall werden die bürgerlichen Empfindungen des Hausherrn sichtbar. Nichts von aufgedonnertem Palast. Mit den Neuprotzen unserer Tage kann und mag er nicht mit; die haben nicht so verwohnte, sondern »modernere« Wohnungen. Übrigens versteht er einiges vom finanziellen Wert seiner kostbaren Bilder; zuweilen verkauft er ein Stück oder kauft ein neues.

Mit Schmunzeln vernimmt man von seiner Korrektheit in der Bearbeitung von Akten und von seinem Arbeitsstil. Wenn man das Aufgearbeitete seiner Schreibtische sieht, in Rhöndorf und in Bonn, weiß man, woran man mit ihm ist. Es gibt bekanntlich Akten, die sich durch Liegenlassen erledigen; bei ihm, so berichtet seine Umgebung, gebe es das nicht. Er ist kein Verschwender im Wortschatz. Seine vereinfachende Redeweise und der Kurialstil des Diktierten lassen die Herkunft aus einem langen Beamtenleben erkennen.

Um neun Uhr morgens wird mit dem Sohn Paul gefrühstückt, und gegen 9.30 Uhr fährt der Mercedes 300 mit dem Blaulicht-Porschewagen als »Straßenreiniger« in Rhöndorf vor. Kriminalbeamte der Sicherungsgruppe sorgen, wie in aller Welt bei Regierungschefs, für seinen persönlichen Schutz. Die Augen der grauen Herren sind durch lange

Übung geschult. Es war lange Zeit üblich, daß der Staatssekretär von Eckardt, der in Waldbreitbach wohnt, den Bundeskanzler an der Rheinfähre in Königswinter erwartete, von seinem in Adenauers Wagen umstieg, um ihm auf der Fahrt nach Bonn den ersten Vortrag zu halten. Und was steht zu Diensten, Herr Bundeskanzler? Seit mehr als einem Jahr steht nichts mehr zu Diensten.

Meist einige Minuten vor zehn Uhr biegt die Kavalkade aus Rhöndorf beim Palais Schaumburg ein. Der Bundesgrenzschützer im Stahlhelm geht in Grundstellung und grüßt exakt durch Anlegen der rechten Hand an die Kopfbedekkung. Zusammengeschirrt mit Konrad Adenauer ist der Staatssekretär Dr. Hans Globke, der, wenn man so will, der engste Beraters Adenauers geblieben ist, einer der umstrittenen, aber auch der bedeutendsten Bonner Köpfe. Auch andere Leute kommen mit einer gewissen Regelmäßigkeit zu Adenauer, der persönliche Referent, Ministerialdirigent Dr. Barth, der Fraktionsführer Dr. Krone, Außenminister von Brentano, dessen Staatssekretäre van Scherpenberg und Carstens, selten ein Minister; der ständige Kontakt ist gewissermaßen für Globke reserviert.

Beim Eintreffen im Palais Schaumburg findet der Bundeskanzler auf dem Schreibtisch Tages- und Wochenplan, den der persönliche Referent mit den beiden Sekretärinnen, Fräulein Siegel und Fräulein Poppinga, aufstellt. Bald beginnen Diktate und zwischendurch Besuche, mal ein Minister, mal Herr Erhard, Herr Blank, Herr Strauß; noch nie hat er einen General der Bundeswehr allein empfangen. Mittwochs ist regelmäßig von zehn bis gegen dreizehn Uhr Kabinettssitzung; samstags bleibt Adenauer in Rhöndorf.

In einem kleinen Nebenraum seines Arbeitszimmers wird ihm gegen 13.30 Uhr das Essen serviert, das er allein einnimmt. Hier, beim Essen, liebt er mehr die Meditation als den Dialog. Die nächste Stunde gehört dem Mittagsschlaf, der Siesta auf einer Liege in einem Raum hinter dem kleinen Kabinettssaal. Er folgt dem Rat der Ärzte und entkleidet sich, wie Churchill; man verletzt nicht das Schickliche, wenn man solcherlei erzählt. Das Zeitmaß ist nach dem Aufwachen geschwind, wenn auch in einem sicheren Rhythmus. Eine bis zwei Tassen Tee, dann entweder mit Globke oder einer der Sekretärinnen ein halbstündiger Spaziergang im Park des Palais Schaumburg, das befördert den Kreislauf. Vor zwei Jahren wurde auch hier eine Bocciabahn gebaut, und mit einer Sekretärin kann man ihn oft die Bocciakugeln schieben sehen. Dann, gegen 15.30 Uhr, wieder am Schreibtisch, Diktate, Besuche, Besprechungen, Telefonate bis zwanzig Uhr.

Zwischen 20 und 21 Uhr wird vom Bundeskanzleramt in Rhöndorf angerufen: »Der Bundeskanzler ist abgefahren.« Bei diesem Satz stürzt die Köchin in Rhöndorf an die Töpfe, Paul vom Schreibtisch zu Stock und Hut und zu Cäsar an den Zwinger. Cäsar macht gewaltige Anstrengungen, seinen Herrn am Fußende des Berges gebührend zu empfangen. Nach Tisch greift der Bundeskanzler meist zu einem Buch und legt eine Musikplatte auf. Wohltun und Entspannung bereiten ihm bei der Musik die Lieder von Schubert, Haydns Kammermusik, auch Mozart oder Tschaikowsky. Ins weniger Brave verkehrt und erheiternderweise, liest er dabei einen Kriminalroman, aber er kann auch noch eine Ballade oder Joseph Conrad lesen. Er trifft ins Schwarze, wenn er selbst sagt: »Agatha Christie entspannt mich.« Dann noch auf einen Sprung zum Flutlicht-Boccia und dann, kurz vor Mitternacht, beim Tagesfinale in Morpheus' Arme. Nur, wie gesagt, dieser alte Knabe bringt ihm nicht den besten Schlaf.

(Januar 1961)

Um 17 Uhr 10 betritt er den kleinen Kabinettssaal. »Bitte, entschuldigen Sie«, sagt er, »daß ich Sie zehn Minuten warten ließ. Ich hatte Besuch, der länger blieb, als es vorgesehen war.« Die zwei Dutzend Journalisten, die er zum Tee bat, drücken, indem sie sich von ihren Plätzen erheben, Respekt aus, aber nicht die Ergebenheit, wie man sie wohl gelegentlich bei Beamten erlebt.

In einer Ecke des Zimmers steht in einem Kübel ein Philodendron-Gewächs, wie es heute als Modepflanze in vielen Wohnungen steht; davor, etwas schräg im Zimmer, das berühmte grüne Sofa, auf dem er Platz nimmt, und davor ein Tisch mit einer Glasvase, in der ein paar Löwenmäulchen bekräftigen, daß Journalisten zu Gast sind.

Ins Palais Schaumburg lädt Konrad Adenauer gelegentlich Journalisten ein: zum »Kanzler-Tee«, wie diese Plauderstunde von der Bonner Umgangssprache getauft wurde. Es werden Tee und kleines Gebäck gereicht, wie es die Sprache der Salons ausdrückt. Geraucht wird auf Wunsch des Kanzlers nicht mehr, wie auch in den Kabinettssitzungen das Rauchen in Gegenwart Adenauers eingestellt wurde, was die Vielraucher Brentano, Erhard und Schäffer bei jeder Sitzung zu mehrmaligem diskretem Verschwinden veranlaßt.

Wer den Wandschmuck im kleinen Kabinettssaal noch schnell unter die Lupe nimmt, sieht einen Gobelin, wahrscheinlich ein altes flandrisches Stück; und wer das untere Ende hochhebt, liest ein eingenähtes Tuch: »Leihgabe des Freiherrn von Münchhausen.« Vier alte Gemälde bringen eine Harmonie von Gedämpftheit in den Raum. Eine alte Mainzer Pendule läßt es sich angelegen sein, die Zeit anzuzeigen. Außer dem Tisch- und Stühle-Meublement, das Eigentum des Bundes ist, sind die Kunstgegenstände – den Steuerzahler wird es versöhnlich stimmen – Leihgaben von Museen. An einem Tischchen sitzt ein Stenograph. Am Tische des Bundeskanzlers Felix von Eckardt, der aus Amerika zurückgekehrte Bundespressechef, im Hintergrund sein

Stellvertreter Werner Krueger und der Sprecher des Auswärtigen Amtes, Gesandtschaftsrat Jaenicke.

Konrad Adenauer, nun, da er sitzt, spricht keine edel geschnitzten Worte ins Auditorium. Er bittet, ihm Fragen zu stellen. Manchmal antwortet er sehr präzise, manchmal sind es nur Andeutungen, manchmal sind es scheinbar absichtslos hingeworfene Worte. Mit einem Male putzt er eine Frage weg, und die Doppeldeutigkeit eines Wortes, die zwischen den Zeilen zu hören ist, wird deutlich. Er sagt: »Die Presse hat gegen mich zu früh geschimpft. Im letzten halben Jahr vor den Wahlen hätten sie beginnen sollen. Sie wissen doch, daß nach den Allensbacher Meinungsforschern meine gesunkene Popularität wieder um zwei Prozent gestiegen ist.« Solche Sätze sind ein Kreuzungsprodukt von kölschem Scherz, Ernst, Satire und wer weiß was für Bedeutung.

Er spricht über Nehru und Indien, Menzies und Australien, über Moskau und Washington, über den nuklearen Krieg, den es unmöglich zu machen gelte, über die Ehre, Soldat zu sein, von den Hungergehältern der Assistenten der Hochschullehrer, von der Kabinettsumbildung und von der Notwendigkeit, einmal Frauen ins Kabinett zu nehmen (»vielleicht zwei bis drei; vielleicht das Familienministerium«). Werden die Fragen eindeutiger, und er bemerkt, daß man etwas mehr wissen will, als ihm zu sagen tunlich erscheint, dann kommt wieder das kölsche Kreuzungsprodukt: »Meine Herren, es gibt Fragen, da lasse ich mir die Würmer nicht aus der Nase ziehen.« Aber er läßt sich trotzdem manchen Wurm aus der Nase holen. Schließlich: »Ich gehe Samstag mal erst in Urlaub. Ich habe es nach meiner Krankheit im vergangenen Jahr nötig. Oder meinen Sie, ich hätte die Absicht, allein in Bonn zu bleiben?«

Der Gast hat Muße, den alten Herrn, der mit seinen Achtzig noch so gegenwärtig ist, zu beobachten. Hat er seit seiner Krankheit nicht eine Abschlagszahlung an das Alter zahlen müssen? Sieben Wochen Krankheit 1955 haben sein Gesicht nicht jünger gemacht. Es ist gealtert. Es ist ein kleines Gebirge von Falten geworden.

Obwohl Adenauers Gesicht kaum Hochmut verriet, war es doch immer »nach unten« gerichtet. Es erzeugt Distanz. Er muß eine unendliche Kette von Siegen über »die da unten« errungen haben. Ein Machtmensch? Man sagt es. Aber diese »Macht«-Eigenschaften wären wohl in Bezirken zu suchen, wohin der Verstand nicht mehr reicht.

Jedem der Gäste drückt er zum Abschied die Hand. Gute Erholung im Schwarzwald wünschen ihm alle. *(Juli 1956)*

Er führt streng Regie

Konrad Adenauer ist ein alter Mann. Diese Bemerkung braucht man nicht in chiffrierter Umschreibung zu machen. Aus dem Palais Schaumburg kommt von Mal zu Mal der Satz: Der Kanzler? Der ist noch nie so präsent gewesen wie jetzt. Aber diese Bemerkung aus dem Kanzleramt braucht man nicht so wörtlich zu nehmen. Das Jahr 1962 hat den »Alten« nicht jünger gemacht, obgleich es verblüffend blieb, wie er die physischen Strapazen der Regierungsbildung überstand.

Jeden Mittwoch ist Sitzung des Bundeskabinetts. Schlag zehn Uhr, die Pünktlichkeit selbst, betritt Adenauer den Kabinettssaal im Palais Schaumburg. Das Herumstehen und intime Promenieren zu zweit hört auf, das Kabinett nimmt Platz. Der Kanzler reicht beim Eintreten niemandem die Hand. Ein leises Kopfnicken ersetzt ein »Guten Morgen«. Geraucht wird seit Jahren schon nicht mehr während der Kabinettssitzungen. Aber während der Sitzung soll, so heißt es, gelegentlich der eine oder andere Minister klammheimlich den Sitzungssaal verlassen, um schnell einen Zug zu tun. Wenn der Vizekanzler die Sitzung leitet, erreicht das fröhliche Paffen einen Höhepunkt, hemmungslos wird geraucht.

Drei große Lüster lassen den Kabinettssaal gewissermaßen in einem Meer von Licht erscheinen. Um einen großen rundlänglichen Tisch mit grüner Decke, von der Farbe der Billardtische, stehen zwei Dutzend Stühle, die Sitze grün überzogen. An einer Breitseite des Tisches steht ein Stuhl, dessen

Lehne leicht erhöht ist – hier sitzt der Bundeskanzler –, davor auf dem Tisch eine Glocke. Fünf Jahre steht die Glocke dort, aber sie wurde noch nicht benutzt. Alle Minister haben am grünen Tisch feste Plätze. Der Staatssekretär Globke ist der einzige Mann in der Runde, der kein Ministeramt hat. Die übrigen Staatssekretäre nehmen teil, wenn ihre Minister abwesend sind. In dieser Reihenfolge, links von Adenauer beginnend, rechter Hand von ihm aufhörend, sitzen die Teilnehmer: Schröder, Höcherl, Bucher, Scheel, Krone, Lenz, Globke (linkes Tischende), Barzel, Stücklen, der noch leere Stuhl des Verteidigungsministers von Hassel, Schwarz, Dahlgrün, Mischnick, Dollinger, Seebohm, Niederalt, Frau Schwarzhaupt (rechtes Tischende), Blank, Heck, Lücke, Erhard.

Es gibt selten formelle Abstimmungen, da die Kabinettsvorlagen vorher von den Ressorts und den Ministern »ausgehandelt« werden. Adenauer liebt in den Sitzungen keine »geistigen Anmarschstraßen«; er kommt gleich zur Sache und kennt keine langen Vorreden. Der frühere Finanzminister Starke brachte den Kanzler und das Kabinett oft wegen seiner langen Reden zur Verzweiflung. Bei Nachfolger Dahlgrün ist das kaum zu erwarten. Die Zweckunterhaltung eines Debattierklubs, unnützes Schwätzen und auch geistige Höhenflüge sind nicht nach Adenauers Geschmack. Die Minister melden sich zu Wort, wenn sie etwas zu sagen wünschen. Der »Alte« kennt die kleinen Finessen, Wortmeldungen zu übersehen oder zu ignorieren. Ohne zu differenzieren, kann Adenauer dem Redner ins Wort fallen oder ihm gar das Wort abschneiden. Er ist immer noch von angespannter Aufmerksamkeit und von wacher Neugier. Plötzlich unterbricht er einen Minister: »Sie haben aber vorhin etwas anderes gesagt.« Die neuen Minister, mit dem Sitzungshergang noch unvertraut, versuchen zunächst, sich »heranzuschweigen«. Die Stimmlage des »Alten« ist meist gedämpft; er ist nie laut und nie polternd, kann aber noch immer resolut sein und deutlich seine Meinung sagen. Von seinen aus dem Parlament berühmt gewordenen goldenen Worten gibt es auch im Kabinett gelegentlich eine Kostprobe: »Die Lage war noch nie so ernst«, »Wir sind wieder en jutes Stück vorwärtsgekommen«, »Die Situation ist da«, »Dat is ne jute Mann« und »Wir brauchen gar nicht so pingelig zu sein«. Da er in einem sicheren und behaglichen Selbstgefühl ruht, hat er gegen alles Überspannte eine natürliche Abneigung. »Dann rennen Se mal in Ihr Unglück, wenn Se sich nicht überzeugen lassen wollen.« Zu seinen starken Waffen gehört die Ironie. Das Verblüffende an ihm war lange Zeit, daß er die Fähigkeit hatte, die dritte und vierte Reaktion vorauszuberechnen. Das trifft heute nicht mehr unbedingt zu. Aber mit einem Wort vermag er immer noch eine ganze Szenerie zu verändern. Lob und Anerkennung verteilt Adenauer in den Kabinettssitzungen selten, Rügen und Beanstandungen gibt es ununterbrochen, wenn auch meist in der leisen und verhaltenen Form und Tonart, in der er die ganze Kabinettssitzung dirigiert.

Gegen elf Uhr kommt Fräulein Platha ins Kabinett und schenkt Kaffee ein; vier oder fünf Herren trinken Tee. Kaffee und Tee sorgen dafür, daß es ab elf um eine Nuance lockerer zugehen kann. Gegen 13 Uhr ist die Sitzung meist beendet. Noch beim Hinausgehen erfahren Dahlgrün, Erhard, Scheel oder Krone die Bitte des »Alten«, ihm bis zum nächsten Tag diesen und jenen Bericht vorzulegen. »Aber bitte etwas spezifiziert«, erfahren die Herren. Gelegentlich brüstet sich nachher der eine oder andere Minister: »Ich hab's dem Alten diesmal gesagt!« Man braucht das nicht immer für bare Münze zu nehmen. *(Januar 1963)*

Wehmut beim Abschied

Er trug den Cutaway mit den auffallend langen Rockschößen, den er sich damals, in den Zeiten des Parlamentarischen Rates, hatte schneidern lassen. Auf seinem alten Stuhl auf der Regierungsbank ließ er sich nieder, auf dem er vor genau vierzehn Jahren und einem Monat, am 15. September 1949, zum ersten Male Platz genommen hatte. Nach außen hin saß er dort mit vollendeter Gelassenheit. Wie ihm ums Herz war, ahnte man wohl, aber es sah niemand. Wenn er mit seinen Gedanken auf Wanderschaft ging, und er mußte es tun, vierzehn Jahre und einen Monat zurück, dann kamen ihm seine ersten Minister in den Sinn. Nur noch zwei der alten, Erhard und Seebohm, saßen jetzt noch auf der Regierungsbank. 48 Minister haben ihm gedient, 59 Ministerernennungen gab es unter ihm.

Er wurde heute nicht hinausgeworfen, nein; aber mit einem Trick, so ging es ihm wahrscheinlich durch den Kopf, nämlich mit jenem vor zwei Jahren an Krone und Mende geschriebenen Brief, wurde er hinauskomplimentiert; preisend selbstverständlich und mit vielen schönen Reden.[20]

Am Dienstag um zwölf Uhr und zwei Minuten ertönte im Plenarsaal des Bundestages der Gong. Man hatte es schwer, obwohl alles an seinen Plätzen stand, mit dem Kunterbunt der Menschen, die meist dunkel gekleidet waren, fertig zu werden. Über dem Bild die Embleme, die schwarzrotgoldene Fahne und der übertrieben dicke Bundesadler. Auf Schritt und Tritt begegneten einem die vierzehn Jahre und der eine Monat.

Ausgangspunkt der Phantasie war der alte Mann im Cutaway, zu dessen Ehren und zu dessen Abschied sich das Hohe Haus versammelt hatte. Abschied? Hier zögert schon das Wort. Das Gesicht des Alten war starr und unbeweglich. Zu seinen Füßen saßen die Abgeordneten des Parlaments, die Platz genommen hatten, als der Präsident die Sitzung mit einer leichten Verbeugung eröffnete. Der alte Mann im Cutaway hatte dem Parlament nichts abzubitten; aber immer wieder mußte er wohl an jenen Brief denken. Den würde er wahrscheinlich heute nicht mehr geschrieben haben.

Die Kameras der Fernsehapparaturen surrten, die Verschlüsse der Fotoapparate klickten. Die Fotografen befahlen von oben: »Köpfe runter!« Rund heraus sei es gesagt: Dutzende und aber Dutzende von ihnen zugleich im Plenarsaal des Bundestages sind eine Plage. Während Eugen Gerstenmaier, der Präsident, mit seiner Laudatio anhob, eine gute Rede, stand der Siebenundachtzigjährige dort, dem das alles galt. Er stand vierzig Minuten wie ein Soldat, ohne Bewegung und ohne jede Regung im Gesicht. Aber hat er nicht einen kurzen Augenblick, nur einen Lidschlag lang, ganz fein gelächelt: Meine Damen und Herren, lächelte er, ist denn zwei mal zwei noch vier? Während der Präsident Gerstenmaier am Bilde Adenauers formte, wußte es das Hohe Haus, daß an der Legende des Mannes wahrscheinlich noch gewoben wird, wenn die jetzt lebenden Zeitgenossen in diesem Parlament längst der grüne Rasen deckt und die Historiker den Standort Adenauers in der Geschichte kaum abgesteckt haben.

Im Plenum und auf den Rängen saß das Gefolge der Gegenwartsgeschichte. Die alte Regierung war vollzählig versammelt; Dahlgrün, Krone, Scheel und Barzel saßen auf ihren Abgeordnetensitzen; der Abgeordnete Strauß hatte sich unscheinbar in die siebte Bankreihe verfügt. Auf der Bundesratstribüne saßen die »Landesfürsten« Altmeier, Diederichs und Lemke. Wenige Abgeordnete des Bundestages fehlten. Auch die Sozialdemokraten hörten Gerstenmaiers Rede gelassen zu; selten rührten sie die Hand zum Beifall.

Auf den Abgeordnetenbänken kaprizierte sich einer in Gedanken mit einem Hechtsprung auf die Regierungsbank; übermorgen, am Donnerstag, wird er dort sitzen, zwecks Vereidigung als Bundesminister und Stellvertreter des Bundeskanzlers. Mit Entrüstung würde es der bisherige gesamtdeutsche Minister Barzel, ein Freund des neuen Ministers Mende aus Kölner Studientagen, von sich weisen, gekränkt zu sein, wenn Mende in sein bisheriges Ministerium einziehen wird. Er trat lautlos zurück, der Posten des Vertriebenenministers wurde von ihm ausgeschlagen. Der ruhige und weniger agile Präsident des Bundes der Vertriebenen, Hans Krüger, soll morgen als Nachfolger Mischnicks vereidigt werden. Mende und Barzel saßen beide einmal in der gefärbten Offiziersmontur in denselben Vorlesungen und Seminaren, hatten denselben Doktorvater Ernst von Hippel und brachten es beide bis zum juristischen Referendar, was für die Politik genügt. Barzel und Mende wollen lieber gute Freunde als schlechte Menschen sein, versicherten sie.

Auf der Regierungsbank waren die Staatssekretäre Globke und Westrick in einem langen Gespräch zu sehen, und es war nicht verfrüht, vom scheidenden und vom kommenden Staatssekretär des Bundeskanzleramtes zu sprechen. Auch die Presse, der es von Rechts wegen erlaubt ist, kritische Bemerkungen über das politische Spiel zu machen, saß still auf ihrer Tribüne. Alle Tribünen waren besetzt, auf der Diplomatentribüne Adenauers sieben Kinder und sechs Schwiegerkinder. Herr und Frau Werhahn begrüßten freundlich Erich Mendes Frau und Schwiegermutter.

Gegen 12.40 Uhr beendete Gerstenmaier seine Rede; etwas Abschiedsstimmung war ihm bei gedrosselter Stimmlage in den Text geflossen; aber die Ansicht wäre verfehlt, Konrad Adenauer habe auch nur etwas von innerer Bewegung verraten. Er war scheinbar ganz Kühle und Distanziertheit. Erst als er selber ums Wort gebeten hatte, von seinen Parteifreunden manchmal mit Ovationen bedacht, schien zunächst eine Portion Wehmut erkennbar; aber als er dann auf »das prophylaktische Dasein der Opposition« zu sprechen kam und auf ihre momentane Milde, war plötzlich die Wehmuts-Bewölkung am Himmel des Plenarsaals verschwunden. Er dankte, dem einen mehr, dem anderen weniger, wie er sich ausdrückte. »Ich werde zurückkehren auf diesen Platz dort unten«, sagte er unter dem Beifall des Hauses. Von Mittwoch an wird in der ersten Reihe der Abgeordnetenbänke das Schildchen »Adenauer« zu sehen sein. Selbst der Kriminalkommissar Marx von der Sicherungsgruppe, seit acht Jahren Adenauers Schatten, hatte einen Knoten im Hals und etwas Feuchte in den Augen, als er gestern gegen 13.30 Uhr mit Adenauer das letzte Mal das Bundeshaus verließ.

Am späten Montagnachmittag war in der Bonner Beethovenhalle die bundesdeutsche Würde und Wichtigkeit noch einmal komplett versammelt. Der Bundespräsident und Frau Lübke hatten zur Verabschiedung Adenauers eingeladen;

rund zweieinhalbtausend Gäste waren gekommen. Auch Ludwig Erhard schob sich durch das Gedränge der zweieinhalbtausend. Sein Gesicht lächelte und war entspannt. Das lange Zeit manchmal verkniffene und fast graue Gesicht des Vizekanzlers war wieder ins Gesunde getönt. Plötzlich schien er wieder unbefangener geworden, denn die Kabinettsbildung war heimlich – heimlicher ging es nicht – an diesem Tage ziemlich abgeschlossen. Alles fügte sich, als er angesprochen wurde und schwieg. Er tat gut mit dem Schweigen. Konrad Adenauer, immer einem Schwarm von Menschen und den riesigen Greifarmen der Fernsehkameras ausgeliefert, nannte den Namen Erhard nicht ein einziges Mal. Frohen Herzens genoß Adenauer das Schauspiel nicht; ganz im Gegenteil wiederholte er den Satz: »Ich gehe nicht frohen Herzens.«[21] *(Oktober 1963)*

Qualmte für Deutschland

Am Sonntag, 4. Februar, wird der Bundesminister für Wirtschaft, Professor Ludwig Erhard, fünfundsechzig Jahre alt. Am Tage danach, am Montag, wird er in jenem Zimmer der Bonner Gallwitzkaserne, in dem früher der Bataillonskommandeur saß, und in dem Erhard seit 1949 hinter seinem ersten Schreibtisch thront, gefeiert werden.

Die bedeutenden und imponierenden Männer und Bosse von Industrie und Gewerkschaften, von Handel und Wandel, aus Politik und Diplomatie werden ihm feierlich ihre Glückwünsche überbringen, und unter den Gratulanten, das steht bereits fest, wird auch jener Mann sein, zu dem das Verhältnis seit langem nicht das beste ist: Konrad Adenauer. Mitten im Zimmer wird Ludwig Erhard stehen, immer noch frisch und rosig anzuschauen, Konstitution immer noch ganz soziale Marktwirtschaft, die Augen übertrieben hellblau, die Nase zu klein, die Zigarre mal in der Rechten, mal in der Linken.

Wenn dann im Lichtkegel der Jupiterlampen die bedeutenden und imponierenden Männer eintreten, ratenweise, wie es sich gehört, ihre wohlmeinenden und wohlgesetzten Sprüche heruntersagen und persönliche Geschenke überreichen, Blumen und Zigarren, Zigarren und Blumen, dann wird man wissen, daß Ludwig Erhard immer noch einer der am kräftigsten engagierten Männer unserer deutschen Gegenwartsgeschichte ist. In der Bonner Politik gibt es shakespearische Intriganten größerer und kleinerer Kaliber, aber noch niemand hat es fertiggebracht, diesen Ludwig Erhard als den populärsten und den im Volke eindrucksvollsten Mann zu entthronen.

Dieser zwölffache Ehrendoktor dreier amerikanischer, zweier deutscher und je einer chilenischen, iranischen, japanischen, indischen, spanischen, portugiesischen und schweizerischen Universität, der mit fünfundzwanzig Großkreuzen mit Schulterbändern und Sternen ausländischer Staaten dekoriert ist, der in seiner Bonner Zeit zweiundvierzig fremde Staaten besuchte, der seit 1948 32mal in Frankreich, 17mal in Belgien, zwölfmal in der Schweiz, je elfmal in den USA und in Luxemburg, neunmal in Holland, achtmal in Italien und siebenmal in England war – sage einer, hier summiere sich nicht ein Berg von Verdiensten um Deutschland. Er hat der Bundesrepublik in der Welt nicht viel weniger an Ansehen und ideellem Kapital eingetragen als Konrad Adenauer.

Die »New York Times« nannte Erhard jüngst das »Erfolgssymbol Bonns«. Für das deutsche Volk und in weiten Teilen der Welt gilt Erhard als der Vater des »Wirtschaftswunders«. Sein Buch »Wohlstand für alle« war sozusagen ein internationaler Bestseller.[22] Er selber hat etwas gegen das Wort vom Wirtschaftswunder. »In der Wirtschaft gibt es keine Wunder, sondern nur richtiges oder falsches Wirtschaften.«

Es war eine verworrene Zeit, als man durch Nürnbergs Straßen ein Transparent »Erhard an den Galgen!« trug, als man ihn in München, wo er nach dem letzten Kriege der erste Wirtschaftsminister war, einen »Desorganisator« nannte; aber als man ihm in einer Versammlung kurz nach der Währungsreform das Wort »Fettsack!« zurief, was er lachend quittierte, wußte man, daß er ein Kerl war. Und um auch dies noch zu sagen, denn die Leute haben es ausgerechnet: Ludwig Erhard, seit 42 Jahren Konsument von täglich durchschnittlich zwölf bis fünfzehn Zigarren, hat 27,5 Kilometer Zigarren in blauen Dunst verwandelt; und wenn man den Optimismus in der Gestalt Erhards transparent machen könnte, es gäbe nur dieses eine, etwas flotte Wort: Qualmte für Deutschland. *(Februar 1962)*

Am Ende einsam

Ein wenig wurde er gefeiert, als in diesen Tagen die D-Mark, das gute Stück, die gegenwärtig unter den großen Währungen die stabilste der Welt ist, ihren zwanzigsten Geburtstag beging. Was wäre ungereimter gewesen, ihn bei einer Kundgebung nicht sprechen zu lassen. Aber Ludwig Erhard, vierzehn Jahre Wirtschaftsminister mit, drei Jahre Bundeskanzler ohne Fortune, beginnt ein einsamer Mann zu werden. Es wäre ihm am liebsten, man übersähe es. Aber man kann nicht übersehen, daß sie sich nicht mehr um ihn drängen, wenn er erscheint.

In der letzten Woche war ein großer Gartenempfang in der Godesberger Residenz des britischen Botschafters, zu Ehren der Königin. Kein Schwarm von Beflissenen mehr um Erhard, keine »Höflinge« und Jawollsager, die er ohnehin nie mochte. Ein anderer Wirtschaftsminister, ein anderer Bundeskanzler halten jetzt Bonn in Atem. Ludwig Erhard, wie immer die Zigarre schußbereit in der Hand, schritt allein durch die Menge, hier grüßend, dort nickend, kein Troß von Schleppenträgern hinter ihm. Wie schnell vergeht der Ruhm der Welt!

Manchmal ist es wie ein Schulbeispiel von schlechtem Betragen, wie man den alten Mann übersieht. Er ist nicht zerfallen mit sich und der Welt; doch er weiß es selbst, es ist einsam geworden um ihn. Aber es war noch ein Mann bei der

Gartenpartie, schwarzgelockt mit grauen Schläfen und einem Sohn, der ihn bereits um Haupteslänge überragt: Erich Mende, Erhards Vizekanzler. Auf Schritt und Tritt folgt ihm etwas, nicht nur der Sohn. Keine Party, kein Empfang, wo Mende nicht seine neue Firma, die IOS, zu verkaufen und an den Mann zu bringen sucht. So schreiten sie, Erhard und Mende, Schulter an Schulter über das Bonner Parkett, der eine einsam, der andere nun plötzlich im Abenteuer mit dem großen Geld.[23] *(Oktober 1968)*

Gekürt in den Räumen der SPD

Wahl des Kanzlerkandidaten. Wer die Szenerie im Bundeshaus am Donnerstag als Guckkastenbühne betrachtete, der erlebte auf der Spielfläche eine Vielfalt von Szenen, die mehrere hundert Journalisten auf ihre Kosten kommen ließ. Im höchsten Sinne war es also Theater, was in den Wandelgängen, insbesondere in und vor dem CDU-Fraktionssaal vor sich ging. Fast verlassen lagen die Korridore der FDP- und SPD-Fraktionen, obwohl da auch manches unüberhörbar zu kochen schien. Wichtig war zunächst die Fraktionssitzung der CDU/CSU, die der parlamentarische Geschäftsführer Will Rasner tags zuvor ausdrücklich als Konklave angekündigt hatte (»es wird so lange gewählt, bis wir einen Kanzlerkandidaten ermittelt haben«).

Nach 12 Uhr mittags – die große Vorstellung begann um 13 Uhr – kam es unter dem Journalistenpublikum zu Unmutsäußerungen, weil so radikal abgesperrt worden war. Hauptdarsteller gab es gleich mehrere in dem Stück. Kurt Georg Kiesinger kam wie Gerhard Schröder durch einen Seitengang ins Hochhaus. Rainer Barzel, vier Zigarren in der Brusttasche (»so lange brauchen wir«), ist hinlänglich charakterisiert, wenn man sagt, er lächelte gequält, als er ankam. Schröder machte die Anmerkung: »Das ist hier wie beim Derby, man muß mitlaufen.« Auf den Hinweis, daß seiner schwarz-blau-roten Krawatte (Farben für Katholiken, Protestanten und Sozialisten) das Gelb (für die Liberalen) fehle, konzedierte er: »Den kleinen Spritzer kann man noch draufmachen.«

Etwas Tragik umwehte Eugen Gerstenmaier, dem es nicht gelang, trotz des großen Gewoges, seine Verlassenheit zu verbergen. Er hatte am Mittwochabend, als er sich genügend umgehört hatte, seine Bewerbung wohlweislich zurückgezogen. Gewiß ist, wie ein CDU-Abgeordneter meinte, daß er noch Vergeltung üben wird.

Das »Konklave« dauerte nicht länger, als man erwartete, eineinhalb Stunden. Dann sah man, mehr metaphorisch, weißen Rauch verbreitend, die Mannen der CDU/CSU aus der Fraktion quellen, und es gab eine schlimme Turbulenz. Kiesinger ließ sich zwischen Strauß, dem neuen Kanzlermacher, und Rasner, dem Adlatus des in der letzten Abstimmungsrunde mit nur 26 Stimmen herausgekommenen Fraktionsführers Barzel nieder. Die SPD-Fraktionsführung hatte freundlicherweise ihren Sitzungssaal zur Verfügung gestellt. Kurt Schumacher und Erich Ollenhauer schauten von der Wand dem Schauspiel zu. Barzels Gemütslage geriet unter den Gefrierpunkt. Empfänglich für Nebeneindrücke sah man plötzlich im Schein der Jupiterlampen, daß Strauß tatsächlich ein anderer geworden ist, man hat dem Haaransatz in der Stirnmitte nachgeholfen; seine Stirn ist höher geworden. Sollte sich herausstellen, daß Kiesinger, den die CDU als Kanzlerkandidat proklamierte, Bundeskanzler wird, wird Strauß, das ist sicher, entschädigt werden.

Schon am Vormittag des Donnerstag, aber auch schon am Mittwoch, ließen sich Journalisten und Politiker nicht ungeschoren. Manche CDU/CSU-Abgeordneten wollten sich eher die Zunge abbeißen, als den Namen des Mannes zu nennen, den sie als Kanzlerkandidaten wählen würden. Andere sagten freimütig, wem sie ihre Stimme geben würden. Kiesinger lag vor Schröder und mit weitem Abstand vor Barzel. Es ist kein Zweifel, der durchschnittliche Abgeordnete wählte nach Sympathie und Antipathie plus Konfession, auch wenn das wohlgefällig oder entrüstet bestritten wird; die Süddeutschen so, die Norddeutschen so.

Ein höherer Beamter aus dem Bundeskanzleramt bemerkte, als er die Kandidaten Revue passieren ließ, mit dem gehörigen Sarkasmus: »Es ist wie bei der Olympiade: Nicht der Sieg zählt, sondern die Teilnahme. Dabeisein ist alles.« Einer wollte am Schluß nicht mehr dabeisein und faßte einen mannhaften Entschluß. Ein Abgeordneter läßt es bei dem knappen Satz bewenden: »Lübke hat erklärt, er werde Kiesinger ernennen.« Ein SPD-Abgeordneter zieht mit einer Gruppe Koreaner durch die Flure zum Bundeshausrestaurant. Ein Abgeordneter weiß, daß, wenn Schröder gewählt wird, er die Große Koalition machen werde, obwohl das bisher anders kolportiert worden war. Dem Düsseldorfer Abgeordneten Schulhoff wird ein Telegramm zugestellt; einige Abgeordnete lachen, als er den Klartext vorliest: »Barzel nicht ranlassen.« Frau Schwarzhaupt, Frau Griesinger, Frau Klee und Herr Güde halten Cercle. Da auf das Fortwerfen von Zigarettenstummeln in den Fluren heute keine Freiheitsstrafe steht, werfen nicht nur die Journalisten, sondern auch die Abgeordneten diese Stummel auf den Boden.

Der Staatssekretär von Hase bekommt aus Niedersachsen den Brief einer Verehrerin zugestellt – beiliegend zehn Zigaretten –, er möge für das Amt des Bundeskanzlers kandidieren, bitte, bitte, hochachtungsvoll. Erhard, schlägt der Abgeordnete von Eckardt vor, müsse künftig »Altkanzler«, Adenauer »Uraltkanzler« genannt werden. Der Abgeordnete Majonica gähnt herzhaft: »Wie pflegen wir Lateiner zu sagen: Tute hoc instristi; tibi omne est exedendum.« (Du hast die Suppe eingebrockt, du mußt sie auch auslöffeln.) Herr Schmitz, persönlicher Referent Gerstenmaiers, geht vorbei, sein Gesicht scheint dafür zu sprechen, als ob sein Chef gefragt habe: Herr Schmitz, ist morgen nicht der Elfte im Elften? Ist hier im Rheinland nicht Karnevalsbeginn? Der Professor Stein und der Doktor Dichgans kommen aus der Fraktion, sie scheinen in Richtung Schröder orientiert. Ein Abgeordneter aus Biberach sagt, jetzt habe er bald unter zwei schwäbischen Kandidaten wählen können, aber er werde Schröder wählen. Der Baron Olaf von Wrangel bekennt sich für Schröder; ein Nachbar meint, Schröder sei ein hervorragender Oppositionsführer. Der Dr. Klepsch wird gefragt: Wer wird's? »Raten Sie mal«, sagt er, »der Name fängt wie mein eigener mit K an.« Doktor Kempfler, CSU-Abgeordneter aus dem niederbayerischen Eggenfelden, meint das Richtige zu empfehlen: »Wie ist es mit Strauß?«

Die Teutonen haben laut Tacitus die Fähigkeit zur Treue; aber nur Karl Hohmann, des Kanzlers letzter Getreuer, scheint die Fähigkeit noch zu haben und bekennt sich dazu. Im Restaurant sitzt der SPD-Senator Klaus Schütz, Berlin-Bevollmächtigter in Bonn, und ermuntert Journalisten, es sei ihm egal, wenn man publiziere, daß er als Regierender Bürgermeister nach Berlin gehe, falls Willy Brandt ... Wehner und Schmidt aßen in der Berlin-Vertretung mit Mende, Weyer, Scheel und Mischnick zu Mittag. Walter Scheel, ehemals Entwicklungshilfeminister, bemerkt, es sei noch alles drin. Der Vortragende Legationsrat Erster Klasse, Richard Balken, Verbindungsmann des Auswärtigen Amtes zum Bundestag, sagt, es sei nur noch wenig drin. Durch den Mißbrauch eines geflügelten Wortes nötigt einer die Journalisten, den Blick nach Rhöndorf zu lenken – »die Lage war noch nie so ernst.« Zur Verblüffung aller kam der Rhöndorfer, mit leichtem Fieber, in die Fraktionssitzung. Er glaubt es wohl geschafft zu haben: Erhard geht. *(November 1966)*

Der schönste Erhard, den es je gab

Der neue Bundeskanzler, Kurt Georg Kiesinger, ist ein Schwabe. Das traditionelle enthusiastische Preisen der Schwaben brauchen wir hier nicht mitzumachen; aber die Deutungen der Erklärer wollen wir hinnehmen. Heuss und Carlo Schmid, Reinhold Maier und Gebhard Müller, Wildermuth und Schoettle, Lenz und Gerstenmaier – möglich, daß auch Zufallsprodukte unter diesen Männern sind, aber insgesamt ist es gleichförmig lokal gezüchtete, meist bürgerliche Intelligenz, ähnlich wie bei den Dichtern und Denkern dieser süddeutschen Landschaft.

In Bonn, wo fast ein Jahrzehnt seine Wirkungsstätte liegen sollte, war Kiesinger schnell als ungemein kluger Kopf erkannt. Ohne sachliche Interessen preiszugeben, kam er mit dem Bundestag, mit der eigenen Fraktion und meist sogar mit der Opposition gut aus. Der begabte Mann fiel Adenauer auf. Als 1950 auf dem CDU-Parteitag in Goslar Kiesinger auf Betreiben Adenauers zum Generalsekretär und geschäftsführenden Vorsitzenden der CDU gewählt wurde, in eine Stellung etwa, wie sie später Dufhues innehatte, verzichtete Kiesinger, als er bei der Abstimmung nur eine Stimme Mehrheit bekam: Er brauche, sagte er betroffen, ein breiteres Fundament. Adenauer bemerkte ganz einfach: »Aber Herr Kiesinger, Sie wollen ne Politiker sein?«

Kiesinger hat in Bonn den Kelch des Wartenden schmerzlich geleert. Die CDU/CSU-Fraktion schickte ihn in die Redeschlachten des Parlaments, wo er zu allen außenpolitischen Fragen sprach, und die Deutschen für den gemeinsamen Weg mit der freien Welt zu gewinnen suchte. Kiesingers Name wurde in jenen Jahren viel genannt, als möglicher Bundestagspräsident, als Außen- oder Justizminister, als Staatssekretär im Auswärtigen Amt, als Botschafter in Washington, Paris, London oder Moskau, als Bundespressechef. Aber Adenauer stellte sich taub. So hatte Kiesinger in diesen Wartejahren mehr Enttäuschungen erlebt als irgendeiner. Er blieb auf seiner Anwartschaft sitzen, bis er sich 1958 entschloß, als Ministerpräsident nach Stuttgart zu gehen. Mit der Bonner Politik, besonders mit der Außenpolitik, war es da vorbei. Das Bewußtsein, in Stuttgart nicht von irgendwelchen Gnaden abhängig, sondern »Landesfürst« zu sein, ließ Leistungen in seinem Musterländle Baden-Württemberg zu.

Aber Kiesingers Bonner Jahre müssen in der Rückschau gesehen werden. Wer die Luft in den fünfziger Jahren in Bonn geatmet hat, wird den Einfluß Kiesingers nicht gering schätzen. Er achtete zwar die erkennbar werdende geschichtliche Größe Adenauers, aber er war nicht naiv genug, sich von Adenauer nur benutzen zu lassen. Solche Betrachtungen werden mehr oder weniger unzulänglich sein, aber sicher ist, daß Kiesinger ein eigenständiger Geist ist. Aufsässigkeit gegen Adenauer war allerdings nicht dabei.

Gleich Adenauer und in seinem Schatten wollte er die Bundesrepublik mit der freien Welt versöhnen und Europa in einem Bündnis mit den Vereinigten Staaten zu einem Kraftzentrum machen. Das schien ihm die einzige Chance zu sein, die Menschen in Mitteldeutschland wieder mit dem Westen zu vereinigen. Kiesinger hat mitgearbeitet am Schumanplan, an der Europäischen Verteidigungsgemeinschaft, an der NATO und der EWG. Er saß in der Beratenden Versammlung des Europarates und war vier Jahre Vorsitzender des Bundestagsausschusses für Auswärtige Angelegenheiten. Er hat in jenen Jahren die halbe Welt bereist und wurde mit vielen Orden dekoriert.

Mit etwas Resignation hatte Kiesinger der Bundeshauptstadt Bonn den Rücken gekehrt. Am 17. Dezember 1958 wurde er zum Ministerpräsidenten des Landes Baden-Württemberg gewählt. Nach und nach traten dort, dank der eigenen Art zu sehen, die Zweifel auf, die für jeden Fortschritt Voraussetzung sind. Das Selbstbewußtsein hätte in Bonn leiden können, und es hatte dort wohl auch unter dem strengen Regiment von Adenauer gelitten; in Stuttgart war plötzlich kein Mangel daran. Es gelang Kiesinger, den Bestand des Landes Baden-Württemberg zu konsolidieren. Die Arbeiten in Stuttgart tragen deutlich Kiesingers Schriftzüge. Wissenschaft und Forschung, die Hochschulen, Lehrerbildung und ländliches Schulwesen, die Gründung der Universität Konstanz, Ausbau des zweiten Bildungsweges – das war das eine; Prioritäten bei Straßen-, Wohnungs- und Krankenhausbau, Wasserversorgung und Wasserreinhaltung war das andere Programm.

Kiesinger besitzt nicht die für den Politiker wohl zweckmäßige Robustheit des rücksichtslosen Zuschlagens, wenn es ihm an den Kragen geht; aber er hatte schnell überall genügend Autorität gewonnen, um sich durchzusetzen. Kiesinger hatte in Stuttgart nie einen besonders schweren Stand. Es war ein eigentümliches Bild, wie er in der Villa Reitzenstein, seinem Amtssitz als Ministerpräsident, regierte und »herrschte«. Scheinbar war er ein Mann, der das Phlegma schätzt; in Wirklichkeit konnte er ganz munter auch mit seinem Kabinett und mit Untergebenen umgehen. Selbst der ferne Beobachter wußte, daß er dort einen individuellen Stil entwickelte.

Im trüben und verworrenen vermochte er nicht zu atmen; er war immer ehrlich gegen sich selbst. Und das ist der Punkt, wo das Wort einhakt: der schönste Erhard, den es je gab. Auch der selbstlose Erhard mußte manche böswillige Qualifizierung einstecken. Kiesinger weiß, so erzählt man in seiner Umgebung, daß nicht alle Menschen gut sind. Er hatte denn auch in diesen Wochen, als es um die Bonner Erhard-Nachfolge und die Koalitionsverhandlungen ging, ein spitzbübisches Vergnügen daran, die Vorder- und Hintergründe mancher Mitakteure zu beobachten – und zu durchschauen und ein wenig mitzuspielen, wie hinzugefügt wird.

Die übliche Regel, daß ein hochgestellter Staatsdiener seine Zeit an einem Schreibtisch verbringen muß, gilt bei Kiesinger nicht. Das Absitzen von Dienststunden möchte er den Obersekretären überlassen. Er ist ein Langschläfer und der Meinung, die ihm in Stuttgart etwas Stirnrunzeln eintrug, daß ein Staat auch Staat machen müsse; aber es könne peinlich wirken, wenn der Staat auf Glanz poliert werde, und nicht immer wirkte er mit Cut und Zylinder und ordensbunter Frackbrust am überzeugendsten. Dann wird er grundsätzlich: »Keine Staatsform bedarf einer so hohen Führungskunst wie die Demokratie. Ehedem, in den Zeiten der alten absoluten Staaten, hat es Fürstenspiegel gegeben. Sie wurden in großer Zahl geschrieben, um den Regenten zu sagen, wie sie regieren sollten. Ich finde, wir haben Spiegel für demokratische Führer heute bitter nötig.« Es ist möglich, daß er das Wort »Spiegel« in Anführungszeichen gesetzt wissen wollte. *(Dezember 1966)*

Er habe die Absicht, sagte der Bundeswirtschaftsminister Ludwig Erhard zum Regierenden Bürgermeister Willy Brandt – es war 1963 in Berlin, kurz vor der Wahl Erhards zum Bundeskanzler –, im Garten des Palais Schaumburg eine Dienstwohnung für den Bundeskanzler bauen zu lassen. Kanzleranwärter haben immer etwas von verstecktem, feinem Spott gehabt, also fügte Erhard hinzu: Er habe wegen der Zahl der Zimmer und der Kinder bereits an ihn, Brandt, gedacht. Sechs Jahre danach schickt sich ebendieser Willy Brandt an, als vierter Bundeskanzler ins Palais Schaumburg einzuziehen. Jedoch, die Bundeskanzler-Dienstwohnung nebenan mag er nicht. Er bleibt in seiner Außenminister-Dienstwohnung, der neue Außenminister Scheel in seinem eigenen Hause in Brandts Nachbarschaft auf dem Bonner Venusberg wohnen. Die Bundeskanzler-Dienstwohnung aber, sobald Familie Kiesinger dort ausgezogen ist, soll künftig Gästehaus der Bundesregierung werden. Der vierte Bundeskanzler wird nicht nur die Richtlinien der Politik, sondern auch den Regierungsstil und das Milieu bestimmen.

Es hat eine eigentümliche Bewandtnis mit Brandt. Er fährt nicht durch ein Spalier in die Geschichte ein, sondern gewissermaßen mit dem geliehenen Wagen der FDP, und zwar zum maßlosen Erstaunen derer, die bisher an den Schalthebeln der Macht saßen. Der besondere Effekt ist dieser: Am 25. November 1960 wurde in Hannover der Regierende Bürgermeister von Berlin, Willy Brandt, zum Bundeskanzler-Kandidaten seiner Partei für die nächsten Wahlen benannt; die SPD unterlag aber 1961. 1965 war er wieder Kandidat, wieder unterlag er. Dann kam 1965 jener Satz, der der besondere Effekt wurde: »Unwiderruflich« trete er als Kanzlerkandidat zurück. Unerwartet hat er doch noch sein Ziel erreicht, sogar mit Ehrung und Verklärung. Klio, der Göttin der Geschichte, hat sich beim Eintritt in die siebziger Jahre der Mann an die Fersen geheftet, den schon Resignation überkommen wollte.

Man zerrt den neuen Regierungschef gewiß vor die falsche Schmiede, wenn man etwas laienhafte Physiognomik und Psychologie versucht. »Das Wunder auf einem Blatt Papier« (Hoferichter), die Handschrift, konnte bei Brandt auf Frauenarzt oder Staatsanwalt hindeuten; sie ist unleserlich. »In jeder Willkürbewegung erscheint der Charakter ihres Trägers« (Klages). Über Adenauers Handschrift steht bei Hoferichter: »Der schwer Durchschaubare, das Gegenteil eines stoischen Charakters, weiß sich zu verstellen.« Über Goethe schreibt Hoferichter: »Zwischen echter Persönlichkeit und Händlernatur«. Kann man bei Willy Brandt, wenn man einen handgeschriebenen Brief oder einen Spickzettel von ihm sieht, nicht sagen, was Hoferichter über Bismarcks Handschrift sagt: »Gebändigte Willenskraft, dressierte Vitalität; jedoch zuinnerst eine verkappte Seelenkrankheit: Der Schein, er sei ein ausgeglichener, harmonischer Charakter gewesen, zerreißt.« So über Bismarck – so auch über Brandt? In der Schreibe benutzt Brandt öfters Druckbuchstaben. Wir wagen keine Deutung; es sind Laienbetrachtungen.

Brandt als »Persönlichkeit« – das sind viele Faktoren; und sie liefern ein Charakterbild, das vom Laienbeobachter nur mangelhaft und meist wahrscheinlich falsch gedeutet wird. Er ist anscheinend eine komplizierte Persönlichkeit. In seinem Dienstzimmer als Außenminister stand als Schmuck eine Büste Abraham Lincolns, und die wird mit Gewißheit auch in seinem Kanzlerzimmer stehen; sie ist sein Privateigentum. In diesem Manne, dem sechzehnten Präsidenten der Vereinigten Staaten, möchte er sich wahrscheinlich gespiegelt sehen. Lincoln kam aus einer sehr armen Quäkerfamilie; auch Brandt ist mit schierer Armut groß geworden. Lincoln kämpfte um die Aufhebung der Sklaverei; Brandts Großvater, von dem der Enkel aufgezogen wurde, war aus Mecklenburg nach Lübeck gekommen; in Mecklenburg hatte dieser Großvater um die Jahrhundertwende als Knecht vom Gutsherrn noch Prügel bezogen. Lincoln wollte die Einheit der Nation; auch Brandt will sie.

Brandt wird also nun auf Adenauers Stuhl sitzen. Nicht erst seit der letzten Bundestagswahl am 28. September drückt sein Auftreten ungebrochenes Selbstbewußtsein aus. Schon als Außenminister gewann er innere Sicherheit. Die Möglichkeit, daß die Sozialdemokratie einmal den Bundeskanzler stellen werde, wurde nach 1965 lange Zeit kaum noch ausgesprochen. Nun mit einem Male! Das gute Auslandsecho aus allen Teilen der Welt stärkt sein Selbstbewußtsein.

Brandt, so nennt es seine Umgebung, sei gleichmäßig freundlich, nicht nachträgerisch, und er habe ein gutes Gedächtnis; er explodiere ganz selten. Seitdem er sich mit dem Regieren in Bonn eingelassen hat, wird sein großes Erinnerungsvermögen gerühmt. Er sagt einem auf Anhieb genau, an welchem Tage, bei welcher Gelegenheit und über welche Themen er in den letzten zwei Jahren mit dem Sowjetbotschafter Zarapkin gesprochen hat. Aber er wirkt oft mürrisch.

Er diktiert selten und dann ungern, liest im Urlaub täglich ein Buch, und zwar diagonal, meist sind es politische Bücher. Zur großen Literatur hat er ein kühles Verhältnis, obgleich er mit Günter Grass befreundet ist. Gedichte liest er nicht, auch nicht Agatha Christie. Von der sozialistischen Ideologie seiner Jugend schleppt er nichts mehr mit. Es freut ihn nur, daß Karl Marx und die Sozialisten den Herrschenden mindestens ein schlechtes Gewissen hinterlassen haben. Brandt ist ein »Nachtmensch« und demgemäß ein »Morgenmuffel«. Bis elf Uhr morgens ist er kaum zu gebrauchen. Sein Tagewerk endet meist weit nach Mitternacht; in Gesellschaft ist er ein Klebpflaster. Am Tag des Jüngsten Gerichts wird er sich vermutlich erst mal einen Whisky genehmigen und dann die Dinge auf sich zukommen lassen. Er ist »krisenfest«.

Einer seiner Freunde sagt: Je härter und kritischer die Situation werde, um so instinktsicherer reagiere er. Klar und von ihm selbst geschildert ist das Wort: Unangenehme Dinge fresse er in sich hinein. Und außerdem ist er entschlossen, zu regieren. »Mein Regieren wird kein Zuckerlecken«, sagt er. Er könne nicht ausschließen, daß man parlamentarische

Niederlagen erleben werde. Brandt weiß, daß es bei der sehr starken Opposition keine gerade Bahn geben kann, aber es werde kein peinliches Versagen geben. Vielleicht gibt es einen Rest, der nicht aufgeht, aber seine Regierung scheint kämpfen zu wollen. Es wird kaum eine historische Situation geben, wo ihn Schwindel überkommen wird. Zuspitzungen hat er schon oft ins Auge gefaßt: von seinen Emigrationsabenteuern, als er noch nicht zwanzig war, bis zu jenem Marsch der Westberliner zum Brandenburger Tor, als er mit beschwörender Beredsamkeit eine Katastrophe verhinderte.

Seine persönliche Anziehungskraft ist nicht überwältigend, aber er hat rhetorische Erfolge. Er schreitet etwas steif, aber nicht gesucht gravitätisch, wie etwa sein Vorgänger im Amt. Sein Organ ist rauh, rauchig, tief und lübisch. Er hat eine tragende Sprechstimme und macht beim Reden lange, gedankenvolle Pausen. Im Schweigen hört man dann, wie seine Gedankenmühle geht. Die leichtfüßige geistige Beweglichkeit, etwa wie bei seinem Helfer Ehmke, geht ihm ab; eher könnte man ihn als schwerblütig bezeichnen.

Er hat eine kluge und intelligente, schöne und gewandte Frau. Sie hat die Fähigkeit, sich präzise auszudrücken, etwa so: »Ich habe es aufgegeben, meinem Mann zu raten, sich zu schonen.« Sie könnte sich mit Recht beklagen, daß diese Art Männer die moderne Form des Selbstmordes betreiben. Sie hat die Fähigkeit, sich diskret zu kleiden, und das Talent, ebenso diskret darzustellen, daß sie weiblichen Geschlechts ist. Sich auf dem Parkett zu bewegen, gelingt ihr mühelos. Immerhin spielen sich einige Begebenheiten bei dieser sogenannten Bonner Gesellschaft ab, die neben dem Bundeskanzler die Frau verlangen. Frau Brandt ist gebürtige Norwegerin. Die bunten Gazetten der Regenbogenpresse fügen hinzu: daß Rut Brandt, geborene Hansen, verwitwete Biergaust, die Tochter eines Chauffeurs in Hamar ist, als Verkäuferin in einem Bäckereiladen, dann in eine Schneiderwerkstatt als Näherin kam, um schließlich eine Journalistin zu werden. Sie ist der Rolle, die auf sie wartet, mühelos gewachsen.[24]

Im Schweiße seines Angesichts hat schon der Regierende Bürgermeister Brandt in den fünfziger Jahren eine Korona von Verleumdern in die Schranken gewiesen. Nicht die Sonne, sondern die Gerichte, die Brandt anrief, mußten es an den Tag bringen. Brandts Rehabilitierung vollzog sich entweder in Gerichtsurteilen, Widerrufen oder Ehrenerklärungen vor Gericht. Von der Abiturientenprüfung in Lübeck, die man ihm bestritt, bis zum Kampf gegen deutsche Soldaten in Norwegen, vom »Kommunisten« in Spanien bis zum freiwilligen Verzicht auf die deutsche Staatsangehörigkeit ging die Bosheit der Verleumder. Wer die Gerichtsentscheidungen liest, fragt sich unwillkürlich, wen die Politik bei solcherart Diffamierung noch faszinieren kann. Daß Brandt sozusagen trockenen Fußes durch dieses Meer von Verleumdungen hindurchkommen würde, war kaum anzunehmen. Es hat ihn verletzt.

Es wäre eine reizvolle Aufgabe, breiter den Verlauf von Kindheit und Jugend darzustellen. Er hatte eine glanzlose Kindheit und eine freudlose Jugend. Als Herbert Ernst Karl Frahm wurde er am 13. Dezember 1913 in Lübeck geboren, als Sohn der neunzehnjährigen Verkäuferin eines Konsumladens. Die Mutter erlebte noch, daß der Sohn Außenminister wurde. Im Sommer 1969, bevor er Bundeskanzler wurde, stand der Sohn in Lübeck an der offenen Gruft auf dem Friedhof, die Mutter war gestorben. Er war als Kind, wie er sagt, allein, verzweifelt allein. Unvergeßlich ist allerdings der Großvater geblieben, in dessen Obhut das Kind kam. Tagsüber wurde der Knabe zu einer Nachbarsfrau gegeben. Der Großvater, der später Kraftfahrer wurde, war aus dem Mecklenburgischen herübergekommen. Mit dem Enkel schwatzte er den ungegliederten, breiten, trägen, reizvollen Schwatz der norddeutschen Küstenlandschaft. Der Junge blieb auch beim Großvater, als die Mutter heiratete und der Großvater wieder heiratete. Herbert Frahm bekam eine Stief-Großmutter, die kein Verhältnis zu ihm fand.

Die Kindheit war grau, ohne Nestwärme und mit mancher Trübsal belastet. Der Großvater war Sozialdemokrat, und von ihm hörte der Junge von der großen Ungerechtigkeit in dieser Welt. Befreien konnte sie, so sang der Großvater, »kein Gott, kein Kaiser noch Tribun, das können nur wir selber tun«. »Ich wurde in die Sozialdemokratie hineingeboren«, sagt der Enkel. In sozialistischen Jugendorganisationen war er schließlich führend tätig. Die Weimarer Zeit hatte für begabte Kinder Stipendien, und auf der Schule ging es mit ihm mehr als rechtschaffen; er war ein sehr guter Schüler und selbst in »Religion« mit einer Eins versehen. Von der Realschule kam er zum Lübecker Gymnasium Johanneum, wo er 1932 das Abitur machte. In der Schule wurde er der »Politiker« genannt. Die norddeutsche steifleinene und wohlgebürstete Bürgerlichkeit mit ihrer Suggestion vom ruhigen Wohlstand war nicht nach seinem Geschmack. Er erlebte auch die soziale Ächtung des unehelichen Kindes. Mit achtzehn Jahren war er Mitglied der Sozialdemokratischen Partei.

Inzwischen ging es allenthalben turbulent zu; die Politik nahm den Zug des Vulgären an. Die ruinierten Mittelschichten wählten Hitler. Er selber war betroffen über die Tolerierungspolitik und die Politik des kleineren Übels seiner eigenen Partei. Er schloß sich 1931 einer sozialdemokratischen Splittergruppe an, der Sozialistischen Arbeiterpartei (SAP), einem »Verein von verklemmten Schwärmern«, wie der Lübecker Mentor Dr. Julius Leber, bei dem er sich als Journalist die ersten Sporen verdiente, diesen linken SPD-Splitter nannte. Dann folgte ein kurzes Gastspiel als Volontär bei einer Schiffsmaklerfirma; aber 1933, nach einiger konspirativer Tätigkeit gegen die neuen Machthaber, war er seines Bleibens in Deutschland nicht mehr sicher. Er emigrierte bei Nacht und Nebel vom Ostseebad Travemünde aus mit dem Motorkutter eines Fischers hinter Kisten und Tauwerk versteckt über die Ostsee. Es war der 31. März 1933. In Rödbyhavn auf der dänischen Insel Lolland ging der Fischer an Land; hundert Mark hatte Brandt in der Tasche.

Die Emigrationszeit ist ein Roman für sich. Er erlebte die geheime Gemeinsamkeit und Kameraderie, aber auch die schlimmen Stunden aller Emigranten aller Zeiten. Alles, was er fortan tat, als er von Dänemark nach Norwegen gekommen war, geschah unter dem Namen Willy Brandt. Die Vergangenheit war ausgelöscht; zu seiner Heimatstadt Lübeck hat er noch heute ein gebrochenes Verhältnis; er schlüpfte in ein anderes Ich. Er kam in nahen Kontakt zu den norwegischen Sozialdemokraten, gewann bald Freunde, sprach ein gutes Englisch, lernte allmählich das Norwegische, und unter dem Namen Willy Brandt schrieb er bald in skandinavischen Zeitungen und alle seine Bücher. Brandt: »Was sprach unter diesen Umständen nach meiner Wiedereinbürgerung dafür, den inzwischen in fast völlige Vergessenheit geratenen Namen Frahm wieder anzunehmen?«

Eine tiefsitzende Zuneigung zu den Skandinaviern hatte ihn 1938, als er in Deutschland ausgebürgert worden war, die norwegische Staatsangehörigkeit annehmen lassen. Über seine skandinavische Zeit – von Norwegen setzte er sich nach der deutschen Besetzung nach Schweden ab – pflegt er kein eifersüchtiges Stillschweigen. Daß sie durchleuchtet wurde, dafür sorgten in den späteren fünfziger Jahren politische Gegner, die sich nach Norwegen und Schweden aufmachten. Sein Aufenthalt als Zeitungskorrespondent im Bürgerkrieg in Spanien, vor allem sein Verhalten während der deutschen Besetzung Norwegens, gab zu manchen Deutungen Anlaß; es blieb ihm nichts, als seinen Leumund vom Gericht feststellen zu lassen.

Vorwiegend als Journalist für skandinavische Zeitungen hat er sich durchgebracht. Nach dem Krieg kam er zunächst als Zeitungsberichterstatter zu den Nürnberger Prozessen, später in der Uniform eines Majors als norwegischer Presseattaché zur norwegischen Vertretung, der Militärmission, nach Berlin. 1948 bis 1949 schickte ihn Kurt Schumacher, nachdem er seine norwegische Staatsangehörigkeit aufgegeben hatte, als Vertreter des SPD-Parteivorstandes nach Berlin. 1949 kam er als Berliner Abgeordneter in den Bonner

Bundestag, 1950 ins Berliner Abgeordnetenhaus. 1957 wurde er Regierender Bürgermeister der alten Reichshauptstadt, und hier dürfen wir uns auf Theodor Heuss berufen: »Wir haben mit Dank nicht nur für Berlin, sondern für Deutschland die Leistung von Willy Brandt verfolgt; und es wäre unpassend, wenn ich ihm nicht den Dank für das sage, was er als Erbe von Ernst Reuter durch die Darstellung der Berliner und der deutschen Dinge in der ganzen Welt getan und geleistet hat. Er hat sein Examen mit ›gut‹ bestanden.«

Für manche bisher in der Regierung Etablierten ist ein Bundeskanzler Brandt ein aggressiver Tatbestand. Der Regierungswechsel an Haupt und Gliedern bringt große Unruhe in die gesamte Staatsapparatur, die allerdings auch gute Seiten haben kann. Auch der Beispiele gibt es in diesen Tagen zahlreiche, wo der Mantel nach dem Winde gehängt wird und die Wetterfahne auf dem Palais Schaumburg unverhohlen etwas Wetterwendisches annimmt. Brandt sagt mit dem knappsten der möglichen Sätze: »Es gibt keine Christenverfolgung.« Das wird indessen nicht heißen, daß niemand straucheln wird. *(Oktober 1969)*

Aber Respekt vor dem Alten

Zum Erscheinungsbild der Bundeskanzler Adenauer und Brandt gehört eine gewisse irrationale Grundschicht. Bei Adenauer lief es, schon wegen seines hohen Alters, darauf hinaus, ihn als »Großvatertyp« anzusehen. Aus unberechenbaren Seelengründen strömten ihm Sympathien und damit Stimmen bei Wahlen zu, namentlich von älteren Frauen. Brandt hat durch Systematisierung, obwohl er keineswegs ein »Schauspieler« ist, das Bild erreicht, das ihm zu dem eigentümlichen Begriff »Vatertyp« verholfen hat und eine Wahl gewinnen half. Auch ihn haben zum erstenmal mehr Frauen, sogar ältere Frauen, gewählt.

Brandt und Adenauer – das war ein Tatbestand von latenter innerer Spannung. 37 Jahre Altersunterschied lag zwischen ihnen. Das Verhältnis der beiden zueinander war selten gutes Einvernehmen. Sie hatten öfter miteinander zu tun, der Bundeskanzler vom Rhein und der Regierende Bürgermeister von Berlin. Die Geschichte erteilte ihnen Lektionen, z.B. durch den Berliner Mauerbau. Die Frage ist schwer zu beantworten, wer wem mehr am Zeug flickte. Heute unterläßt es Brandt nirgendwo, von der geschichtlichen Leistung Adenauers zu sprechen. Brandt 1966, als Adenauer neunzig wurde: »Herr Bundeskanzler, wir gratulieren Ihnen ganz ohne Schmeichelei, voller Respekt vor Ihrer Leistung.«

Zum Irrationalen gehört bei Brandt seine Standbildpose. Wenn wir hier das Verhältnis überschauen, kommt ihm heute, mehr als vor fünf Jahren, viel gefühlsmäßige Zuneigung entgegen (freilich auf der anderen Seite auch – wir scheuen das Wort nicht – mehr ohnmächtiger Haß. Daß seine Frau nicht ohne Sicherheitsbeamten das Haus verlassen, der Sohn nicht ohne Kriminalbeamten zur Schule gehen kann, ist leider wahr). Brandt ist im sechzigsten Lebensjahr. Daß ihm dies Alter größere Lebensreife verleiht, werden ihm seine Jusos gewiß nicht abnehmen, obwohl Brandt selbst etwas vom ewigen Drängen der Jugend nach Prinzipien und ihrem Streben nach Auseinandersetzung mit der verworrenen Welt aus der eigenen Jugend geläufig ist.

Ein bedeutsamer Zug war bei Adenauer die Härte. Im Gegensatz zu Brandt hatte er mehr Machiavelli gelesen. Noch im Alter von achtzig Jahren zeigte er keineswegs Resignation des Alternden. Die Welt beginnt heute mehr und mehr den Jungen zu gehören, aber Brandt läßt sich nicht zu dem Fehlschluß verleiten, reiche Lebenserfahrung könne als staatsmännische Weisheit gelten.

Die Lage war noch nie so ernst. Brandt läßt sich das Adenauer-Kapitel nicht entgehen. Adenauer trug immer wieder zum Anekdotenschatz bei, vieles ist schon ins Halbdunkel gehüllt. Egon Bahr erzählte unbekannte Anekdoten:

1957, Brandt war Regierender Bürgermeister geworden, machte er bei Adenauer in Rhöndorf seinen Antrittsbesuch.

Adenauer: »Wir haben Ärger mit den Jugoslawen, die wollen Ulbricht anerkennen. Und was ich denen besonders übelnehme, sie machen das, bevor bei uns eine neue Regierung gebildet werden konnte. Sie kommen doch aus Berlin, wie sehen Sie die Sache?« Brandt, Neuling als Regierungschef, wollte nicht gleich ausrutschen; er flüchtete in Wenn und Aber, Einerseits und Andererseits. Plötzlich brauste Adenauer auf: »Ach, ich will Ihnen mal wat sagen, der Tito ist ein ganz gewöhnlicher Räuber.«

1958, wieder bei Adenauer in Rhöndorf. Adenauer kommentierte die neuen Gegebenheiten in Paris. Ob er gelesen habe, fragte Adenauer Brandt, daß die in der Kammer alle aufstehen müßten, wenn de Gaulle hereinkomme? Einige Monate später in Berlin. Adenauer zu Brandt, ob er sich die neue französische Verfassung angesehen habe? Adenauer: »Erstmals wird das Parlament ein halbes Jahr in Urlaub geschickt, dann dürfen die auch nicht alles, was sie wollen. Aber sie kriegen es gut bezahlt.« Es war ganz im Sinne Adenauers.

1961, im Vorfeld der Bundestagswahlen, Adenauer hatte in Regensburg von »Herrn Brandt alias Frahm« gesprochen. Am Rande eines Sachgesprächs mit Adenauer, ob es denn wirklich nötig sei, einen Wahlkampf mit persönlich diffamierenden Mitteln zu betreiben. Adenauer: »Wenn ich wat gegen Sie hätte, würde ich et doch sagen. Aber am Wahlkampf können wir beide nichts ändern. Der muß ablaufen.«

(Dezember 1972)

Am »Lago di Sozi«

Die vierte und letzte Partie eröffnete der Kanzler, wie Kortschnoj beim Weltmeisterschaftskampf, obwohl er dem Besucher versprochen hatte, ihn milde zu behandeln, damit wenigstens bei der letzten Partie ein Remis herauskäme. Helmut Schmidt gewann alle vier Schachpartien. Dann sagte er, nächsten Dienstag oder Mittwoch sei er in Bonn wieder an

Bord. Der Kanzler ist in bester Verfassung.

Eine fünfte Blitzpartie schien ihm notwendig. Von Innenminister Baum sei er telefonisch ins Bild gesetzt über den Mißerfolg bei der Terroristenverfolgung. Dann wörtlich: »Man kann von der Polizei keine Unfehlbarkeit verlangen, auch nicht vom Bundeskanzler, auch nicht vom Oppositionsführer, auch nicht von Herrn Dregger, auch nicht vom Bundesverfassungsgericht.« Er hätte zwar lieber den Grafen Lambsdorff als Innenminister gesehen, aber das besage nicht, daß Baum kein guter Innenminister werde. Maihofer habe Pech gehabt. Der wäre ein sehr guter Justizminister geworden. Ohnehin wäre ihm, dem Bundeskanzler, lieber gewesen, Maihofer und Vogel hätten ihre Ämter getauscht und Vogel das Innenressort bekommen. Aber die Verhältnisse waren nicht so. Gute Noten über Vogel sind mehrmals zu hören.

Helmut Schmidt sitzt noch da am Schachbrett, leger in der Sommerkluft, kurzärmeliges Hemd, gelegentlich eine Prise Schnupftabak. Er sagt, was er wahrnimmt. Ein bißchen Fabuliererei ist schon dabei, wenn er »seinen« See vorführt, den »Lago di Sozi«, wie manche Leute sagen, 2,8 Kilometer lang, einen Kilometer breit. Das Wasser ist fischreich, Horst Stern und Herbert Gruhl würden ihre Freude daran haben. Die Kiebitze sind schon bei herbstlichen Flugübungen, Enten, die Roten Milane, gelegentlich sogar ein Fischadler, der Bootssteg zum See, der Rasen picobello. Die Idylle wäre vollkommen, wenn nur der Bundesgrenzschutz nicht wäre, sogar ein Boot mit bewaffneten Männern kreuzt da.

Richtig faulenzen scheint der Kanzler im Urlaub nicht zu können. Einen Berg von Kleinholz hat er gestapelt, den Rasen von Hand gemäht. Die Akkuratesse ist auffallend; so sieht auch sein Schreibtisch aus, aufgeräumt. Seit acht Tagen hat Schmidt kein Fernsehen angestellt. Zwei Fahrräder stehen in der Garage. Er und seine Frau radeln gelegentlich ins Dorf. Im Gemeinderat sitzen sieben CDU-, vier SPD-Leute. Die elf hatte er letzte Woche eingeladen, mit Damen, zu Rehrücken und Preiselbeeren in die Dorfkneipe.

Mit seinem Boot ist er schon mal auf dem See gekentert, und der SPD-Fraktionsführer, der Genosse Hermann Schmidt, hat ihn gerettet. Dann spotteten sie mit dem alten Lied: »Wat steigt denn da für'n swatten Qualm am Horizont empor? Es ist des Kaisers Segelyacht, es ist der ›Meteor‹. Der Kaiser steht am Steuerrad, Prinz Heinrich hält die Schot, und hinten hißt Prinz Adalbert die Flagge Schwarz-Weiß-Rot (und achtern, tief in der Kombüse, brät Speck Victoria Louise). Ein Volk, dem solche Fürsten stehen, da hat es keine Not. Deutschland kann niemals untergehn. Es lebe Schwarz-Weiß-Rot. So stehn wir an des Thrones Stufen, und halten ihm in Treue fest, und sind bereit, hurra zu rufen, wo es sich irgend machen läßt.« Die Genossen und die CDU-Gemeinderäte stimmten ein. Der weite Horizont, »der blaue Himmel unverstellt«, die bäuerlichen Menschen – Schmidt scheint sich wohl zu fühlen. Von so einer weiten Landschaft hält Schmidt etwas, von Demoskopen hält er nichts, sagt er abrupt.

Sätze wie der, daß die Lage noch nie so ernst sei, fallen ihm nicht ein. Wie er denn zu Adenauer gestanden habe? Sein Urteil über Adenauer habe er in den letzten fünf Jahren wesentlich ergänzt und wieder neu aufgebaut. Adenauer sei ein großer Schauspieler gewesen, der bisweilen von stärksten Zweifeln geplagt wurde. Adenauers »Kanzler-Demokratie«? Das Wort würde er nicht benutzen. Auf Grund seiner Persönlichkeit habe dieser große Mann Macht ausgeübt, ohne daß er die Verfassung verletzt habe. Ludwig Erhards geschichtliche Leistung sei in den Jahren 1948/49 geschehen, als er die Wirtschaft von Fesseln befreit habe.

Ob er traurig werde, daß jetzt Strauß nach München gehe und sich den Hermelin umhänge? Das werde ein interessantes Experiment, entgegnet Schmidt, denn die Bayern seien es gewohnt, ruhig, stetig und gelassen regiert zu werden, wie zum Beispiel von so hervorragend ausgeglichenen Figuren wie Goppel, Seidel, Ehard und Hoegner. Bei Strauß könne das anders werden, dem gehe die Selbstkontrolle ab. Wer ihm am liebsten als nächster Kanzlerkandidat der CDU/CSU sei? Schmidt schmunzelt: am liebsten wäre ihm Kohl, der geeignetste sei Barzel, mit dem er bis heute aus der Zeit der Großen Koalition – wo sie beide Fraktionsführer waren – ein ungetrübtes Verhältnis habe. Auf Barzel sei Verlaß gewesen. Ob er Kohl nicht unterschätzt habe? Nun, Kohl habe bereits zwei Bonner Lehrjahre hinter sich. Gesetzt den Fall, die SPD/FDP-Koalition verliere die Hessenwahl und die CDU/CSU bekomme im Bundesrat die Zweidrittelmehrheit? Die Regierungsarbeit in Bonn gehe weiter, ob die Parlamentsarbeit weitergehe, sei in Zweifel zu ziehen.

Ob er sich als Intellektuellen ansehe? Frau Loki, im Hintergrund, winkt mit Kopfschütteln ab. Schmidt: »Nach landläufigen Begriffen muß ich wohl dazu gezählt werden. Nur: ich habe keine zwei linken Hände.« Kohl halte ihn, den Bundeskanzler, für einen großen Schauspieler – was er dazu sage? Schmidt glaubt, sich das Bekenntnis leisten zu können: »Unser Gewerbe ist doch wie das der Schauspieler.« Ohne Zustimmung von draußen gehe es nicht. In demokratisch verfaßten Staaten, von Athen bis zum britischen Unterhaus und zum Bundestag, brauche der Politiker rhetorische Fähigkeiten, um sich darzustellen. »Nur: der Schauspieler spricht fremde Texte. Der Politiker spricht seine eigenen, so sollte es wenigstens sein.«

Helmut Schmidt wird im Dezember sechzig Jahre alt. Sein Freund Willi Berkhan, der Wehrbeauftragte, der nebenan am Brahmsee ein Haus hat, sagt freimütig, er habe den Eindruck, mit der Tatsache werde Schmidt noch nicht so recht fertig. Das Leben wird – nach Goethe – um so kostbarer, je weniger davon übrigbleibt. Man kann sich kaum vorstellen, daß Schmidt den Gipfel seiner Erdenwanderung schon hinter sich haben sollte. Von milder Reife ist im Gesicht nichts erkennbar. Ob er mit den Tagen geizen muß? Die Flüchtigkeit der Zeit, im historischen wie im metaphysischen Sinne, scheint ihn anzurühren. Mit alten, erfahrenen Männern spricht er gern; er habe mit Papst Paul eineinhalb Stunden über die christliche Soziallehre gesprochen, es sei ein Genuß gewesen. Herbert Wehner, Carlo Schmid, Henry Moore und

Gerhard Marcks, Herbert Weichmann und Wilhelm Kaisen, Oskar Kokoschka, Jean Monnet, McCloy und Julius Kardinal Döpfner waren Gesprächspartner; es sei immer ein großer Gewinn gewesen, mit diesen Alten zu reden. Schmidt spricht über das Übermaß des Fernsehkonsums. Das Fernsehen spiele im »Lebenshaushalt« eine zu mächtige Rolle. Das Fernsehen solle ein Abbild der Welt geben, aber das tue es nicht.

Die Welt ist klein hier am Brahmsee. Ein Besuch im Orgelkonzert in der evangelischen Kirche in Nortorf, ein Besuch im Emil-Nolde-Haus in Seebüll in Nordfriesland, ein Abstecher nach Dänemark, ein Besuch bei Siegfried Lenz, dessen Roman »Heimatmuseum« Schmidt liest. Im Dorf rattert gelegentlich der Fernschreiber aus Bonn, am Tor zur Schmidt-Behausung steht »Warnung vor dem Hunde«, doch den, einen Hovawart, hat die Tochter mitgenommen.

(August 1978)

Schon vor den Toren Bonns

Man hörte es mit Pläsier, was der »Landesfürst« von Rheinland-Pfalz, der Ministerpräsident Helmut Kohl, im Bahnhof Rolandseck zu verkünden hatte: Max Slevogt, ein Kind seines Landes aus Neukastel in der Südpfalz, habe gerne Feste gefeiert, man brauche sich bloß des Meisters »Bal paré«, 1905 gemalt, anzusehen. Slevogt, mit Corinth und Liebermann das Dreigestirn der großen deutschen Impressionisten, wurde also von Kohl in einer Gemäldeausstellung (120 Bilder aus dem Besitz des Landes Rheinland-Pfalz), die im Bahnhof Rolandseck zu sehen ist, vorgestellt.

Der »Landesfürst« brachte mehr als tausend Menschen auf die Beine, obwohl der Rolandsecker Bahnhof in Schnee und Matsch zu ertrinken drohte und die Malaise bei der An- und der Abfahrt so offenkundig war, daß die Polizei nur mit geschickten Komplimenten gegenüber den Himmlischen einigermaßen zu Rande kam.

Dem Landesfürsten Kohl kam der Slevogt sehr gelegen. Wenn er schon mit Geräusch antreten muß, der selbstbewußte Ministerpräsident, dann will er das noch nicht auf dem Territorium der Bundeshauptstadt tun, wie er dreideutig schmunzelte, sondern einen Kilometer von der Stadtgrenze Bonns entfernt in Rolandseck, das einstweilen nur noch von den Russen, die dort ihre Botschaft haben, mit Beschlag belegt ist. Kohl hatte nicht vor, Lärm zu machen; sogar der atonalen Musik der »Les Percussions de Strasbourg«, eines Sechs-Musiker-Ensembles, das versuchte, auf mehr als hundert Schlaginstrumenten – Fell, Holz, Metall – moderne Klangvorstellungen darzubieten, und das eine Deutschlandtournee vorbereitet, gewannen die tausend Gäste Interesse ab.

Slevogt, sagte Kohl in seiner Begrüßungsrede, sei nicht nur in seiner Kunst ein Augenmensch gewesen, »voll Lust an der momentanen Bewegung« – er unterschlug den Satz, daß auch er selbst, der Vorsitzenden-Kandidat, an die momentane Bewegung auf einem gewissen Gelände eine feine, knifflige Interpretation riskiere. Es störte den Landesherrn nicht, daß Vorsitzender Barzel nicht gekommen war. Verdießlich und nachdenklich, so sah man allerdings CDU-Generalsekretär Kraske und Fraktionssprecher Eduard Ackermann vor Slevogts »Amazonenschlacht« und der »Ringerschule« haltmachen – natürlich getrennt voneinander –, auch »Hund mit Katze spielend« interessierte, und Kraske verweilte lange vor der »Aufbahrung Don Giovannis«. Olaf von Wrangel, so verbreitete es ein Fraktionsangehöriger, sei schon »vom Fenster weg«, den habe der »Jäger mit der Flinte« interessiert. Ackermann ereiferte sich: »Nein, Barzel will nicht Bundeskanzler werden.«

Viel Prominenz war Zeuge des doppelbödigen Rolandsecker Festes, allein 28 Botschafter mit dem Nuntius, Erzbischof Bafile, an der Spitze. Man sah zahlreiche Bundestagsabgeordnete nicht nur der Opposition, auch mehrere amtierende Staatssekretäre, den Generalintendanten Stroux, Georg Meistermann. Mit fahlem Lächeln begrüßten sich

Eugen Gerstenmaier und Klaus von Bismarck, auch sie standen lange vor Don Giovannis Aufbahrung.

Es war eine wohltuend aufgelockerte Fete, mit zahlreichen elektrischen Heizsonnen, Südpfälzer Weinen, Brezeln und Würstchen, es wogte hin und her, von unten nach oben, und der Hausherr erklärte verbindlich: Selbstverständlich könne man sagen, daß Kohl vor den Toren der Bundeshauptstadt Posten gefaßt habe. *(Februar 1973)*

Kohl, wo sind Sie?

Ende Juni, beim Sommerfest von Bundeskanzler Kiesinger im Garten des Palais Schaumburg, sang Hildegard Knef das Lied in den abendlichen Himmel: »Von nun an geht's bergab«. Von dem Tage an, sagte Anfang der Woche der Ministerialrat aus dem Bundeskanzleramt, der Wert darauf legt, daß sein Name nicht erwähnt werde, ging es tatsächlich bergab. Die Atmosphäre änderte sich allmählich im Palais Schaumburg, Stimmungen und Einbildungen, die nicht gut waren, machten sich bemerkbar. Die leise, aber unerbittlich ziehende Strömung auf einem dunkel aufgewühlten Untergrund war zu erkennen. Gab es nicht Autoritätsverlust bei Kiesinger? Ludwig Erhard hatte den großen Park dem Personal zum Benutzen freigegeben, Kiesinger untersagte es. War nicht in knapp drei Monaten Bundestagswahl? Wurde Kiesinger nicht nervöser? Der Bundeskanzler konnte sich Untergebenen gegenüber in Erregungszustände steigern, Zorn entlud sich nichtiger Anlässe wegen. Beamte fühlten sich verletzt, Erhard konnte ganz munter mit Untergebenen umgehen. Kurt Georg Kiesinger »herrschte«. Selbst der entfernte Beobachter außerhalb des Hauses bemerkte es, oder es wurde ihm zugetragen. Die Bundestagswahl kam, die Nacht nach der Wahl und der tiefe Schock. Nicht nur für die FDP, auch für Kiesinger und die CDU/CSU. Binnen weniger Tage, fast innerhalb weniger Stunden, war verspielt, was man in den Händen zu haben geglaubt hatte: die Macht. Das Spiel um die Macht, das hatte auch Kiesinger in fast drei Jahren Kanzlerschaft gefühlt, war das wunderbarste aller Spiele, weil es mit der verbürgten Richtlinienkompetenz unvergleichlich an Spannung war.

Kiesinger tat zwar gelassen, aber schon in der Wahlnacht wurde bei ihm – und bei Barzel – eine Selbstgefälligkeit auf den Fernsehschirmen erkennbar, die verblüffend war. Es war eine gespielte Rampenszene. Kiesinger stand im Kabinettssaal kurz vor Mitternacht vor den Batterien der Mikrophone. Schienen ihm die Hochrechnungen nicht recht zu geben? Er begann zunächst etwas stotternd, dann drehte er sich suchend halbwegs um, und das Wort kam: »Kohl, wo sind Sie denn?« Helmut Kohl, Ministerpräsident von Rheinland-Pfalz, in der Körperlänge Kiesinger noch überragend, zwängte sich nach vorn. Reinhard Appel und der Chronist standen neben ihm. Der Chronist flüsterte Kohl den Satz zu, den er mit nach vorne nahm: »Sie sind der übernächste Bundeskanzler.« »Lassen Sie das«, war Kohls ärgerliche Antwort, dann stand er neben dem Bundeskanzler. Seit diesem Tage ist Helmut Kohl in Bonn gegenwärtig, selbst wenn er gar nicht hier ist, sondern in Mainz über seinen Rheinland-Pfalz-Sorgen brütet.

So blankgeputzt, wie Kiesinger selbst sein Denkmal sehen möchte, ist es nicht mehr. Von überallher scheint es zu drohen. Viel Druckerschwärze fließt, die Ätherwellen sind bewegt, und langsam, aber sicher scheinen auch Weichen gestellt zu werden. Kurt Georg Kiesinger spürt das nagende Gefühl, daß etwas nicht in Ordnung ist. Die jungen Leute machen sich bemerkbar, die Wörner und Abelein, Rinsche und Kiep, Köppler, Kraske und Stoltenberg, vor allem aber dieser: Helmut Kohl. Man denkt nicht an heute noch morgen, man denkt an übermorgen.

Im Schatten Kiesingers stehen dunkel Barzel und Strauß, niemand weiß, was für sie im Hintergrunde schlummert. Hinter Kiesingers Licht steht Kohl, der bereits in alle Geheimnisse seine Hände geschoben hat. Aber Helmut Kohl hat sich auf unwahrscheinliche Weise nach vorne gespielt.

Das könne nicht gut gehen, müssen ihm enge Freunde sagen. Bedenkt er nicht, wer die Messer wetzen könnte in den eigenen Reihen? Ist er nicht für manche ein Emporkömmling, ein Senkrechtstarter? Man merkt bei ihm die zurückgestaute Leidenschaft am politischen Spiel. Er gibt Interviews mehr als genug. Er fordert seine Konkurrenten förmlich heraus. Der tausendäugige Argus schaut gespannt zu. Wie bald wird sich der Regierungschef von Mainz Blößen geben?

Im Bundeshaus tobt wieder der Schlachtenlärm, das Fernsehen aller Kaliber hat hier wieder seine Außenposten bezogen. Das babylonische Gewirr von vielen Zeitungskorrespondenten belebt wieder die Korridore. Die Wetten stehen für Kohl. Was für Wetten? Hoffentlich bringt der hochbegabte Mann aus Mainz sich nicht selber um seine Karriere.

(Oktober 1969)

Giovanni, nimm dich nicht so ernst

Altkanzler Kiesinger war von Tübingen nach Bonn geeilt – es war erst kürzlich –, um in der CDU/CSU-Fraktion seinem Freund Helmut Kohl beizustehen. Kiesinger, immer mit dem Hang zum Pathetischen, hatte schon vor Jahren, als Bundeskanzler, vom Rednerpodium des Bundestages prophetisch die Worte: »China!China!China!« in den Plenarsaal gedonnert. Der Ruf sollte längst im Büchmann stehen. Diesmal nun, in der Fraktion, benützte der Altkanzler die Halbtöne, in der Sprechlage eine halbe Oktave nach unten, selbst die Hände des alten Herrn begannen zu leben, es mußte eine Trummsäge sein, die er mit der richtigen Gestik vorführte. Die Fraktion war mucksmäuschenstill. Die Rede ging ins Deklamatorische, als er vom »Sääägen, Sääägen, Sääägen« am Stuhl des Vorsitzenden sprach.

Helmut Kohl, aufgesucht in seinem Fraktionszimmer, trifft man nicht als Leidenden, Hinfälligen. Darauf angesprochen, greift er Kiesingers Wort auf. Die mit der schweren Trummsäge, meint er, seien noch die Harmlosesten; die mit dem

Fuchsschwanz seien etwas gefährlicher, dann aber kämen die mit der feinen Laubsäge, die schmierten sogar noch ein Mittel aufs Holz, damit es geräuschloser gehe. Und endlich gebe es die, die Holzwürmer ins Holz beförderten, die dort zu bohren hätten, und das seien die Professoren. Man trifft Helmut Kohl noch im Nachgenuß solcher Bilder an.

Da sitzt er vor einem, wohin mit den langen Beinen, alle drei Minuten leichtes Zucken mit dem Kopf, der Grad der Muskelspannung sagt etwas aus über die emotionale Verfassung des Mannes. Dann sagt er auf die Frage, wie er sich entwickelt hätte, wenn er in Mainz geblieben wäre, statt nach Bonn zu gehen: »Wer A sagt, muß auch B sagen.« Und der Brecht fällt einem ein mit seinem Lehrstück »Der Jasager und der Neinsager«: »Wer A sagt, der muß nicht B sagen.« Natürlich, erinnert sich Helmut Kohl, habe es damals Freunde gegeben, die ihm rieten, in Mainz zu bleiben.

Von den Gazetten werde er seit langem gebeutelt; ob das nicht unter die Haut gehe? »Nein«, kommt es sofort aus ihm, und er schlägt das eine Bein über das andere. An manchen Tagen ärgere er sich, wenn es mal wieder knüppeldick komme. Die Stimme bleibt passiv, dann: »Ich wundere mich, was da alles zusammenphantasiert wird; es ist hanebüchen.« Er verschränkt die Arme, schaut auf Görres, der an der Wand hängt, und verschränkte Arme heißen doch wohl: Er möchte den Besucher nur bedingt heranlassen.

Dann diese schreckliche Fernsehsendung aus Holland. Genau eine Woche danach hat die Sekretärin 1840 Briefe sortiert. Die Reaktion auf die Sendung ist ihm gar nicht unlieb. Am Rande des Wirbels fiel reichlich Sympathie für Helmut Kohl ab. In gewissem Sinne tue es ihm im nachhinein geradezu wohl. Das Publikum, sagt er, könne man nicht mit den Niederländern identifizieren.[25]

Er sei ein tüchtiger Landesfürst gewesen; habe er, als er nach Bonn kam, nicht seine politische Kapazität überschätzt? »Nein, überhaupt nicht.« Die Regierung und ihr Kanzler verfügten über einen Strom von Informationen; der Oppositionsführer müsse aus dem Stand darauf antworten. Was er von seinem Gegenfüßler Schmidt halte, dessen Popularitätskurve liege doch schon über der von Adenauer? »Das beeindruckt mich nicht sonderlich. Der Bundeskanzler hat einen Vertrauensvorschuß, das ist natürlich. Und ich sage ganz offen dazu: Es stände schlimm um den Staat, wenn es den Kanzlerbonus nicht mehr gäbe. Trotz dieses Bonus hat Schmidt bei der Wahl 1976 siebzehn Mandate verloren. Er ist also«, sagt Kohl, »zu schlagen.«

Unbefangenheit in sich zu erzeugen sei ein großes Kunststück, bemerkt der Besucher, wenn einem so viel Unbill zugefügt werde. Kohl schmunzelt: da zitiere er gern einen Satz von Papst Johannes XXIII.: »Giovanni, nimm dich nicht so ernst.« Er, Kohl, werde oft ungehalten und könne aus dem Leim gehen, wenn ihm jemand widerspreche, sagt der Besucher. Kohl: »Das ist barer Unsinn.« Er habe auch nicht zuviel Jasager um sich. Zu viele Leute, erwidert Kohl, kämen zu einem, die sagten, was einem gut ins Ohr gehe. Wer bei ihm anderer Meinung sei, müsse dies belegen können. »Von Jasagern habe ich noch nie was gehalten.« Nun gut, ob er als Pfälzer nicht zum Krakeel neige? Lautes Reden sei doch wohl eine Eigenschaft der Pfälzer? Früher, als er noch jünger gewesen sei, gibt er zu, sei er anfällig gewesen in dieser Richtung, aber die Zeit habe vieles von der Unart abgeschliffen.

Ob er die Welt nach seinen Ideen umformen wolle? Das Wort umformen sei ihm zu pathetisch, sagt Kohl, er wähle das Wort beeinflussen. Wann er sich entschloß, Bundeskanzler werden zu wollen? Als Kind wollte er Bauer oder Förster werden. Als Schüler habe ihn die Politik fasziniert. »Ich bin kein Freund vorprogrammierter Karrieren.« Er ist rasch bei der Hand mit einer sicheren Antwort. »Ich reagiere schnell, ich entscheide auch schnell – das ist ein Fehler.«

Ob er schon einmal Angst bekommen habe vor der Macht der Ereignisse? Angst nicht, entgegnet Kohl, aber ein tiefes Unbehagen, »zum Beispiel bei der Entführung meines Freundes Schleyer. Da habe ich gelitten.« Wenn in der Politik gelogen werde, ob das bei ihm keine Ekelempfindungen auslöse. Manchmal sei das Wort Ekel am Platz, manchmal schäme er sich. Kohl: »Ich bin nicht blauäugig. Unwahrheiten gehören auch zum Alltag des Politikers; ich finde, man sollte für sich selbst Rechenschaft ablegen.« – »Sind Sie selber manchmal ein Sünder im politischen Geschäft?« Nach einer Sekunde: »Ja!« Und ob er die eigene Überzeugung für den alleinigen Spiegel der Wahrheit halte? »Nein, überhaupt nicht!« *(März 1979)*

Anmerkungen

Diese Anmerkungen sind vor allem für die Leser gedacht, denen manche Details und Zusammenhänge nicht mehr vertraut sind, insbesondere für jüngere. Sie dienen nur als Hilfestellung und erheben keinen Anspruch auf Vollständigkeit.

1 Der Oppositionsführer war Kurt Schumacher, der den berühmt-berüchtigten Zwischenruf machte: »Kanzler der Alliierten!« Bundestagssitzung von September 1949.

2 Bei der Bestechungsaffäre ging es um den Vorwurf, mehrere Abgeordnete hätten gegen Bezahlung für Bonn als Hauptstadt gestimmt. Konkurrent Bonns war Frankfurt am Main.

3 Am 28. 9. 1969 wurde der 6. Bundestag gewählt. An Zweitstimmen erhielten die CDU/CSU 46,1 %, die SPD 42,7 % und die FDP 5,8 %. Die NPD scheiterte mit 4,3 % an der Fünf-Prozent-Klausel. Auch an Sitzen hatten SPD und FDP die Mehrheit. Zum ersten Mal mußten die Unionsabgeordneten auf die Oppositionsbänke.

4 Fußball-Weltmeisterschaft in Mexiko. Brasilien besiegte im Endspiel Italien mit 4:1 Toren. Deutschland wurde Dritter.

5 Der Baron verstarb am 4. Oktober 1972.

6 Die bisherige Koalition von CDU/CSU und FDP war durch Mehrheitsentscheid der Mitglieder der FDP-Fraktion beendet worden. Die Große Koalition wurde aus den Fraktionen von CDU/CSU und SPD gebildet. Sie regierte vom 1. Dezember 1966 bis zum 20. 10. 1969. Die Bundestagswahlen ergaben dann eine sozialliberale Mehrheit. Vgl. 3

7 Bei der Wahl zum bayerischen Landtag erreichte die CSU 48,2 %. Aufsehen erregte der Einzug der NPD ins Parlament. Sie erhielt 7,9 % der Zweitstimmen. Die FDP blieb draußen.

8 Das »Braunbuch« auf der Buchmesse, von einem DDR-Verlag ausgestellt, enthielt u. a. Behauptungen über die Tätigkeit von Richtern in der NS-Zeit. Der hessische Generalstaatsanwalt lehnte eine Beschlagnahme ab, vor allem, um den Anschein einer Zensur auf der Buchmesse zu vermeiden.

9 Das erstmals in der Geschichte der Bundesrepublik durchgeführte konstruktive Mißtrauensvotum scheiterte nur knapp. Der Kandidat Rainer Barzel erhielt 249 Stimmen. 251 Stimmen wären notwendig gewesen, um neuer Kanzler zu sein. Brandt blieb Kanzler (de facto allerdings nur als Chef einer Minderheitsregierung). Darin liegt das »Konstruktive«, daß ein Kanzler nur gestürzt werden kann, wenn der Herausforderer die Mehrheit der Stimmen erhält.

10 Dieses Haus ist inzwischen fertig. Es ist ein ganzes Pressezentrum geworden und liegt nur einen Katzensprung vom Bundeshaus entfernt. Die Mieten halten sich im Rahmen. Die Anzahl der ausländischen Journalisten ist ständig gewachsen.

11 Fritz Erler starb am 22. Februar 1967. Er wurde 53 Jahre alt. Noch vom Krankenbett aus schrieb er im November 1966 an die Parteiführung einen Brief, in dem er für eine Große Koalition plädierte – eine Konstellation, die er immer strikt abgelehnt hatte.

12 Der Bundestag wurde ärmer. Der Abgeordnete Unertl starb am 31. 12. 1970 im Alter von 59 Jahren. Hier Auszüge aus seinem Lebenslauf: Geboren am 22. September 1911 in Grottham; katholisch; verheiratet, fünf Kinder. Volksschule, Fortbildungsschule in Birnbach, Landwirtschaftsschule in Passau. Vor 1933 führend im Bayerischen Jungbauernbund tätig. 1940 bis 1945 Kriegsteilnehmer. 1945 Gründungsmitglied der CSU in Birnbach. Mitglied des Kreistages Griesbach im Rottal; 1. Vorsitzender des Bayerischen Vieh- und Fleischhandelsverbandes, Vorstandsmitglied der Einkaufs-

und Liefergenossenschaft Bayerischer Viehkaufleute sowie des Deutschen Vieh- und Fleischhandelsbundes. Delegierter in der Europäischen Viehhandelsunion, Sitz Paris. – Mitglied des Bundestages seit 1953. Stellvertretendes Mitglied des Verwaltungsrates der Deutschen Bundespost seit 1958. (Quelle: Handbuch des Bundestages)

13 Der Brockhaus ließ sich nicht lumpen. Richard von Weizsäcker sind bereits in der Ausgabe von 1974 ein Bild und 10 Zeilen gewidmet.

14 Roger Peyrefitte. Der französische Schriftsteller verfaßte Romane, in denen er vermeintliche oder echte Geheimnisse der Diplomatie enthüllte.

15 Familienminister im dritten Kabinett Adenauer war Franz Joseph Wuermeling. Heinrich von Brentano war Außenminister.

16 Das Schicksal der Ruine ist immer noch nicht entschieden.

17 Wieder Fußball-Weltmeisterschaft. Diesmal in England. Die mit dem berühmten dritten Tor (Lübke: »Der Ball war drin!«). Hier noch einmal die Ergebnisse: Nach Verlängerung schlug England die deutsche Mannschaft mit 4:2 Toren. Bei dem umstrittenen Treffer der Deutschen war der sowjetische Linienrichter ausschlaggebend. Schiedsrichter war ein Schweizer. Gegen Argentinien spielten die Deutschen zuvor 0:0, und Uruguay besiegten sie mit 4:0 Toren.

18 Die nach dem Staatssekretär Hallstein benannte Doktrin drohte jedem Staat, mit dem die Bundesrepublik diplomatische Beziehungen aufrechterhielt, mit dem Abbruch eben dieser Beziehungen, falls ein solcher Staat zusätzliche diplomatische Beziehungen zur DDR aufnehmen wollte. Die Hallstein-Doktrin war eine Fessel der deutschen Ostpolitik und verschwand praktisch schon in der Großen Koalition.

19 Das Fernsehurteil. Adenauer wollte neben dem ersten Programm noch ein zweites Staatsfernsehen. Das lehnten die Karlsruher Richter ab und betonten bei dieser Entscheidung den föderalistischen Charakter der Bundesrepublik.

20 Bei der Regierungsbildung 1961 hatten die beiden Koa-

litionsparteien CDU/CSU und FDP zur Bedingung gemacht, daß Adenauer seines hohen Alters wegen nur noch die Hälfte der Legislaturperiode, also zwei Jahre, im Amt bleiben sollte. Den Fraktionsvorsitzenden Krone und Mende bestätigte Adenauer dies mit einem Brief.

21 Konrad Adenauer verstarb am 19. April 1967 im Alter von 91 Jahren. Eine Gedenkstätte ist in Rhöndorf bei Bonn eingerichtet.

22 Erhards Buch »Wohlstand für alle« ist immer noch ein Klassiker. Im November 1984 erscheint es auch als Taschenbuch.

23 Erich Mende ließ sich als Zugpferd des umstrittenen Finanzmagnaten Cornfeld für seine IOS-Investments anheuern. Die Sache geriet schnell zur Pleite und hinterließ viele Geprellte.

24 Willy Brandt hat sich inzwischen von Rut Brandt getrennt.

25 Im Rahmen einer ZDF-Reihe »Bürger fragen – Politiker antworten« stellte sich der CDU-Vorsitzende Helmut Kohl 1977 niederländischen Bürgern. Kohl sah sich überwiegend kritischen Fragen ausgesetzt.

Personenregister

H

L

M

N

S

T

Prominente erinnern sich an das Kriegsende

Als Band mit der Bestellnummer 10722 erschien:

Wie überlebten Prominente den Untergang des Dritten Reiches?
Wie retteten sie sich aus dem Chaos?
Was empfanden sie in der Stunde Null?

Mainhardt Graf von Nayhauß befragte dazu:
Rainer Barzel · Klaus Bölling · Peter Boenisch · Karl Carstens Alfred Dregger · Horst Ehmke · Hans-Dietrich Genscher Peter Hermes · Helmut und Hannelore Kohl · Otto Graf Lambsdorff · Erich Mende · Gerhard Stoltenberg · Franz Josef Strauß · Hans-Jochen Vogel · Friedrich Zimmermann

BASTEI LÜBBE